北京养老法律法规汇编

龙谦　唐衡　李刚　郑一淳◎主编

知识产权出版社
全国百佳图书出版单位

图书在版编目（CIP）数据

北京养老法律法规汇编/龙谦等主编．—北京：知识产权出版社，2014.12
ISBN 978－7－5130－3216－2

Ⅰ．①北… Ⅱ．①龙… Ⅲ．①养老保险－保险法－汇编－北京市 Ⅳ．①D927.102.284.9

中国版本图书馆 CIP 数据核字（2014）第 283396 号

内容提要

本书为契合老年人的实际需求，以马斯洛需求层次理论为依托进行逻辑架构。围绕老年人的不同层次的需求，以宪法和老年人权益保障法为核心，同时选取相关的其他法律、法规、司法解释、部门规章、行政决定、意见等，对我国和北京市现有的养老法律、法规体系进行全面的整理和汇编。这些法律法规的编排顺序如下：首先，按所选法律法规等的效力等级编排；其次，同一效力等级的法律法规按照颁布的时间顺序编排；最后是北京市有关的法律法规和规范性文件。

责任编辑：韩婷婷　　**责任出版**：刘译文
责任校对：谷　洋

北京养老法律法规汇编

龙谦　唐衡　李刚　郑一淳　主编

出版发行：知识产权出版社有限责任公司　　网　址：http：//www.ipph.cn
社　址：北京市海淀区马甸南村1号　　邮　编：100088
责编电话：010－82000860 转 8359　　责编邮箱：hantingting@cnipr.com
发行电话：010－82000860 转 8104/8102　　发行传真：010－82000893/82005070/82000270
印　刷：北京科信印刷有限公司　　经　销：各大网上书店、新华书店及相关专业书店
开　本：700mm×960mm　1/16　　印　张：17.75
版　次：2014年12月第1版　　印　次：2014年12月第1次印刷
字　数：295千字　　定　价：45.00元

ISBN 978－7－5130－3216－2

北京养老法律法规汇编

随着年逾花甲的老年公民日渐增多，我国已跨入老龄化社会行列。据预测，到“十二五”期末，我国老年人口将达到2.21亿，平均每年增加860万，老龄化水平提高到16%；到2025年突破3亿；到2033年突破4亿，老龄化水平达到30%。

北京作为国家的首都，老龄化趋势也不容乐观。据统计，截至2013年年底，全市户籍人口中60周岁及以上老年人口为277万，占户籍人口的18.7%。“十二五”时期，老年人口将以年均17万的数量增长，老年人口比例将增加2.8个百分点，处于快速增长期。到2015年，户籍人口中60周岁及以上老年人口将达到320万，占户籍人口的23%；65周岁及以上人口将达到212万，占户籍人口的15%；80周岁以上人口将达到54万，占户籍人口的4%。人口老龄化加速发展将成为未来一个时期基本的市情特征之一。尊重、赡养和爱护老年人是中华民族的传统美德。老年人为国家、民族和家庭贡献了毕生的精力，创造出巨大财富。当他们因年龄增长而身体机能有所减弱的时候，有权获得来自社会和家庭的尊敬和照顾。这既是道德上的要求，也是法律上不可推卸的责任。我国政府和北京市政府十分重视老年人的权益保障工作，在老年人权益保障立法以及相关政策制度设计方面做出了积极努力。尤其是近年来，关于养老问题的新条例、政策、意见等不断出台，让我们既看到了政府对老龄工作的高度重视，也感受到社会对解决养老问题的迫切需要。目前，以宪法为核心，以老年人权益保障法为主体，包括相关法律、行政法规、地方性法规、部门规章和有关政策在内的老龄法律法规政策体系已经形成并逐步完善，为维护老年人权益提供了制度保障。

但是，目前的老年人权益法律保障体系是以外在的“年龄”而不是以老年人的内部“需要”来构建的。笔者认为，任何法律权利和义务的配置都应该以现在或者将来的实际需求为出发点。维护老年人的合法权益，应该把握老年人的实际生活状况，在满足老年人基本生存需求的基础上，努力实现老年人的发展性需求和价值性需求，这才是真正保障老年人权益的起点和归宿。本书为契合老年人的实际需求，以马斯洛需求层次理论为依托进行逻辑架构。在马斯洛看来，人的需求有一个从低到高的发展层次。低层次的需求是生理需求，向上依次是安全、爱与归属、被尊重和自我实现的需求。生理需求是人类最基本的需求和欲望。人类不会安于底层的需求，较低层的需求被满足之后，就会往高处发展。满足生理需求之后就追求心理满足和社会认同，之后就想被爱，被尊重，希望人格与自身价值被承认。这是人类共同的需求，老年人当然也不例外。因此，本书的基本思路是围绕老年人不同层次的需求，以《中华人民共和国宪法》（以下简称《宪法》）和《中华人民共和国老年人权益保障法》（以下简称《老年人权益保障法》）为核心，同时选取相关的其他法律、法规、司法解释、部门规章、行政决定、意见等，对我国和北京市现有的养老法律法规体系进行全面的整理和汇编。

《宪法》和《老年人权益保障法》强调的是对老年人公民权利的维护，多采用宣言式规定，法律的现实操作性并不强。因此，为了使法律赋予老年人的权利得到有效保障，本书针对老年人每一个层次的需求援引相关《宪法》和《老年人权益保障法》为依据，再撷取有关部门法规和规范性文件随附其后，以便使抽象的法律权利尽可能在现有的法律框架下得到切实的施行。这些法律法规的编排顺序如下：首先，按所选法律法规等的效力等级编排；其次，同一效力等级的法律法规按照颁布的时间顺序编排；最后是北京市有关的法律法规和规范性文件。具体篇章为：

第一编：老年人基本需求法律保障

第一章：家庭赡养、扶养

第二章：社会保障

第三章：健康权利

第四章：居住权利

第五章：财产权利

第二编：老年人安全需求法律保障

第一章：人身安全

第二章：财产安全

第三章：消费安全

第三编：老年人尊重需求（社会优待）法律保障

第一章：人格和名誉权

第二章：婚姻自主权

第三章：自主处分财产权

第四章：社会优待权

第四编：老年人自我实现需求法律保障

第五编：老年人权利受损后的司法救助

当前北京市经济社会发展水平和人口老龄化程度，相当于发达国家和地区20世纪80年代中后期水平。在当时，这些国家和地区建立了一套相对完备的老龄工作机构、规范的社会保障和社会福利法规体系，从而比较顺利地解决了社会老龄化带来的不少问题。因此，笔者希望本书不仅能为保障老年人的合法权益提供切实有效的指引，也能为进一步完善我国的养老法制建设准备基础资料和提供研究样本，从而健全我国的养老法律体系，为实现经济和社会的可持续发展、建设和谐社会贡献一份绵薄之力。

目　录

第一编　老年人基本需求法律保障

马斯洛需求理论指出：人的最基本需求首先是生理需求，包括衣、食、住、性等。北京市统计局曾在全市范围内进行老年人生活现状及需求的抽样调查，调查结果显示，老年人最需要解决的问题和老年人提及最多的问题是“生活有人照料”，其次是“有宽敞的住房”，第三是“经济上有人帮助”和“看病就医方便”。这些都是老年人最基本的生存需求，也是最需要法律保障的基本权益。我国的《老年人权益保障法》是专门保障老年人权利的单行法，该法将满足老年人的基本需求放在了首位，在第一章总则之后，首先规范了家庭赡养与扶养问题，提出“老年人养老以居家为基础，家庭成员应当尊重、关心和照料老年人”。这就是我们一般所称的家庭养老，即主要依靠家庭来满足老年人物质生活的需要、日常生活的照料和精神生活的慰藉。

然而仅仅依靠家庭承担全部养老责任，其抗风险能力和保障能力显然是不够的，因此必须调动包括家庭在内的全社会各方面的力量，使老年人的基本需求得到保障。《老年人权益保障法》紧随“家庭赡养与抚养”之后是第三章“社会保障”。这里所称的社会保障，是指家庭对老年人履行不了赡养义务的或对老年人的某些权益难以保障的，需要依靠全社会各方面力量的共同努力，尤其是政府的积极介入，来弥补家庭养老的不足，确保全面实现老年人的合法权益。法律特别强调，要从根本上解决老年人的生活保障，在于“国家建立养老保险制度”，主要体现在针对依法享受养老金的老年人和无赡养人及扶养人的老年人，怎样保障他们的基本生活。

因此，本书第一编的主要内容就是汇编与老年人的家庭赡养、扶养相关的法律规定，国家的基本养老保险制度、城乡基本养老制度、城市最低生活保障制度，以及与养老机构的设置和管理制度相关的法律、法规、规范。

此外，根据实际调查，生病时有基本的医疗保障、住房有保障和确保自己拥有一定的经济能力也是与老年人生存相关的最基本需求。因此，本编还收录了与老年人这些基本需求相关的法律法规和规范性文件。

第一章　家庭赡养、扶养

一、《中华人民共和国宪法》

（1982年12月4日第五届全国人民代表大会第五次会议通过，1982年12月4日全国人民代表大会公告公布施行；根据1988年4月12日第七届全国人民代表大会第一次会议通过的《中华人民共和国宪法修正案》、1993年3月29日第八届全国人民代表大会第一次会议通过的《中华人民共和国宪法修正案》、1999年3月15日第九届全国人民代表大会第二次会议通过的《中华人民共和国宪法修正案》和2004年3月14日第十届全国人民代表大会第二次会议通过的《中华人民共和国宪法修正案》修正）（以下同）

第四十九条规定："成年子女有赡养扶助父母的义务"，"禁止虐待老人"。

二、《中华人民共和国老年人权益保障法》

（1996年8月29日第八届全国人民代表大会常务委员会第二十一次会议通过；根据2009年8月27日第十一届全国人民代表大会常务委员会第十次会议《关于修改部分法律的决定》修正；2012年12月28日第十一届全国人民代表大会常务委员会第三十次会议修订，2012年12月28日中华人民共和国主席令第七十二号公布）（以下同）

第十三条　老年人养老以居家为基础，家庭成员应当尊重、关心和照料老年人。

第十四条　赡养人应当履行对老年人经济上供养、生活上照料和精神上慰藉的义务，照顾老年人的特殊需要。

赡养人是指老年人的子女以及其他依法负有赡养义务的人。

赡养人的配偶应当协助赡养人履行赡养义务。

第十五条　赡养人应当使患病的老年人及时得到治疗和护理；对经济困难的老年人，应当提供医疗费用。

对生活不能自理的老年人，赡养人应当承担照料责任；不能亲自照料的，可以按照老年人的意愿委托他人或者养老机构等照料。

第十六条　赡养人应当妥善安排老年人的住房，不得强迫老年人居住或者迁居条件低劣的房屋。

老年人自有的或者承租的住房，子女或者其他亲属不得侵占，不得擅自改变产权关系或者租赁关系。

老年人自有的住房，赡养人有维修的义务。

第十七条 赡养人有义务耕种或者委托他人耕种老年人承包的田地，照管或者委托他人照管老年人的林木和牲畜等，收益归老年人所有。

第十八条 家庭成员应当关心老年人的精神需求，不得忽视、冷落老年人。

与老年人分开居住的家庭成员，应当经常看望或者问候老年人。

用人单位应当按照国家有关规定保障赡养人探亲休假的权利。

第十九条 赡养人不得以放弃继承权或者其他理由，拒绝履行赡养义务。

赡养人不履行赡养义务，老年人有要求赡养人付给赡养费等权利。

赡养人不得要求老年人承担力不能及的劳动。

第二十条 经老年人同意，赡养人之间可以就履行赡养义务签订协议。赡养协议的内容不得违反法律的规定和老年人的意愿。

基层群众性自治组织、老年人组织或者赡养人所在单位监督协议的履行。

第二十三条 老年人与配偶有相互扶养的义务。

由兄、姐扶养的弟、妹成年后，有负担能力的，对年老无赡养人的兄、姐有扶养的义务。

第二十四条 赡养人、扶养人不履行赡养、扶养义务的，基层群众性自治组织、老年人组织或者赡养人、扶养人所在单位应当督促其履行。

第二十六条 具备完全民事行为能力的老年人，可以在近亲属或者其他与自己关系密切、愿意承担监护责任的个人、组织中协商确定自己的监护人。监护人在老年人丧失或者部分丧失民事行为能力时，依法承担监护责任。

老年人未事先确定监护人的，其丧失或者部分丧失民事行为能力时，依照有关法律的规定确定监护人。

第二十七条 国家建立健全家庭养老支持政策，鼓励家庭成员与老年人共同生活或者就近居住，为老年人随配偶或者赡养人迁徙提供条件，为家庭成员照料老年人提供帮助。

三、《中华人民共和国民法通则》

（1986 年 4 月 12 日第六届全国人民代表大会第四次会议通过，自 1987 年 1 月 1 日起施行）（以下同）

第十七条 无民事行为能力或者限制民事行为能力的精神病人，由下列人员担任监护人：

（一）配偶；

（二）父母；

（三）成年子女；

（四）其他近亲属；

（五）关系密切的其他亲属、朋友愿意承担监护责任，经精神病人的所在单位或者住所地的居民委员会、村民委员会同意的。对担任监护人有争议的，由精神病人的所在单位或者住所地的居民委员会、村民委员会在近亲属中指定。对指定不服提起诉讼的，由人民法院裁决。

没有第一款规定的监护人的，由精神病人的所在单位或者住所地的居民委员会、村民委员会或者民政部门担任监护人。

第十八条　监护人应当履行监护职责，保护被监护人的人身、财产及其他合法权益，除为被监护人的利益外，不得处理被监护人的财产。

监护人依法履行监护的权利，受法律保护。

监护人不履行监护职责或者侵害被监护人的合法权益的，应当承担责任；给被监护人造成财产损失的，应当赔偿损失。人民法院可以根据有关人员或者有关单位的申请，撤销监护人的资格。

第十九条　精神病人的利害关系人，可以向人民法院申请宣告精神病人为无民事行为能力人或者限制民事行为能力人。

被人民法院宣告为无民事行为能力人或者限制民事行为能力人的，根据他健康恢复的状况，经本人或者利害关系人申请，人民法院可以宣告他为限制民事行为能力人或者完全民事行为能力人。

四、《中华人民共和国婚姻法》

（1980年9月10日第五届全国人民代表大会第三次会议通过；根据2001年4月28日第九届全国人民代表大会常务委员会第二十一次会议《关于修改中华人民共和国婚姻法的决定》修正）（以下同）

第二十条　夫妻有互相扶养的义务。

一方不履行扶养义务时，需要扶养的一方，有要求对方付给抚养费的权利。

第二十一条　父母对子女有抚养教育的义务；子女对父母有赡养扶助的义务。

父母不履行扶养义务时，未成年的或不能独立生活的子女，有要求父母付给抚养费的权利。

子女不履行赡养义务时，无劳动能力或者生活困难的父母，有要求子女付给赡养费的权利。

第二十六条　具备完全民事行为能力的老年人，可以在近亲属或者其他与自己关系密切、愿意承担监护责任的个人、组织中协商确定自己的监护人。监护人在老年人丧失或者部分丧失民事行为能力时，依法承担监护责任。

老年人未事先确定监护人的，其丧失或者部分丧失民事行为能力时，依照有关法律的规定确定监护人。

第二十八条　有负担能力的祖父母、外祖父母，对于父母已死亡或者父母无力抚养的未成年孙子女、外孙子女，有抚养的义务。有负担能力的孙子女、外孙子女，对于子女已死亡或子女无力赡养的祖父母、外祖父母，有赡养的义务。

第二十九条　有负担能力的兄、姐，对于父母已死亡或者父母无力抚养的未成年的弟、妹，有扶养的义务。由兄、姐扶养长大的有负担能力的弟、妹，对于缺乏劳动能力又缺乏生活来源的兄、姐，有扶养的义务。

五、《北京市老年人权益保障条例》

（1995年9月22日北京市第十届人民代表大会常务委员会第二十次会议通过，1995年9月22日北京市人民代表大会常务委员会公告第47号公布，自1996年1月1日起施行）（以下同）

第十条　老年人在家庭生活中依法享有受赡养扶助的权利。赡养人必须履行对老年人经济供养、生活照料和精神慰藉的义务，保障老年人的生活标准不低于家庭其他成员，并照顾老年人的特殊需要。赡养人不得强行将有配偶的老年人分开赡养，不得以放弃继承权或者其他理由，拒绝履行赡养义务；不得要求老年人承担力不能及的劳动。赡养人与老年人不在一起生活的，应当对老年人的生活给予妥善安排。

第十一条　赡养人有义务耕种、照管老年人的口粮田、自留地、林木和牲畜等，收益由老年人支配。

第十二条　赡养人对患病的老年人有提供医疗费用和护理的义务。

第十三条　老年人可以与赡养人就如何履行赡养义务签订协议，居民委员会、村民委员会和基层老年人群众组织监督协议的执行。

第二章 社会保障

一、《中华人民共和国宪法》

第四十五条 中华人民共和国公民在年老、疾病或者丧失劳动能力的情况下，有从国家和社会获得物质帮助的权利。国家发展为公民享受这些权利所需要的社会保险、社会救济和医疗卫生事业。

二、《中华人民共和国老年人权益保障法》

第二十八条 国家通过基本养老保险制度，保障老年人的基本生活。

第三十一条 国家对经济困难的老年人给予基本生活、医疗、居住或者其他救助。

老年人无劳动能力、无生活来源、无赡养人和扶养人，或者其赡养人和扶养人确无赡养能力或者扶养能力的，由地方各级人民政府依照有关规定给予供养或者救助。

第三十七条 地方各级人民政府和有关部门应当采取措施，发展城乡社区养老服务，鼓励、扶持专业服务机构及其他组织和个人，为居家的老年人提供生活照料、紧急救援、医疗护理、精神慰藉、心理咨询等多种形式的服务。

对经济困难的老年人，地方各级人民政府应当逐步给予养老服务补贴。

第三十八条 地方各级人民政府和有关部门、基层群众性自治组织，应当将养老服务设施纳入城乡社区配套设施建设规划，建立适应老年人需要的生活服务、文化体育活动、日间照料、疾病护理与康复等服务设施和网点，就近为老年人提供服务。

发扬邻里互助的传统，提倡邻里间关心、帮助有困难的老年人。

鼓励慈善组织、志愿者为老年人服务。倡导老年人互助服务。

第三十九条 各级人民政府应当根据经济发展水平和老年人服务需求，逐步增加对养老服务的投入。

各级人民政府和有关部门在财政、税费、土地、融资等方面采取措施，鼓励、扶持企业事业单位、社会组织或者个人兴办、运营养老、老年人日间照料、老年文化体育活动等设施。

第四十条　地方各级人民政府和有关部门应当按照老年人口比例及分布情况，将养老服务设施建设纳入城乡规划和土地利用总体规划，统筹安排养老服务设施建设用地及所需物资。

非营利性养老服务设施用地，可以依法使用国有划拨土地或者农民集体所有的土地。

养老服务设施用地，非经法定程序不得改变用途。

第四十一条　政府投资兴办的养老机构，应当优先保障经济困难的孤寡、失能、高龄等老年人的服务需求。

第四十二条　国务院有关部门制定养老服务设施建设、养老服务质量和养老服务职业等标准，建立健全养老机构分类管理和养老服务评估制度。

各级人民政府应当规范养老服务收费项目和标准，加强监督和管理。

第四十三条　设立养老机构，应当符合下列条件：

第四十四条　设立养老机构应当向县级以上人民政府民政部门申请行政许可；经许可的，依法办理相应的登记。

县级以上人民政府民政部门负责养老机构的指导、监督和管理，其他有关部门依照职责分工对养老机构实施监督。

第四十五条　养老机构变更或者终止的，应当妥善安置收住的老年人，并依照规定到有关部门办理手续。有关部门应当为养老机构妥善安置老年人提供帮助。

第四十六条　国家建立健全养老服务人才培养、使用、评价和激励制度，依法规范用工，促进从业人员劳动报酬合理增长，发展专职、兼职和志愿者相结合的养老服务队伍。

国家鼓励高等学校、中等职业学校和职业培训机构设置相关专业或者培训项目，培养养老服务专业人才。

第四十七条　养老机构应当与接受服务的老年人或者其代理人签订服务协议，明确双方的权利、义务。

养老机构及其工作人员不得以任何方式侵害老年人的权益。

第四十八条　国家鼓励养老机构投保责任保险，鼓励保险公司承保责任保险。

三、《中华人民共和国社会保险法》

（2010年10月28日第十一届全国人民代表大会常务委员会第十七次会议通过，自2011年7月1日起施行）（以下同）

第二章　基本养老保险

第十条　职工应当参加基本养老保险，由用人单位和职工共同缴纳基本养老保险费。

无雇工的个体工商户、未在用人单位参加基本养老保险的非全日制从业人员以及其他灵活就业人员可以参加基本养老保险，由个人缴纳基本养老保险费。

公务员和参照公务员法管理的工作人员养老保险的办法由国务院规定。

第十一条　基本养老保险实行社会统筹与个人账户相结合。

基本养老保险基金由用人单位和个人缴费以及政府补贴等组成。

第十二条　用人单位应当按照国家规定的本单位职工工资总额的比例缴纳基本养老保险费，记入基本养老保险统筹基金。

职工应当按照国家规定的本人工资的比例缴纳基本养老保险费，记入个人账户。

无雇工的个体工商户、未在用人单位参加基本养老保险的非全日制从业人员以及其他灵活就业人员参加基本养老保险的，应当按照国家规定缴纳基本养老保险费，分别记入基本养老保险统筹基金和个人账户。

第十三条　国有企业、事业单位职工参加基本养老保险前，视同缴费年限期间应当缴纳的基本养老保险费由政府承担。

基本养老保险基金出现支付不足时，政府给予补贴。

第十四条　个人账户不得提前支取，记账利率不得低于银行定期存款利率，免征利息税。个人死亡的，个人账户余额可以继承。

第十五条　基本养老金由统筹养老金和个人账户养老金组成。

基本养老金根据个人累计缴费年限、缴费工资、当地职工平均工资、个人账户金额、城镇人口平均预期寿命等因素确定。

第十六条　参加基本养老保险的个人，达到法定退休年龄时累计缴费满十五年的，按月领取基本养老金。

参加基本养老保险的个人，达到法定退休年龄时累计缴费不足十五年的，可以缴费至满十五年，按月领取基本养老金；也可以转入新型农村社会养老保险或者城镇居民社会养老保险，按照国务院规定享受相应的养老保险待遇。

第十七条　参加基本养老保险的个人，因病或者非因工死亡的，其遗属可以领取丧葬补助金和抚恤金；在未达到法定退休年龄时因病或者非因工致残完全丧失劳动能力的，可以领取病残津贴。所需资金从基本养老保险基金中支付。

第十八条　国家建立基本养老金正常调整机制。根据职工平均工资增长、物价上涨情况，适时提高基本养老保险待遇水平。

第十九条　个人跨统筹地区就业的，其基本养老保险关系随本人转移，缴费年限累计计算。个人达到法定退休年龄时，基本养老金分段计算，统一支付。具体办法由国务院规定。

第二十条　国家建立和完善新型农村社会养老保险制度。

新型农村社会养老保险实行个人缴费、集体补助和政府补贴相结合。

第二十一条　新型农村社会养老保险待遇由基础养老金和个人账户养老金组成。

参加新型农村社会养老保险的农村居民，符合国家规定条件的，按月领取新型农村社会养老保险待遇。

第二十二条　国家建立和完善城镇居民社会养老保险制度。

省、自治区、直辖市人民政府根据实际情况，可以将城镇居民社会养老保险和新型农村社会养老保险合并实施。

四、《国务院关于加快发展养老服务业的若干意见》

（国发〔2013〕35号）

各省、自治区、直辖市人民政府，国务院各部委、各直属机构：

近年来，我国养老服务业快速发展，以居家为基础、社区为依托、机构为支撑的养老服务体系初步建立，老年消费市场初步形成，老龄事业发展取得显著成就。但总体上看，养老服务和产品供给不足、市场发育不健全、城乡区域发展不平衡等问题还十分突出。当前，我国已经进入人口老龄化快速发展阶段，2012年底我国60周岁以上老年人口已达1.94亿，2020年将达到2.43亿，2025年将突破3亿。积极应对人口老龄化，加快发展养老服务业，不断满足老年人持续增长的养老服务需求，是全面建成小康社会的一项紧迫任务，有利于保障老年人权益，共享改革发展成果，有利于拉动消费、扩大就业，有利于保障和改善民生，促进社会和谐，推进经济社会持续健康发展。

为加快发展养老服务业，现提出以下意见：

一、总体要求

（一）指导思想

以邓小平理论、“三个代表”重要思想、科学发展观为指导，从国情出发，把不断满足老年人日益增长的养老服务需求作为出发点和落脚点，充分发挥政府作用，通过简政放权，创新体制机制，激发社会活力，充分发挥社会力量的主体作用，健全养老服务体系，满足多样化养老服务需求，努力使养老服务业成为积极应对人口老龄化、保障和改善民生的重要举措，成为扩大内需、增加就业、促进服务业发展、推动经济转型升级的重要力量。

（二）基本原则

深化体制改革。加快转变政府职能，减少行政干预，加大政策支持和引导力度，激发各类服务主体活力，创新服务供给方式，加强监督管理，提高服务质量和效率。

坚持保障基本。以政府为主导，发挥社会力量作用，着力保障特殊困难老年人的养老服务需求，确保人人享有基本养老服务。加大对基层和农村养老服务的投入，充分发挥社区基层组织和服务机构在居家养老服务中的重要作用。支持家庭、个人承担应尽责任。

注重统筹发展。统筹发展居家养老、机构养老和其他多种形式的养老，实行普遍性服务和个性化服务相结合。统筹城市和农村养老资源，促进基本养老服务均衡发展。统筹利用各种资源，促进养老服务与医疗、家政、保险、教育、健身、旅游等相关领域的互动发展。

完善市场机制。充分发挥市场在资源配置中的基础性作用，逐步使社会力量成为发展养老服务业的主体，营造平等参与、公平竞争的市场环境，大力发展养老服务业，提供方便可及、价格合理的各类养老服务和产品，满足养老服务多样化、多层次需求。

（三）发展目标

到2020年，全面建成以居家为基础、社区为依托、机构为支撑的，功能完善、规模适度、覆盖城乡的养老服务体系。养老服务产品更加丰富，市场机制不断完善，养老服务业持续健康发展。

——服务体系更加健全。生活照料、医疗护理、精神慰藉、紧急救援等养老服务覆盖所有居家老年人。符合标准的日间照料中心、老年人活动中心等服务设施覆盖所有城市社区，90%以上的乡镇和60%以上的农村社区建立包括养老服务在内的社区综合服务设施和站点。全国社会养老床位数达到每千名老年人 35～40 张，服务能力大幅增强。

——产业规模显著扩大。以老年生活照料、老年产品用品、老年健康服务、老年体育健身、老年文化娱乐、老年金融服务、老年旅游等为主的养老服务业全面发展，养老服务业增加值在服务业中的比重显著提升，全国机构养老、居家社区生活照料和护理等服务提供 1 000 万个以上就业岗位。涌现一批带动力强的龙头企业和大批富有创新活力的中小企业，形成一批养老服务产业集群，培育一批知名品牌。

——发展环境更加优化。养老服务业政策法规体系建立健全，行业标准科学规范，监管机制更加完善，服务质量明显提高。全社会积极应对人口老龄化意识显著增强，支持和参与养老服务的氛围更加浓厚，养老志愿服务广泛开展，敬老、养老、助老的优良传统得到进一步弘扬。

二、主要任务

（一）统筹规划发展城市养老服务设施

加强社区服务设施建设。各地在制定城市总体规划、控制性详细规划时，必须按照人均用地不少于 0.1 平方米的标准，分区分级规划设置养老服务设施。凡新建城区和新建居住（小）区，要按标准要求配套建设养老服务设施，并与住宅同步规划、同步建设、同步验收、同步交付使用；凡老城区和已建成居住（小）区无养老服务设施或现有设施没有达到规划和建设指标要求的，要限期通过购置、置换、租赁等方式开辟养老服务设施，不得挪作他用。

综合发挥多种设施作用。各地要发挥社区公共服务设施的养老服务功能，加强社区养老服务设施与社区服务中心（服务站）及社区卫生、文化、体育等设施的功能衔接，提高使用率，发挥综合效益。要支持和引导各类社会主体参与社区综合服务设施建设、运营和管理，提供养老服务。各类具有为老年人服务功能的设施都要向老年人开放。

实施社区无障碍环境改造。各地区要按照无障碍设施工程建设相关标准和规范，推动和扶持老年人家庭无障碍设施的改造，加快推进坡道、电梯等与老年人日常生活密切相关的公共设施改造。

（二）大力发展居家养老服务网络

发展居家养老便捷服务。地方政府要支持建立以企业和机构为主体、社区为纽带、满足老年人各种服务需求的居家养老服务网络。要通过制定扶持政策措施，积极培育居家养老服务企业和机构，上门为居家老年人提供助餐、助浴、助洁、助急、助医等定制服务；大力发展家政服务，为居家老年人提供规范化、个性化服务。要支持社区建立健全居家养老服务网点，引入社会组织和家政、物业等企业，兴办或运营老年供餐、社区日间照料、老年活动中心等形式多样的养老服务项目。

发展老年人文体娱乐服务。地方政府要支持社区利用社区公共服务设施和社会场所组织开展适合老年人的群众性文化体育娱乐活动，并发挥群众组织和个人积极性。鼓励专业养老机构利用自身资源优势，培训和指导社区养老服务组织和人员。

发展居家网络信息服务。地方政府要支持企业和机构运用互联网、物联网等技术手段创新居家养老服务模式，发展老年电子商务，建设居家服务网络平台，提供紧急呼叫、家政预约、健康咨询、物品代购、服务缴费等适合老年人的服务项目。

（三）大力加强养老机构建设

支持社会力量举办养老机构。各地要根据城乡规划布局要求，统筹考虑建设各类养老机构。在资本金、场地、人员等方面，进一步降低社会力量举办养老机构的门槛，简化手续、规范程序、公开信息，行政许可和登记机关要核定其经营和活动范围，为社会力量举办养老机构提供便捷服务。鼓励境外资本投资养老服务业。鼓励个人举办家庭化、小型化的养老机构，社会力量举办规模化、连锁化的养老机构。鼓励民间资本对企业厂房、商业设施及其他可利用的社会资源进行整合和改造，用于养老服务。

办好公办保障性养老机构。各地公办养老机构要充分发挥托底作用，重点为“三无”（无劳动能力，无生活来源，无赡养人和扶养人或者其赡养人和扶养人确无赡养和扶养能力）老人、低收入老人、经济困难的失能半失能老人提供无偿或低收费的供养、护理服务。政府举办的养老机构要实用适用，避免铺张豪华。

开展公办养老机构改制试点。有条件的地方可以积极稳妥地把专门面向社会提供经营性服务的公办养老机构转制成为企业，完善法人治理结构。政府投资兴办的养老床位应逐步通过公建民营等方式管理运营，积极鼓励民间资本通过委托管理等方式，运营公有产权的养老服务设施。要开展服务项目和设施安全标准化建设，不断提高服务水平。

（四）切实加强农村养老服务

健全服务网络。要完善农村养老服务托底的措施，将所有农村“三无”

老人全部纳入五保供养范围，适时提高五保供养标准，健全农村五保供养机构功能，使农村五保老人老有所养。在满足农村五保对象集中供养需求的前提下，支持乡镇五保供养机构改善设施条件并向社会开放，提高运营效益，增强护理功能，使之成为区域性养老服务中心。依托行政村、较大自然村，充分利用农家大院等，建设日间照料中心、托老所、老年活动站等互助性养老服务设施。农村党建活动室、卫生室、农家书屋、学校等要支持农村养老服务工作，组织与老年人相关的活动。充分发挥村民自治功能和老年协会作用，督促家庭成员承担赡养责任，组织开展邻里互助、志愿服务，解决周围老年人实际生活困难。

拓宽资金渠道。各地要进一步落实《中华人民共和国老年人权益保障法》有关农村可以将未承包的集体所有的部分土地、山林、水面、滩涂等作为养老基地，收益供老年人养老的要求。鼓励城市资金、资产和资源投向农村养老服务。各级政府用于养老服务的财政性资金应重点向农村倾斜。

建立协作机制。城市公办养老机构要与农村五保供养机构等建立长期稳定的对口支援和合作机制，采取人员培训、技术指导、设备支援等方式，帮助其提高服务能力。建立跨地区养老服务协作机制，鼓励发达地区支援欠发达地区。

（五）繁荣养老服务消费市场

拓展养老服务内容。各地要积极发展养老服务业，引导养老服务企业和机构优先满足老年人基本服务需求，鼓励和引导相关行业积极拓展适合老年人特点的文化娱乐、体育健身、休闲旅游、健康服务、精神慰藉、法律服务等服务，加强残障老年人专业化服务。

开发老年产品用品。相关部门要围绕适合老年人的衣、食、住、行、医、文化娱乐等需要，支持企业积极开发安全有效的康复辅具、食品药品、服装服饰等老年用品用具和服务产品，引导商场、超市、批发市场设立老年用品专区专柜；开发老年住宅、老年公寓等老年生活设施，提高老年人生活质量。引导和规范商业银行、保险公司、证券公司等金融机构开发适合老年人的理财、信贷、保险等产品。

培育养老产业集群。各地和相关行业部门要加强规划引导，在制定相关产业发展规划中，要鼓励发展养老服务中小企业，扶持发展龙头企业，实施品牌战略，提高创新能力，形成一批产业链长、覆盖领域广、经济社会效益显著的产业集群。健全市场规范和行业标准，确保养老服务和产品质量，营造安全、便利、诚信的消费环境。

（六）积极推进医疗卫生与养老服务相结合

推动医养融合发展。各地要促进医疗卫生资源进入养老机构、社区和居民家庭。卫生管理部门要支持有条件的养老机构设置医疗机构。医疗机构要积极支持和发展养老服务，有条件的二级以上综合医院应当开设老年病科，增加老年病床数量，做好老年慢病防治和康复护理。要探索医疗机构与养老机构合作新模式，医疗机构、社区卫生服务机构应当为老年人建立健康档案，建立社区医院与老年人家庭医疗契约服务关系，开展上门诊视、健康查体、保健咨询等服务，加快推进面向养老机构的远程医疗服务试点。医疗机构应当为老年人就医提供优先优惠服务。

健全医疗保险机制。对于养老机构内设的医疗机构，符合城镇职工（居民）基本医疗保险和新型农村合作医疗定点条件的，可申请纳入定点范围，入住的参保老年人按规定享受相应待遇。完善医保报销制度，切实解决老年人异地就医结算问题。鼓励老年人投保健康保险、长期护理保险、意外伤害保险等人身保险产品，鼓励和引导商业保险公司开展相关业务。

三、政策措施

（一）完善投融资政策。要通过完善扶持政策，吸引更多民间资本，培育和扶持养老服务机构和企业发展。各级政府要加大投入，安排财政性资金支持养老服务体系建设。金融机构要加快金融产品和服务方式创新，拓宽信贷抵押担保物范围，积极支持养老服务业的信贷需求。积极利用财政贴息、小额贷款等方式，加大对养老服务业的有效信贷投入。加强养老服务机构信用体系建设，增强对信贷资金和民间资本的吸引力。逐步放宽限制，鼓励和支持保险资金投资养老服务领域。开展老年人住房反向抵押养老保险试点。鼓励养老机构投保责任保险，保险公司承保责任保险。地方政府发行债券应统筹考虑养老服务需求，积极支持养老服务设施建设及无障碍改造。

（二）完善土地供应政策。各地要将各类养老服务设施建设用地纳入城镇土地利用总体规划和年度用地计划，合理安排用地需求，可将闲置的公益性用地调整为养老服务用地。民间资本举办的非营利性养老机构与政府举办的养老机构享有相同的土地使用政策，可以依法使用国有划拨土地或者农民集体所有的土地。对营利性养老机构建设用地，按照国家对经营性用地依法办理有偿用地手续的规定，优先保障供应，并制定支持发展养老服务业的土地政策。严禁养老设施建设用地改变用途、容积率等土地使用条件搞房地产开发。

（三）完善税费优惠政策。落实好国家现行支持养老服务业的税收优惠政策，对养老机构提供的养护服务免征营业税，对非营利性养老机构自用房产、土地免征房产税、城镇土地使用税，对符合条件的非营利性养老机构按规定免征企业所得税。对企事业单位、社会团体和个人向非营利性养老机构的捐赠，符合相关规定的，准予在计算其应纳税所得额时按税法规定比例扣除。各地对非营利性养老机构建设要免征有关行政事业性收费，对营利性养老机构建设要减半征收有关行政事业性收费，对养老机构提供养老服务也要适当减免行政事业性收费，养老机构用电、用水、用气、用热按居民生活类价格执行。境内外资本举办养老机构享有同等的税收等优惠政策。制定和完善支持民间资本投资养老服务业的税收优惠政策。

（四）完善补贴支持政策。各地要加快建立养老服务评估机制，建立健全经济困难的高龄、失能等老年人补贴制度。可根据养老服务的实际需要，推进民办公助，选择通过补助投资、贷款贴息、运营补贴、购买服务等方式，支持社会力量举办养老服务机构，开展养老服务。民政部本级彩票公益金和地方各级政府用于社会福利事业的彩票公益金，要将50%以上的资金用于支持发展养老服务业，并随老年人口的增加逐步提高投入比例。国家根据经济社会发展水平和职工平均工资增长、物价上涨等情况，进一步完善落实基本养老、基本医疗、最低生活保障等政策，适时提高养老保障水平。要制定政府向社会力量购买养老服务的政策措施。

（五）完善人才培养和就业政策。教育、人力资源社会保障、民政部门要支持高等院校和中等职业学校增设养老服务相关专业和课程，扩大人才培养规模，加快培养老年医学、康复、护理、营养、心理和社会工作等方面的专门人才，制定优惠政策，鼓励大专院校对口专业毕业生从事养老服务工作。充分发挥开放大学作用，开展继续教育和远程学历教育。依托院校和养老机构建立养老服务实训基地。加强老年护理人员专业培训，对符合条件的参加养老护理职业培训和职业技能鉴定的从业人员按规定给予相关补贴，在养老机构和社区开发公益性岗位，吸纳农村转移劳动力、城镇就业困难人员等从事养老服务。养老机构应当积极改善养老护理员工作条件，加强劳动保护和职业防护，依法缴纳养老保险费等社会保险费，提高职工工资福利待遇。养老机构应当科学设置专业技术岗位，重点培养和引进医生、护士、康复医师、康复治疗师、社会工作者等具有执业或职业资格的专业技术人员。对在养老机构就业的专业技术人员，执行与医疗机构、福利机构相同的执业资格、注册考核政策。

（六）鼓励公益慈善组织支持养老服务。引导公益慈善组织重点参与养老机构建设、养老产品开发、养老服务提供，使公益慈善组织成为发展养老服务业的重要力量。积极培育发展为老服务公益慈善组织。积极扶持发展各类为老服务志愿组织，开展志愿服务活动。倡导机关干部和企事业单位职工、大中小学学生参加养老服务志愿活动。支持老年群众组织开展自我管理、自我服务和服务社会活动。探索建立健康老人参与志愿互助服务的工作机制，建立为老志愿服务登记制度。弘扬敬老、养老、助老的优良传统，支持社会服务窗口行业开展“敬老文明号”创建活动。

……

五、《中国保监会关于开展老年人住房反向抵押养老保险试点的指导意见》

（保监发〔2014〕53号）

各保监局、中国保险行业协会、各人身保险公司：

为贯彻落实《国务院关于加快发展养老服务业的若干意见》（国发〔2013〕35号）有关要求，鼓励保险业积极参与养老服务业发展，探索完善我国养老保障体系、丰富养老保障方式的新途径，中国保监会决定开展老年人住房反向抵押养老保险（以下简称反向抵押养老保险）试点。反向抵押养老保险是一种将住房抵押与终身养老年金保险相结合的创新型商业养老保险业务，即拥有房屋完全产权的老年人，将其房产抵押给保险公司，继续拥有房屋占有、使用、收益和经抵押人同意的处置权，并按照约定条件领取养老金直至身故；老年人身故后，保险公司获得抵押房产处置权，处置所得将优先用于偿付养老保险相关费用。为做好试点有关工作，现提出如下意见：

一、开展试点的重要意义

（一）有利于健全我国社会养老保障体系。建立多层次、可持续的养老保障制度，是有效应对人口老龄化问题，实现社会经济健康发展的必然要求。开展试点有利于丰富养老保障方式，引导社会形成新的养老保障习惯，增强养老保障体系的可持续性。

（二）有利于拓宽养老保障资金渠道。当前，我国缺少将社会存量资产转化为养老资源的有效手段。开展试点，盘活老年人房产，是实现个人经济资源优化配置的积极探索，有利于拓宽养老保障资金来源，提升老年人养老保障水平。

（三）有利于丰富老年人的养老选择。反向抵押养老保险属于商业保险范畴。开展试点，在不影响老年人既有养老福利的前提下，增加了一种新的养老方式，老年人可根据个人生活状况和养老需求自愿投保。

（四）有利于保险业进一步参与养老服务业发展。加快养老服务业发展，是应对养老形势，满足老年人日益增长的养老需求的必然要求。开展试点，有利于发挥保险业风险管理、资金管理等优势，探索行业多方位参与养老服务业发展的有效手段，也为行业自身发展拓展了新空间。

二、开展试点的基本原则

（一）公平守信，保障消费者合法权益。反向抵押养老保险是保险业响应国家号召，推动养老服务业发展的重要手段。该业务以老年人为客户，业务涵盖面广、流程复杂、期间较长。保险公司应顾全大局，立足实际，依法合规经营，公平对待消费者。一是在房产评估、抵押、后续管理等方面秉持公平公正原则，严格执行法律规定及合同约定。二是产品条款简单易懂，业务流程规范可行，使投保老人便于理解和接受。三是在业务运行过程中，充分保障消费者的知情权。要结合老年消费者的消费习惯和特点，加强沟通与交流，对与消费者自身权益有关的信息，应做好披露工作。

（二）审慎经营，强化风险防范。反向抵押养老保险是养老保障方式的创新，涉及老年人的切身利益，社会关注度较高；同时，该业务将传统养老保险与房地产市场联系起来，法律关系复杂，风险因素多，风险管控难度较大。保险公司应坚持审慎经营，高度重视业务经营中可能存在的风险隐患，在条款制定、流程设计、法律合规、业务管理等方面加强风险防范和控制。

（三）大胆创新，注重总结沟通。反向抵押养老保险是对现有商业养老保险的业务模式创新，是构建新型商业养老保险产品框架的积极探索。保险公司应解放思想，结合中央和地方各项养老政策，在改善老年人养老待遇和服务、促进养老保障体系建设、加快养老服务业发展方面广开思路，大胆创新。同时，保险公司要做好试点经验总结，并就相关情况加强与监管部门的沟通，做好信息报送，为日后推广奠定基础。

三、试点资格申请与审核

保险公司开展试点，应当向中国保监会提出申请，获得试点资格。

（一）试点保险公司资格条件。

申请试点资格的保险公司应具备以下条件：

1. 已开业满 5 年，注册资本不少于 20 亿元；

2. 满足保险公司偿付能力管理规定，申请试点时上一年度末及最近季度末的偿付能力充足率不低于 120%；

3. 具备较强的保险精算技术，能够对反向抵押养老保险进行科学合理定价；

4. 具有专业的法律人员，能够对反向抵押养老保险相关法律问题进行处理；

5. 具有房地产物业管理专业人员，或委托有资质的物业管理机构，有能力对抵押房产进行日常维护及依法处置；

6. 具备完善的公司治理结构、内部风险管理和控制体系，能够对反向抵押养老保险业务实行专项管理和独立核算；

7. 中国保监会规定的其他条件。

（二）保险公司申报材料。

符合试点资格条件的保险公司应提交以下材料供审核：

1. 开展反向抵押养老保险试点申请书；

2. 开展反向抵押养老保险的可行性研究报告；

3. 反向抵押养老保险试点方案，包括但不限于拟试点地区、目标客户、试点业务规模、产品设计思路与定价、业务流程、组织实施和风险防范措施等；

4. 经法律责任人与外部执业律师共同签字的反向抵押养老保险产品条款；

5. 反向抵押养老保险业务宣传资料；

6. 总精算师声明书；

7. 法律责任人声明书；

8. 中国保监会要求的其他材料。此外，如保险公司委托有资质的物业管理公司进行日常管理，应提交委托合同。

（三）如在试点期间，保险公司出现不符合试点资格条件的情况，中国保监会将暂停其开展反向抵押养老保险新业务，直至其重新符合试点资格条件。

四、试点产品管理

（一）保险公司开展反向抵押养老保险，应对相关房屋按照产权抵押的有关规定进行处理，即投保人依合同约定，将其房产抵押给保险公司，保险公司接受房产抵押，并按照约定条件向投保人支付养老金。

（二）根据保险公司对于投保人所抵押房产增值的处理方式不同，试点产品分为参与型反向抵押养老保险产品和非参与型反向抵押养老保险产品（以下简称参与型产品和非参与型产品）。

（三）参与型产品指保险公司可参与分享房产增值收益，通过评估，对投保人所抵押房产价值增长部分，依照合同约定在投保人和保险公司之间进行分配。非参与型产品指保险公司不参与分享房产增值收益，抵押房产价值增长全部归属于投保人。

（四）保险公司应当在保险合同中明确规定犹豫期的起算时间、长度，犹豫期内客户的权利，以及客户在犹豫期内解除合同可能遭受的损失。犹豫期不得短于30个自然日。

五、试点要求

（一）关于试点业务宣传。反向抵押养老保险是一项新生事物，社会认可度和接受度有待提升。保险公司应客观公正地开展业务宣传，做好消费者教育，如实介绍该业务在丰富养老保障选择、提升养老保障水平等方面的积极作用，明确提示消费者抵押房产的后续评估、管理和处置情况，不得夸大房产增值在提升养老金领取水平方面的作用。反向抵押养老保险业务宣传材料应由总公司统一制作并严格管理，分支机构、销售人员不得擅自编写、印制宣传材料。

（二）关于销售人员管理。中国保监会将适时指导中国保险行业协会建立反向抵押养老保险销售人员资格考试制度。在该制度建立前，保险公司应当根据自身情况，主动建立反向抵押养老保险销售人员管理制度，明确销售人员资格条件，建立培训及考核制度。待中国保险行业协会建立反向抵押养老保险销售人员资格考试制度后，从其规定。反向抵押养老保险销售人员应品行良好、业务熟练、无投诉及其他不良记录。对销售人员的培训内容应当包括与反向抵押养老保险业务相关的专业知识及职业道德培训，其中针对职业道德的培训时间应不短于1天。销售人员经考核通过后才可取得反向抵押养老保险业务销售资格。保险公司应将取得资格的销售人员向中国保监会和试点地区保监局报告，并在公司网站公布，以便于消费者随时查询。对存在销售误导行为的销售人员，一经查实，保险公司必须取消其销售资格。

（三）关于销售过程管理。保险公司应加强销售行为和销售过程管理，做到投保年龄符合要求、投保资料真实准确、投保房屋产权清晰、房产评估公正透明、法律调查尽职尽责、合规经营风险可控。要明确参保客户范围和条件，做好客户甄别，不得向不符合相关要求的客户推介业务。要聘请具有一级资质的房地产估价机构对房产价值进行评估，费用由保险公司和消费者共同负担。保险公司应当对消费者进行签约前辅导，全面、客观、准确介绍业务模式、特点、风险及合同条款相关内容，并进行退保赎回价值演示，确保消费者正确理解保险产品及自身的权利义务。保险公司应当通过录音、录像或第三方见证等方式增强合同签订过程的公平性、公正性，确保合同体现各方真实意思表示。保险公司应当在犹豫期内再次向投保人介绍反向抵押养老保险产品，确认投保人的真实购买意愿。对于参与型产品，保险公司与投保人应在保险合同中明确规定参与分享房产增值的方式与比例。保险公司应与投保人约定双方在对所抵押房屋日常维护及管理方面的权利义务，做好房屋的防灾防损和保险工作。

（四）关于信息披露。保险公司每年应定期向客户披露反向抵押养老保险相关信息，包括但不限于年金领取情况、退保赎回价值等。对于参与型产品客户，还应向其披露房产评估价值信息以及房产评估价值变动对年金领取金额的影响。

（五）关于财务管理。反向抵押养老保险的现金流与传统保险业务不同，保险公司应制定试点业务现金流管理方案，确保现金流持续充足，并可探索现金流补充机制。同时，保险公司应按照有关规定，做好试点业务的财务核算和偿付能力管理。

（六）关于服务创新。保险公司应在服务领域延伸、服务内容多样和服务手段创新等方面积极探索，完善与反向抵押养老保险相关的养老服务链条，如针对不同年龄和需求的客户推出医疗保险、健康管理、金融理财等服务。

（七）关于投诉处理。保险公司应高度重视客户投诉，做好解释沟通和后续处理。如查实存在销售误导，可视客户意愿办理退保，并取消有关销售人员销售资格；如属于业务管理问题，应充分听取客户意见，并积极整改。

（八）关于监管问题。试点地区保监局应加强对反向抵押养老保险业务的监管，跟踪研究试点情况，督促保险公司妥善处置消费者投诉，切实保护保险消费者合法权益。对于试点中发现的问题，保险公司应当及时向中国保监会以及试点地区保监局报告。

六、其他事项

（一）投保人群应为60周岁以上拥有房屋完全独立产权的老年人。

（二）试点城市为北京、上海、广州、武汉。

（三）试点期间自2014年7月1日起至2016年6月30日止。

（四）试点期间，单个保险公司开展试点业务，接受抵押房产的评估价值合计不得超过：4% ×上一年末总资产不超过200亿的部分 +0.2% ×上一年末总资产超过200亿的部分。

（五）保险公司应于每月10日前，向中国保监会和试点地区保监局报送反向抵押养老保险的进展情况报告，内容包括但不限于业务开展情况、存在的问题及对试点工作的意见建议等。

本指导意见自2014年7月1日起实施。

中国保监会

2014年6月17日

六、《中华人民共和国农村五保供养工作条例》

（2006年3月1日起施行；1994年1月23日国务院发布的《农村五保供养工作条例》同时废止）

第一章　总则

第一条　为了做好农村五保供养工作，保障农村五保供养对象的正常生活，促进农村社会保障制度的发展，制定本条例。

第二条　本条例所称农村五保供养，是指依照本条例规定，在吃、穿、住、医、葬方面给予村民的生活照顾和物质帮助。

第三条　国务院民政部门主管全国的农村五保供养工作；县级以上地方各级人民政府民政部门主管本行政区域内的农村五保供养工作。乡、民族乡、镇人民政府管理本行政区域内的农村五保供养工作。村民委员会协助乡、民族乡、镇人民政府开展农村五保供养工作。

第四条　国家鼓励社会组织和个人为农村五保供养对象和农村五保供养工作提供捐助和服务。

第五条　国家对在农村五保供养工作中做出显著成绩的单位和个人，给予表彰和奖励。

第二章　供养对象

第六条　老年、残疾或者未满16周岁的村民，无劳动能力、无生活来源又无法定赡养、抚养、扶养义务人，或者其法定赡养、抚养、扶养义务人无赡养、抚养、扶养能力的，享受农村五保供养待遇。

第七条　享受农村五保供养待遇，应当由村民本人向村民委员会提出申请；因年幼或者智力残疾无法表达意愿的，由村民小组或者其他村民代为提出申请。经村民委员会民主评议，对符合本条例第六条规定条件的，在本村范围内公告；无重大异议的，由村民委员会将评议意见和有关材料报送乡、民族乡、镇人民政府审核。

乡、民族乡、镇人民政府应当自收到评议意见之日起20日内提出审核意见，并将审核意见和有关材料报送县级人民政府民政部门审批。县级人民政府民政部门应当自收到审核意见和有关材料之日起20日内做出审批决定。对批准给予农村五保供养待遇的，发给《农村五保供养证书》；对不符合条件不予批准的，应当书面说明理由。

乡、民族乡、镇人民政府应当对申请人的家庭状况和经济条件进行调查核实；必要时，县级人民政府民政部门可以进行复核。申请人、有关组织或者个人应当配合、接受调查，如实提供有关情况。

第八条　农村五保供养对象不再符合本条例第六条规定条件的，村民委员会或者敬老院等农村五保供养服务机构（以下简称农村五保供养服务机构）应当向乡、民族乡、镇人民政府报告，由乡、民族乡、镇人民政府审核并报县级人民政府民政部门核准后，核销其《农村五保供养证书》。

农村五保供养对象死亡，丧葬事宜办理完毕后，村民委员会或者农村五保供养服务机构应当向乡、民族乡、镇人民政府报告，由乡、民族乡、镇人民政府报县级人民政府民政部门核准后，核销其《农村五保供养证书》。

第三章　供养内容

第九条　农村五保供养包括下列供养内容：

（一）供给粮油、副食品和生活用燃料；

（二）供给服装、被褥等生活用品和零用钱；

（三）提供符合基本居住条件的住房；

（四）提供疾病治疗，对生活不能自理的给予照料；

（五）办理丧葬事宜。

农村五保供养对象未满16周岁或者已满16周岁仍在接受义务教育的，应当保障他们依法接受义务教育所需费用。

农村五保供养对象的疾病治疗，应当与当地农村合作医疗和农村医疗救助制度相衔接。

第十条　农村五保供养标准不得低于当地村民的平均生活水平，并根据当地村民平均生活水平的提高适时调整。

农村五保供养标准，可以由省、自治区、直辖市人民政府制定，在本行政区域内公布执行，也可以由设区的市级或者县级人民政府制定，报所在的省、自治区、直辖市人民政府备案后公布执行。

国务院民政部门、国务院财政部门应当加强对农村五保供养标准制定工作的指导。

第十一条 农村五保供养资金，在地方人民政府财政预算中安排。有农村集体经营等收入的地方，可以从农村集体经营等收入中安排资金，用于补助和改善农村五保供养对象的生活。农村五保供养对象将承包土地交由他人代耕的，其收益归该农村五保供养对象所有。具体办法由省、自治区、直辖市人民政府规定。

中央财政对财政困难地区的农村五保供养，在资金上给予适当补助。

农村五保供养资金，应当专门用于农村五保供养对象的生活，任何组织或者个人不得贪污、挪用、截留或者私分。

第四章 供养形式

第十二条 农村五保供养对象可以在当地的农村五保供养服务机构集中供养，也可以在家分散供养。农村五保供养对象可以自行选择供养形式。

第十三条 集中供养的农村五保供养对象，由农村五保供养服务机构提供供养服务；分散供养的农村五保供养对象，可以由村民委员会提供照料，也可以由农村五保供养服务机构提供有关供养服务。

第十四条 各级人民政府应当把农村五保供养服务机构建设纳入经济社会发展规划。县级人民政府和乡、民族乡、镇人民政府应当为农村五保供养服务机构提供必要的设备、管理资金，并配备必要的工作人员。

第十五条 农村五保供养服务机构应当建立健全内部民主管理和服务管理制度。农村五保供养服务机构工作人员应当经过必要的培训。

第十六条 农村五保供养服务机构可以开展以改善农村五保供养对象生活条件为目的的农副业生产。地方各级人民政府及其有关部门应当对农村五保供养服务机构开展农副业生产给予必要的扶持。

第十七条 乡、民族乡、镇人民政府应当与村民委员会或者农村五保供养服务机构签订供养服务协议，保证农村五保供养对象享受符合要求的供养。村民委员会可以委托村民对分散供养的农村五保供养对象提供照料。

第五章 监督管理

第十八条 县级以上人民政府应当依法加强对农村五保供养工作的监督管理。县级以上地方各级人民政府民政部门和乡、民族乡、镇人民政府应当制定农村五保供养工作的管理制度，并负责督促实施。

第十九条　财政部门应当按时足额拨付农村五保供养资金，确保资金到位，并加强对资金使用情况的监督管理。审计机关应当依法加强对农村五保供养资金使用情况的审计。

第二十条　农村五保供养待遇的申请条件、程序、民主评议情况以及农村五保供养的标准和资金使用情况等，应当向社会公告，接受社会监督。

第二十一条　农村五保供养服务机构应当遵守治安、消防、卫生、财务会计等方面的法律、法规和国家有关规定，向农村五保供养对象提供符合要求的供养服务，并接受地方人民政府及其有关部门的监督管理。

第六章　法律责任

第二十二条　违反本条例规定，有关行政机关及其工作人员有下列行为之一的，对直接负责的主管人员以及其他直接责任人员依法给予行政处分；构成犯罪的，依法追究刑事责任：

（一）对符合农村五保供养条件的村民不予批准享受农村五保供养待遇的，或者对不符合农村五保供养条件的村民批准其享受农村五保供养待遇的；

（二）贪污、挪用、截留、私分农村五保供养款物的；

（三）有其他滥用职权、玩忽职守、徇私舞弊行为的。

第二十三条　违反本条例规定，村民委员会组成人员贪污、挪用、截留农村五保供养款物的，依法予以罢免；构成犯罪的，依法追究刑事责任。违反本条例规定，农村五保供养服务机构工作人员私分、挪用、截留农村五保供养款物的，予以辞退；构成犯罪的，依法追究刑事责任。

第二十四条　违反本条例规定，村民委员会或者农村五保供养服务机构对农村五保供养对象提供的供养服务不符合要求的，由乡、民族乡、镇人民政府责令限期改正；逾期不改正的，乡、民族乡、镇人民政府有权终止供养服务协议；造成损失的，依法承担赔偿责任。

第七章　附则

第二十五条　《农村五保供养证书》由国务院民政部门规定式样，由省、自治区、直辖市人民政府民政部门监制。

七、《北京市人民政府关于印发〈北京市城乡居民养老保险办法〉的通知》

各区、县人民政府，市政府各委、办、局，各市属机构：

现将《北京市城乡居民养老保险办法》予以印发，请认真组织贯彻实施。

北京市人民政府

二〇〇八年十二月二十日

北京市城乡居民养老保险办法

一、总则

第一条　为进一步完善本市社会养老保障体系，统筹城乡社会发展，保障城乡居民年老后的基本生活，实现老有所养的社会建设目标，根据国家有关法律法规，结合本市实际，制定本办法。

第二条　具有本市户籍，男年满16周岁未满60周岁、女年满16周岁未满55周岁（不含在校生），未纳入行政事业单位编制管理或不符合参加本市基本养老保险条件的城乡居民，应当参加城乡居民养老保险。

第三条　城乡居民养老保险制度坚持权利与义务对等，保障水平与经济发展水平相适应的原则。

第四条　城乡居民养老保险实行个人账户与基础养老金相结合，个人缴费、集体补助与政府补贴相结合的制度模式。

第五条　城乡居民养老保险制度由区（县）人民政府负责组织实施，基金实行区（县）级统筹。

第六条　市劳动保障部门主管全市城乡居民养老保险工作，负责政策的制订和监督指导；区（县）劳动保障部门负责政策的宣传和组织落实。

第七条　区（县）劳动保障部门设立的经办机构（以下简称区县经办机构），负责城乡居民养老保险费收缴、养老金给付和个人账户管理工作。

二、养老保险费缴纳

第八条　城乡居民养老保险费采取按年缴费的方式缴纳。最低缴费标准为上一年度农村居民人均纯收入的9%；最高缴费标准为上一年度城镇居民人均可支配收入的30%。

第九条　有条件的集体经济组织，可对参加城乡居民养老保险的人员给予补助。

第十条　区县经办机构负责为参保人员建立城乡居民养老保险个人账户。个人账户资金包括：

（一）个人缴纳的养老保险费和利息；

（二）集体补助和利息；

（三）其他收入和利息。

第十一条　城乡居民养老保险个人账户在积累期内参考银行同期一年期定期存款利率计息。

第十二条　参保人员跨统筹区域转移养老保险关系的，个人账户中的资金全部转移。

第十三条　城乡居民养老保险个人账户资金，只能用于参保人员年老时的养老，不得提前支取挪作他用。

三、养老保险待遇

第十四条　参保人员符合下列条件之一的，自男年满 60 周岁、女年满 55 周岁的次月起，按月享受城乡居民养老保险待遇。

（一）累计缴费年限满 15 年的；

（二）本办法施行之日，男已年满 45 周岁、女已年满 40 周岁的人员（不含本办法施行之后外埠迁入本市户籍的人员），按年缴纳保险费的。

第十五条　参保人员男年满 60 周岁、女年满 55 周岁时缴费年限不符合第十四条规定的，可继续按年缴纳保险费，最长延长缴费时间 5 年，在延长缴费期内达到规定的，按月享受城乡居民养老保险待遇；延长缴费时间 5 年仍不符合规定的，可按照上一年度最低缴费标准，一次性补足差额年限保险费，按月享受城乡居民养老保险待遇。

第十六条　本办法施行之后，外埠迁入本市户籍的人员，男年满 60 周岁、女年满 55 周岁时缴费年限不符合第十四条第（一）项规定的，可按照上一年度最低缴费标准，一次性补足差额年限保险费，按月享受城乡居民养老保险待遇。

第十七条　城乡居民养老保险待遇由个人账户养老金和基础养老金两部分组成。

个人账户养老金由个人账户支付，个人账户养老金月领取标准为：个人账户存储额除以国家规定的基本养老保险个人账户养老金计发月数。个人账户养老金支付完时，最终由财政资金拨补。

全市实行统一的基础养老金标准，每人每月 280 元。基础养老金所需资金由区（县）财政负担，并列入区（县）财政预算。

享受其他社会养老保障待遇的人员不得享受基础养老金。

第十八条　建立基础养老金的正常调整机制。具体调整方案由市劳动保障部门会同市财政部门提出，报市政府批准后执行。

第十九条　参保人员未按照本办法第十四、十五、十六条规定缴纳保险费的，享受一次性养老待遇，其待遇为个人账户全部资金。

第二十条　参保人员在缴费期间死亡的，其个人账户全部资金一次性退给其法定继承人或指定受益人。

第二十一条　参保人员在领取期间死亡的，死亡的次月停止享受养老待遇，其个人账户资金的剩余部分，一次性退给其法定继承人或指定受益人。

第二十二条　城乡居民养老保险待遇由区县经办机构按月实行社会化发放。领取待遇的人员每年应进行领取资格认定，领取期间死亡的，其直系亲属应在1个月内到所属街道办事处或乡（镇）社会保障事务所办理相关手续。

四、制度衔接

第二十三条　在本办法施行之日已经按照新型农村社会养老保险制度规定领取养老金的人员，继续领取养老金。

第二十四条　已参加新型农村社会养老保险还未达到领取年龄的人员，应参加城乡居民养老保险并继续缴费，其新型农村社会养老保险个人账户资金并入城乡居民养老保险个人账户，新型农村社会养老保险的缴费年限计为城乡居民养老保险缴费年限。符合领取条件的享受相应待遇。

第二十五条　在城乡居民养老保险和基本养老保险都有缴费记录的人员，达到退休年龄时，符合基本养老保险按月领取条件的，按照基本养老保险的规定计发养老待遇，其在城乡居民养老保险缴纳的保险费，应折算为基本养老保险的缴费和年限；不符合基本养老保险按月领取条件的，可将其按照基本养老保险规定计发的待遇转入其城乡居民养老保险个人账户，按照城乡居民养老保险的规定计发养老待遇。

五、基金管理和监督

第二十六条　城乡居民养老保险基金纳入区（县）财政专户，以区（县）为单位核算和管理。区（县）财政部门、劳动保障部门应设立专门账户，对本区（县）城乡居民养老保险基金进行管理，专款专用。任何部门、单位或个人均不得转借、挪用和侵占。

第二十七条　区（县）财政部门应按经同级政府批准的城乡居民养老保

险基金预算安排资金，确保城乡居民养老保险待遇按时足额发放。

第二十八条 市、区县经办机构应建立健全城乡居民养老保险基金的财务、会计、统计等管理制度。区（县）财政部门对劳动保障部门报送的按年度编制城乡居民养老保险基金收支预决算报告进行审核，并报同级人民政府批准。

第二十九条 城乡居民养老保险基金应按照国家社会保险基金的有关规定保值增值，任何单位和个人均不得擅自改变其性质和用途。

第三十条 财政、审计部门负责对城乡居民养老保险基金收支和管理情况进行审计监督。

第三十一条 市社会保险监督委员会按照有关规定对城乡居民养老保险有关政策的执行和基金的管理情况进行监督。

六、法律责任

第三十二条 区县经办机构及其工作人员滥用职权、徇私舞弊、玩忽职守，致使城乡居民养老保险待遇不能按时足额发放或者造成养老保险基金流失的，由劳动保障部门责令改正，并由有关部门对直接负责的主管人员和其他直接责任人给予行政处分；涉嫌犯罪的，移送司法机关依法处理。

第三十三条 任何人以伪造证件或者其他手段多领、冒领养老保险待遇的，由区（县）劳动保障部门责令退还；涉嫌犯罪的，移送司法机关依法处理。

七、附则

第三十四条 本办法的实施细则由市劳动保障局会同市财政局另行制定。

第三十五条 市劳动保障局会同市财政局负责根据本办法制定基金、财务管理等相关制度，报市政府审批后实施。

第三十六条 本办法自2009年1月1日起施行。实施过程中遇到的问题，由市劳动保障局负责协调解决。《北京市人民政府关于印发北京市新型农村社会养老保险试行办法的通知》（京政发〔2007〕34号）同时废止。

八、《北京市实施〈农村五保供养工作条例〉办法》

（北京市人民政府令第202号）

《北京市实施〈农村五保供养工作条例〉办法》已经2008年3月24日北京市人民政府第2次常务会议审议通过，现予公布，自2008年5月1日起施行。

市长郭金龙

二〇〇八年三月三十一日

为了实施国务院《农村五保供养工作条例》，结合本市实际情况，制定本办法。

第二条　市民政部门主管本市的农村五保供养工作。

区、县人民政府负责本行政区域内的农村五保供养工作，区、县民政部门具体负责本行政区域内农村五保供养工作的指导、监督和管理。

乡、镇人民政府管理本行政区域内的农村五保供养工作。

村民委员会协助乡、镇人民政府开展农村五保供养工作。

第三条　财政、发展改革、卫生、教育、劳动保障、统计、农村工作等有关行政部门应当按照各自职责，依法做好农村五保供养相关工作。

第四条　区、县人民政府应当将农村五保供养资金列入财政预算。市人民政府对财政困难的区、县给予适当的资金补助。

农村集体经济组织有经营收入的，可以从经营收入中安排资金，用于补助和改善农村五保供养对象的生活。

第五条　新闻、出版、广播、电视等单位应当加强农村五保供养工作的宣传，提高全社会关爱农村五保供养对象的意识。

第六条　本市提倡单位和个人为农村五保供养对象提供生活照料等志愿服务。

第七条　具有本市农业户口的老年、残疾或者未满16周岁的居民，无劳动能力、无生活来源又无法定赡养、抚养、扶养义务人，或者其法定赡养、抚养、扶养义务人无赡养、抚养、扶养能力的，享受农村五保供养待遇。

第八条　申请享受农村五保供养待遇的，由本人向户口所在地的村民委员会提出申请。因年幼或者智力残疾等原因无法表达意愿的，由村民小组或者其他村民代为提出申请。

申请时，应当填写《北京市农村五保供养申请表》，并提交居民身份证、户口簿及其他相关证明材料。

第九条　村民委员会应当自收到申请材料之日起10日内组织民主评议，评议结束后将申请人的基本情况和评议意见在本村范围内公告10日；公告期满后10日内将申请材料、评议意见和公告情况报送乡、镇人民政府。

第十条　乡、镇人民政府应当自收到评议意见和有关材料之日起15日内提出审核意见，并将审核意见和有关材料报送区、县民政部门审批。

区、县民政部门应当自收到审核意见和有关材料之日起15日内做出审批决定。对符合条件批准给予农村五保供养待遇的，发给《农村五保供养证》；

对不符合条件不予批准的，应当书面说明理由。

乡、镇人民政府应当对申请人的家庭状况和经济条件进行调查核实；必要时，区、县民政部门可以进行复核。申请人、有关组织或者个人应当配合、接受调查，如实提供有关情况。

第十一条　区、县民政部门应当向社会公告农村五保供养待遇的申请条件、程序、农村五保供养的内容和本区、县的农村五保供养标准。

第十二条　农村五保供养标准不得低于区、县农村居民的平均生活水平。区、县人民政府确定农村五保供养标准，并报市人民政府备案后公布执行。农村五保供养标准的具体确定办法，由市民政部门会同市财政、统计等行政部门制定。

第十三条　农村五保供养包括下列供养内容：

（一）供给粮油、副食品和生活用燃料；

（二）供给服装、被褥等生活用品和零用钱；

（三）提供符合基本居住条件的住房；

（四）提供疾病治疗，对生活不能自理的给予照料；

（五）办理丧葬事宜。

本市对接受义务教育的农村五保供养对象，按照有关规定保障其接受义务教育所需费用；对接受高中和中等职业教育、高等教育的农村五保供养对象，按照本市有关规定给予教育救助。

本市按照有关规定，保障符合条件的农村五保供养对象参加农村社会养老保险。具体办法由市民政部门会同市劳动保障、财政等行政部门制定。

第十四条　农村五保供养形式分为集中供养和分散供养，农村五保供养对象可以自行选择供养形式。

集中供养的农村五保供养对象，由户口所在区、县的农村五保供养服务机构提供供养服务；分散供养的农村五保供养对象，可以由村民委员会指定专人提供照料，也可以由农村五保供养服务机构提供有关供养服务。

第十五条　乡、镇人民政府应当与农村五保供养服务机构或者村民委员会签订农村五保供养服务协议，并报区、县民政部门备案。

农村五保供养服务协议应当包括下列主要内容：

（一）农村五保供养对象的基本情况；

（二）农村五保供养内容；

（三）农村五保供养服务规范；

（四）协议解除的条件和法律后果；

（五）其他约定的事项。

农村五保供养服务协议的格式文本由市民政部门提供。

第十六条　区、县民政部门应当定期检查本行政区域内农村五保供养对象居住的房屋，对需要翻建、修缮的房屋，及时组织翻建、修缮，确保住房安全。

第十七条　农村五保供养对象患病需要治疗的，由农村五保供养服务机构和村民委员会按照农村五保供养服务协议，及时协助农村五保供养对象到定点医疗机构、农村五保供养服务机构的医务室就诊。

农村五保供养对象参加本市新型农村合作医疗的费用由财政负担，其医疗费用的结算，按照本市新型农村合作医疗制度和农村医疗救助制度等规定执行。

第十八条　农村五保供养服务机构应当遵守国家和本市制定的服务规范，建立健全内部管理和服务制度。农村五保供养服务机构的工作人员应当经过岗前培训，掌握与岗位相适应的知识和技能。

第十九条　农村五保供养服务机构和村民委员会应当关注农村五保供养对象的心理健康，提供相应的精神卫生宣传和咨询服务，组织开展文化娱乐活动。

第二十条　农村五保供养服务机构和村民委员会应当为农村五保供养对象建立个人档案，并如实记录供养服务和照料情况。

第二十一条　农村五保供养对象不再符合本办法第七条规定条件的，农村五保供养服务机构或者村民委员会应当及时向乡、镇人民政府报告，乡、镇人民政府审核后报区、县民政部门核准，区、县民政部门审查后做出书面决定，核销其《农村五保供养证》，停止农村五保供养待遇。

第二十二条　农村五保供养对象死亡的，由提供供养服务的农村五保供养服务机构或者提供照料的村民委员会负责办理丧葬事宜，并办理《农村五保供养证》核销手续。

第二十三条　区、县民政部门和乡、镇人民政府应当对农村五保供养对象登记造册。市民政部门负责建立健全农村五保供养对象基本情况数据库，并将农村五保供养工作纳入全市社会救助信息管理服务系统，依法做好农村五保供养工作的信息公开。

第二十四条　财政部门应当按时足额拨付农村五保供养资金。农村五保供养资金应当专门用于保障农村五保供养对象的生活。审计机关应当依法加强对农村五保供养资金使用情况的审计。

第二十五条　市民政部门应当会同有关行政部门制定本市的农村五保供养服务规范，定期对区、县的农村五保供养工作进行监督检查，并将监督检查的情况向社会公告。

第二十六条　对违反本办法规定的行为，按照《农村五保供养工作条例》的规定处理。

第二十七条　本办法自2008年5月1日起实施。

九、《北京市农村五保供养制度实施细则》

（2008年6月30日印发）

为贯彻《农村五保供养工作条例》，进一步完善我市农村五保供养制度，切实保障农村五保供养对象的日常生活，根据《北京市实施〈农村五保供养工作条例〉办法》，制定本实施细则。

一、农村五保供养标准与供养资金

（一）农村五保供养标准主要根据统计部门公布的上年度本行政区域内农村居民家庭人均生活消费支出确定。

（二）市民政局和市统计局负责全市各区县农村五保供养标准的测算。每年第二季度，市民政局、市财政局和市统计局对本年度农村五保供养标准进行测算并下发文件，统一向社会公布实施。各有关区县民政、财政和统计等部门制定落实方案，报本级人民政府批准后公布实施，同时报市民政部门备案。

（三）区、县财政部门根据上年农村五保供养标准将农村五保供养资金列入财政预算。市财政部门对财政困难的区、县给予适当的资金补助。

（四）农村五保供养资金主要用于保障五保供养对象吃、穿、住、医、教、葬等支出，并用于农村五保供养服务机构和村民委员会对五保供养对象的服务和照料费用。农村五保供养机构的管理费用，纳入区县部门预算管理。

（五）农村集体经济组织有经营收入的，可以从经营收入中安排资金，用于补助和改善农村五保供养对象的生活。

二、农村五保供养对象范围

（一）具有本市农业户口的老年、残疾或者未满16周岁的居民，无劳动能力、无生活来源又无法定赡养、抚养、扶养义务人，或者其法定赡养、抚养、扶养义务人无赡养、抚养、扶养能力的，均属保障范围。

（二）关于法定赡养、抚养、扶养义务人的范围，按照《中华人民共和国婚姻法》第三章“家庭关系”（见附件1）及《北京市老年人权益保障条例》第二章“家庭保障”（见附件2）有关条款的规定执行。

（三）法定赡养义务人无赡养能力主要是指法定赡养义务人没有能力履行对被赡养人经济上供养、生活上照料和精神上慰藉的义务；无抚养能力主要是指法定抚养义务人不具备监护能力，无法履行监护职责；无扶养能力主要是指法定扶养义务人缺乏扶养的经济条件。

三、农村五保供养内容

农村五保供养包括下列供养内容：

（一）供给粮油、副食品和生活用燃料；

（二）供给服装、被褥等生活用品和零用钱；

（三）提供符合基本居住条件的住房；

（四）提供疾病治疗，对生活不能自理的给予照料；

（五）办理丧葬事宜。

本市对接受义务教育的农村五保供养对象，按照有关规定保障其接受义务教育所需费用；对接受高中和中等职业教育、高等教育的农村五保供养对象，按照本市有关规定给予教育救助。

本市按照有关规定，保障符合条件的农村五保供养对象参加农村社会养老保险。具体办法由市民政部门会同劳动保障、财政等行政部门制定。

四、申请、审批程序

（一）申请享受农村五保供养待遇的，按属地管理的原则，由本人向户口所在地的村民委员会提出申请。因年幼或者智力残疾等原因无法表达意愿的，由村民小组或者其他村民代为提出申请。申请时，应当填写《北京市农村五保供养待遇申请表》（见附件3），并提交居民身份证、户口簿及其他相关证明材料。

（二）村民委员会受区县、乡镇人民政府的委托，承担受理本辖区农村五保供养待遇的申请、日常管理及服务等工作。

村民委员会对提出申请的家庭进行登记，填写《北京市农村五保供养待遇审批表》（见附件4），核实其家庭基本情况，并自收到申请材料之日起10日内组织民主评议，评议结束后将申请人的基本情况和评议意见在本村范围内公告10日（见附件5）；公告期满后10日内将申请材料、评议意见和公告情况报送乡、镇人民政府审核。

（三）乡、镇人民政府应当自收到评议意见和有关材料之日起 15 日内提出审核意见，并将审核意见和有关材料报送区、县民政部门审批。

（四）区、县民政部门应当自收到审核意见和有关材料之日起 15 日内做出审批决定。对符合条件批准给予农村五保供养待遇的，以书面形式告知本人（见附件 6），发给《农村五保供养证》（市民政局统一印制）；对不符合条件不予批准的，以书面形式告知本人并说明理由（见附件 7）。

（五）乡、镇人民政府应当对申请人的家庭状况和经济条件进行调查核实；必要时，区、县民政部门可以进行复核。申请人、有关组织或者个人应当配合、接受调查，如实提供有关情况。

（六）农村五保供养对象不再符合供养条件的，农村五保供养服务机构或者村民委员会应当及时向乡、镇人民政府报告，乡、镇人民政府审核后报区、县民政部门核准，区、县民政部门审查后做出书面决定，核销其《农村五保供养证》，停止农村五保供养待遇。

五、农村五保供养待遇及发放

（一）集中供养的农村五保对象由农村五保供养服务机构提供生活照料服务，并按月领取零花钱。集中供养的农村五保对象所需经费，在扣除一定医疗救助资金预算后（具体比例按照现行本市社会救助医疗救助资金预算比例确定），由区、县财政部门按照部门预算管理要求拨付至供养服务机构。

（二）分散供养的农村五保对象按月领取生活费，由辖区民政部门按照本区、县当年农村低保分类救助的最高系数，进行社会化发放。村民委员会应指定专人负责分散供养的农村五保对象的日常生活照料，照料费用标准由区、县人民政府确定公布。

（三）分散供养的农村五保对象的住房纳入本市农村基本住房救助范围，应根据住房实际情况及时进行翻建和维修。

（四）农村五保供养对象参加本市新型农村合作医疗个人缴费部分由区、县财政负担。农村五保供养对象的疾病治疗，由提供供养服务的农村五保供养服务机构或者提供照料服务的村民委员会及时协助农村五保供养对象到定点医疗机构、农村五保供养服务机构的医务室就诊。其医疗费用的结算，按照本市新型农村合作医疗的有关规定按比例报销后，其余部分由区、县财政负担。

（五）对义务教育阶段的农村五保供养对象，按照有关规定保障其接受义务教育所需费用；对接受高中和中等职业教育、高等教育的农村五保供养对象，按照本市有关规定给予教育救助。

（六）按照市民政部门会同劳动保障、财政等行政部门制定的有关规定，保障符合条件的农村五保供养对象参加农村社会养老保险。

（七）农村五保供养对象死亡的，由提供供养服务的农村五保供养服务机构或者提供照料的村民委员会负责办理丧葬事宜，相关费用从农村五保供养经费中列支。

六、农村五保供养协议及财产处置

（一）乡、镇人民政府应当与农村五保供养服务机构或者村民委员会签订《北京市农村五保供养服务协议书》（见附件8、附件9），并报区、县民政部门备案。

《北京市农村五保供养服务协议书》应当包括以下主要内容：

1. 农村五保供养对象的基本情况；

2. 农村五保供养内容；

3. 农村五保供养服务规范；

4. 协议解除的条件及法律后果；

5. 其他应当约定的事项。

《北京市农村五保供养服务协议书》格式文本由市民政部门提供。

（二）有关农村五保供养对象的财产处置，由农村五保供养对象与村民委员会及相关当事人按国家和本市有关法律规定协商解决。

七、农村五保供养服务机构的管理

（一）农村五保供养服务机构应当遵守国家和本市制定的服务规范，建立健全内部管理和服务制度。农村五保供养服务机构的工作人员应当经过岗前培训，掌握与岗位相适应的知识和技能。

（二）农村五保供养服务机构应按照《北京市农村五保供养服务协议书》的规定向农村五保供养对象提供供养服务。农村五保供养服务机构应当关注农村五保供养对象的心理健康，提供相应的精神卫生宣传和咨询服务，组织开展各种文化娱乐活动。

八、档案及信息化管理

（一）农村五保供养服务机构和村民委员会应当为农村五保供养对象建立个人档案，并如实记录供养服务和照料情况。对于指定的农村五保分散供养对象的照料人，村民委员会应填写《北京市农村五保分散供养照料人信息表》（见附件10），登记照料人的基本情况和照料服务情况。

（二）区、县民政部门和乡、镇人民政府应当对农村五保供养对象登记造册。市民政部门负责建立健全农村五保供养对象基本情况数据库，并将农村五保供养工作纳入全市社会救助信息管理服务系统，实现网上审批及相关工作的信息化管理。

九、政府部门职责

农村五保供养制度实行各级人民政府负责制。市民政局是本市实施农村五保供养工作的主管部门。财政、发展改革、卫生、教育、劳动保障、统计、农村工作等有关行政主管部门应当按照各自职责，依法做好农村五保供养相关工作。

（一）区、县人民政府应加强对区县民政部门、乡镇人民政府和村民委员会的领导，为其开展工作提供必要的人员和经费保证，解决必要的办公条件，建立健全农村基层五保管理服务网络，确保农村五保供养制度的顺利实施。

区、县和乡、镇人民政府应当采取措施，积极开展邻里互助、社会帮扶、领导干部联系贫困户、送温暖等社会互助活动。

（二）各级民政部门应加大管理工作力度，精心组织，周密安排，确保农村五保供养制度的落实。

1. 加强规范化管理，建立健全各项规章制度，坚持公开、平等、民主的原则，做到保障对象、保障资金、保障标准三公开，接受社会和群众的监督。

2. 加强动态管理，按家庭建立农村五保供养对象档案，并加强信息化建设，提高工作效率，切实做好农村五保供养待遇的审批、发放及保障标准调整等相关工作。

3. 加强与有关部门的协调和联系，制定和落实帮困措施，完善农村五保供养政策，确保农村五保供养对象的日常生活。

4. 加强农村五保供养政策指导和调查研究，随时解决工作中出现的问题；及时抓好业务培训和总结交流经验工作，提高工作质量和执行政策的准确性。

5. 及时受理群众的来信、来访、咨询等事宜，向社会宣传、解释有关政策。

（三）各级财政部门应落实农村五保供养资金，制定农村五保供养资金管理制度，定期督促、检查区县农村五保供养资金的拨付和使用情况，为民政部门落实农村五保供养制度提供必要的经费保证。财政和审计部门要依法监督农村五保供养资金的使用情况，定期进行审计。

（四）统计、物价等部门要积极支持、密切配合，做好农村五保供养标准的测算、调整等工作。

（五）新闻、出版、广播、电视等单位应当加强农村五保供养工作的宣传，提高全社会关爱农村五保供养对象的意识。

（六）相关单位、组织和个人应当接受有关农村五保供养工作的调查，如实提供有关情况。

十、依法行政和行政处罚

实施农村五保供养制度过程中，基层管理部门和工作人员应认真履行职责，积极主动、认真负责地开展工作。

（一）从事农村五保供养管理和审批工作的人员应依法办事，接受社会监督。有下列行为之一并造成严重后果的，给予行政处分直至依法追究其刑事责任：

1. 对符合农村五保供养条件的申请，拒不签署同意享受农村五保供养待遇意见的；或者对不符合农村五保供养条件的申请，擅自签署同意享受农村五保供养待遇意见的。

2. 滥用职权、徇私舞弊，擅自改变农村五保供养范围和供养标准的。

3. 贪污、挪用、扣押、拖欠农村五保供养金的。

4. 玩忽职守，影响农村五保供养制度正常进行的。

（二）享受农村五保供养待遇的人员有下列行为之一的，民政部门按有关规定予以教育、警告，直至追回保障金；并视情节轻重，予以处罚：

1. 采取虚报、隐瞒、伪造等手段，骗取享受农村五保供养待遇的。

2. 家庭经济状况好转，不按规定告知户口所在地村民委员会或乡镇人民政府办理变更手续，继续享受农村五保供养待遇的。

3. 出现法定赡养、抚养、扶养义务人，且法定赡养、抚养、扶养义务人有赡养、抚养、扶养能力，不按规定告知户口所在地村民委员会或乡镇人民政府办理变更手续，继续享受农村五保供养待遇的。

（三）农村居民对申请享受农村五保供养待遇而未得到答复，或者对区、县人民政府民政部门做出的不批准享受农村五保供养待遇，以及对终止保障待遇的决定不服的，可依法申请行政复议，也可依法提请行政诉讼。

十一、其他

（一）本实施细则由市民政局负责解释。

（二）本实施细则自2008年7月1日起施行。各区县可结合本地实际情况，制定相应的实施办法。

十、《国务院关于开展新型农村社会养老保险试点的指导意见》

（国发〔2009〕32号）

各省、自治区、直辖市人民政府，国务院各部委、各直属机构：

根据党的十七大和十七届三中全会精神，国务院决定，从2009年起开展新型农村社会养老保险（以下简称新农保）试点。现就试点工作提出以下指导意见：

一、基本原则

新农保工作要高举中国特色社会主义伟大旗帜，以邓小平理论和“三个代表”重要思想为指导，深入贯彻落实科学发展观，按照加快建立覆盖城乡居民的社会保障体系的要求，逐步解决农村居民老有所养问题。新农保试点的基本原则是“保基本、广覆盖、有弹性、可持续”。一是从农村实际出发，低水平起步，筹资标准和待遇标准要与经济发展及各方面承受能力相适应；二是个人（家庭）、集体、政府合理分担责任，权利与义务相对应；三是政府主导和农民自愿相结合，引导农村居民普遍参保；四是中央确定基本原则和主要政策，地方制订具体办法，对参保居民实行属地管理。

二、任务目标

探索建立个人缴费、集体补助、政府补贴相结合的新农保制度，实行社会统筹与个人账户相结合，与家庭养老、土地保障、社会救助等其他社会保障政策措施相配套，保障农村居民老年基本生活。2009年试点覆盖面为全国10%的县（市、区、旗），以后逐步扩大试点，在全国普遍实施，2020年之前基本实现对农村适龄居民的全覆盖。

三、参保范围

年满16周岁（不含在校学生）、未参加城镇职工基本养老保险的农村居民，可以在户籍地自愿参加新农保。

四、基金筹集

新农保基金由个人缴费、集体补助、政府补贴构成。

（一）个人缴费。参加新农保的农村居民应当按规定缴纳养老保险费。缴费标准目前设为每年100元、200元、300元、400元、500元5个档次，地方可以根据实际情况增设缴费档次。参保人自主选择档次缴费，多缴多得。国家依据农村居民人均纯收入增长等情况适时调整缴费档次。

（二）集体补助。有条件的村集体应当对参保人缴费给予补助，补助标准由村民委员会召开村民会议民主确定。鼓励其他经济组织、社会公益组织、个人为参保人缴费提供资助。

（三）政府补贴。政府对符合领取条件的参保人全额支付新农保基础养老金，其中中央财政对中西部地区按中央确定的基础养老金标准给予全额补助，对东部地区给予50%的补助。

地方政府应当对参保人缴费给予补贴，补贴标准不低于每人每年30元；对选择较高档次标准缴费的，可给予适当鼓励，具体标准和办法由省（区、市）人民政府确定。对农村重度残疾人等缴费困难群体，地方政府为其代缴部分或全部最低标准的养老保险费。

五、建立个人账户

国家为每个新农保参保人建立终身记录的养老保险个人账户。个人缴费，集体补助及其他经济组织、社会公益组织、个人对参保人缴费的资助，地方政府对参保人的缴费补贴，全部记入个人账户。个人账户储存额目前每年参考中国人民银行公布的金融机构人民币一年期存款利率计息。

六、养老金待遇

养老金待遇由基础养老金和个人账户养老金组成，支付终身。

中央确定的基础养老金标准为每人每月55元。地方政府可以根据实际情况提高基础养老金标准，对于长期缴费的农村居民，可适当加发基础养老金，提高和加发部分的资金由地方政府支出。

个人账户养老金的月计发标准为个人账户全部储存额除以139（与现行城镇职工基本养老保险个人账户养老金计发系数相同）。参保人死亡，个人账户中的资金余额，除政府补贴外，可以依法继承；政府补贴余额用于继续支付其他参保人的养老金。

七、养老金待遇领取条件

年满60周岁、未享受城镇职工基本养老保险待遇的农村有户籍的老年人，可以按月领取养老金。

新农保制度实施时，已年满60周岁、未享受城镇职工基本养老保险待遇的，不用缴费，可以按月领取基础养老金，但其符合参保条件的子女应当参保缴费；距领取年龄不足15年的，应按年缴费，也允许补缴，累计缴费不超过15年；距领取年龄超过15年的，应按年缴费，累计缴费不少于15年。

要引导中青年农民积极参保、长期缴费，长缴多得。具体办法由省（区、市）人民政府规定。

八、待遇调整

国家根据经济发展和物价变动等情况，适时调整全国新农保基础养老金的最低标准。

九、基金管理

建立健全新农保基金财务会计制度。新农保基金纳入社会保障基金财政专户，实行收支两条线管理，单独记账、核算，按有关规定实现保值增值。试点阶段，新农保基金暂实行县级管理，随着试点扩大和推开，逐步提高管理层次；有条件的地方也可直接实行省级管理。

十、基金监督

各级人力资源社会保障部门要切实履行新农保基金的监管职责，制定完善新农保各项业务管理规章制度，规范业务程序，建立健全内控制度和基金稽核制度，对基金的筹集、上解、划拨、发放进行监控和定期检查，并定期披露新农保基金筹集和支付信息，做到公开透明，加强社会监督。财政、监察、审计部门按各自职责实施监督，严禁挤占挪用，确保基金安全。试点地区新农保经办机构和村民委员会每年在行政村范围内对村内参保人缴费和待遇领取资格进行公示，接受群众监督。

十一、经办管理服务

开展新农保试点的地区，要认真记录农村居民参保缴费和领取待遇情况，建立参保档案，长期妥善保存；建立全国统一的新农保信息管理系统，纳入社会保障信息管理系统“金保工程”建设，并与其他公民信息管理系统实现信息资源共享；要大力推行社会保障卡，方便参保人持卡缴费、领取待遇和查询本人参保信息。试点地区要按照精简效能原则，整合现有农村社会服务资源，加强新农保经办能力建设，运用现代管理方式和政府购买服务方式，降低行政成本，提高工作效率。新农保工作经费纳入同级财政预算，不得从新农保基金中开支。

十二、相关制度衔接

原来已开展以个人缴费为主、完全个人账户农村社会养老保险（以下称老农保）的地区，要在妥善处理老农保基金债权问题的基础上，做好与新农保制度衔接。在新农保试点地区，凡已参加了老农保、年满60周岁且已领取老农保养老金的参保人，可直接享受新农保基础养老金；对已参加老农保、未满60周岁且没有领取养老金的参保人，应将老农保个人账户资金并入新农保个人账户，按新农保的缴费标准继续缴费，待符合规定条件时享受相应待遇。

新农保与城镇职工基本养老保险等其他养老保险制度的衔接办法，由人力资源社会保障部会同财政部制定。要妥善做好新农保制度与被征地农民社会保障、水库移民后期扶持政策、农村计划生育家庭奖励扶助政策、农村五保供养、社会优抚、农村最低生活保障制度等政策制度的配套衔接工作，具体办法由人力资源社会保障部、财政部会同有关部门研究制订。

……

十一、《国务院关于开展城镇居民社会养老保险试点的指导意见》

（国发〔2011〕18号）

各省、自治区、直辖市人民政府，国务院各部委、各直属机构：

根据党的十七大精神和《中华人民共和国国民经济和社会发展第十二个五年规划纲要》、《中华人民共和国社会保险法》的规定，国务院决定，从2011年起开展城镇居民社会养老保险（以下简称城镇居民养老保险）试点。现就试点工作提出以下指导意见：

一、基本原则

城镇居民养老保险工作要高举中国特色社会主义伟大旗帜，以邓小平理论和“三个代表”重要思想为指导，深入贯彻落实科学发展观，按照加快建立覆盖城乡居民的社会保障体系的要求，逐步解决城镇无养老保障居民的老有所养问题。城镇居民养老保险试点的基本原则是“保基本、广覆盖、有弹性、可持续”。一是从城镇居民的实际情况出发，低水平起步，筹资标准和待遇标准要与经济发展及各方面承受能力相适应；二是个人（家庭）和政府合理分担责任，权利与义务相对应；三是政府主导和居民自愿相结合，引导城镇居民普遍参保；四是中央确定基本原则和主要政策，地方制定具体办法，城镇居民养老保险实行属地管理。

二、任务目标

建立个人缴费、政府补贴相结合的城镇居民养老保险制度，实行社会统筹和个人账户相结合，与家庭养老、社会救助、社会福利等其他社会保障政策相配套，保障城镇居民老年基本生活。2011 年 7 月 1 日启动试点工作，实施范围与新型农村社会养老保险（以下简称新农保）试点基本一致，2012 年基本实现城镇居民养老保险制度全覆盖。

三、参保范围

年满 16 周岁（不含在校学生）、不符合职工基本养老保险参保条件的城镇非从业居民，可以在户籍地自愿参加城镇居民养老保险。

四、基金筹集

城镇居民养老保险基金主要由个人缴费和政府补贴构成。

（一）个人缴费。参加城镇居民养老保险的城镇居民应当按规定缴纳养老保险费。缴费标准目前设为每年 100 元、200 元、300 元、400 元、500 元、600 元、700 元、800 元、900 元、1000 元 10 个档次，地方人民政府可以根据实际情况增设缴费档次。参保人自主选择档次缴费，多缴多得。国家依据经济发展和城镇居民人均可支配收入增长等情况适时调整缴费档次。

（二）政府补贴。政府对符合待遇领取条件的参保人全额支付城镇居民养老保险基础养老金。其中，中央财政对中西部地区按中央确定的基础养老金标准给予全额补助，对东部地区给予 50% 的补助。

地方人民政府应对参保人员缴费给予补贴，补贴标准不低于每人每年 30 元；对选择较高档次标准缴费的，可给予适当鼓励，具体标准和办法由省（区、市）人民政府确定。对城镇重度残疾人等缴费困难群体，地方人民政府为其代缴部分或全部最低标准的养老保险费。

（三）鼓励其他经济组织、社会组织和个人为参保人缴费提供资助。

五、建立个人账户

国家为每个参保人员建立终身记录的养老保险个人账户。个人缴费、地方人民政府对参保人的缴费补贴及其他来源的缴费资助，全部记入个人账户。个人账户储存额目前每年参考中国人民银行公布的金融机构人民币一年期存款利率计息。

六、养老金待遇

养老金待遇由基础养老金和个人账户养老金构成，支付终身。

中央确定的基础养老金标准为每人每月 55 元。地方人民政府可以根据实际情况提高基础养老金标准，对于长期缴费的城镇居民，可适当加发基础养老金，提高和加发部分的资金由地方人民政府支出。

个人账户养老金的月计发标准为个人账户储存额除以139（与现行职工基本养老保险及新农保个人账户养老金计发系数相同）。参保人员死亡，个人账户中的资金余额，除政府补贴外，可以依法继承；政府补贴余额用于继续支付其他参保人的养老金。

七、养老金待遇领取条件

参加城镇居民养老保险的城镇居民，年满60周岁，可按月领取养老金。

城镇居民养老保险制度实施时，已年满60周岁，未享受职工基本养老保险待遇以及国家规定的其他养老待遇的，不用缴费，可按月领取基础养老金；距领取年龄不足15年的，应按年缴费，也允许补缴，累计缴费不超过15年；距领取年龄超过15年的，应按年缴费，累计缴费不少于15年。

要引导城镇居民积极参保、长期缴费，长缴多得；引导城镇居民养老保险待遇领取人员的子女按规定参保缴费。具体办法由省（区、市）人民政府规定。

八、待遇调整

国家根据经济发展和物价变动等情况，适时调整全国城镇居民养老保险基础养老金的最低标准。

九、基金管理

建立健全城镇居民养老保险基金财务会计制度。城镇居民养老保险基金纳入社会保障基金财政专户，实行收支两条线管理，单独记账、核算，按有关规定实现保值增值。试点阶段，城镇居民养老保险基金暂以试点县（区、市、旗，以下简称试点县）为单位管理，随着试点扩大和推开，逐步提高管理层次；有条件的地方也可直接实行省级管理。

十、基金监督

各级人力资源社会保障部门要切实履行城镇居民养老保险基金的监管职责，制定完善城镇居民养老保险各项业务管理规章制度，规范业务程序，建立健全内控制度和基金稽核制度，对基金的筹集、上解、划拨、发放进行监控和定期检查，并定期披露城镇居民养老保险基金筹集和支付信息，做到公开透明，加强社会监督。财政、监察、审计部门按各自职责实施监督，严禁挤占挪用，确保基金安全。试点地区社会保险经办机构和居委会每年在社区范围内对城镇居民的待遇领取资格进行公示，接受群众监督。

十一、经办管理服务

开展城镇居民养老保险试点的地区，要认真记录城镇居民参保缴费和领取待遇情况，建立参保档案，长期妥善保存；建立全国统一的城镇居民养老保险信息管理系统，与职工基本养老保险、新农保信息管理系统整合，纳入社会保障信息管理系统“金保工程”建设，并与其他公民信息管理系统实现信息资源共享；要大力推行社会保障卡，方便参保人持卡缴费、领取待遇和查询本人参保信息。试点地区要按照精简效能原则，整合现有社会保险经办管理资源，建立健全统一的新农保与城镇居民养老保险经办机构，加强经办能力建设。城镇居民养老保险工作经费纳入同级财政预算，不得从城镇居民养老保险基金中开支。

十二、相关制度衔接

有条件的地方，城镇居民养老保险应与新农保合并实施。其他地方应积极创造条件将两项制度合并实施。城镇居民养老保险与职工基本养老保险等其他养老保险制度的衔接办法，由人力资源社会保障部会同财政部制定。要妥善做好城镇居民养老保险制度与城镇居民最低生活保障、社会优抚等政策制度的配套衔接工作，具体办法由人力资源社会保障部、财政部会同有关部门研究制定。

……

各地要注意研究试点过程中出现的新情况、新问题，积极探索和总结解决问题的办法和经验，妥善处理改革、发展和稳定的关系，把好事办好。重要情况要及时向国务院试点工作领导小组报告。

国务院

二〇一一年六月七日

十二、《城市居民最低生活保障条例》

（中华人民共和国国务院令第271号）

《城市居民最低生活保障条例》已经国务院第21次常务会议通过，现予发布，自1999年10月1日起施行。

第一条　为了规范城市居民最低生活保障制度，保障城市居民基本生活，制定本条例。

第二条　持有非农业户口的城市居民，凡共同生活的家庭成员人均收入低于当地城市居民最低生活保障标准的，均有从当地人民政府获得基本生活物质帮助的权利。

前款所称收入，是指共同生活的家庭成员的全部货币收入和实物收入，包括法定赡养人、扶养人或者抚养人应当给付的赡养费、扶养费或者抚养费，不包括优抚对象按照国家规定享受的抚恤金、补助金。

第三条 城市居民最低生活保障制度遵循保障城市居民基本生活的原则，坚持国家保障与社会帮扶相结合、鼓励劳动自救的方针。

第四条 城市居民最低生活保障制度实行地方各级人民政府负责制。县级以上地方各级人民政府民政部门具体负责本行政区域内城市居民最低生活保障的管理工作；财政部门按照规定落实城市居民最低生活保障资金；统计、物价、审计、劳动保障和人事等部门分工负责，在各自的职责范围内负责城市居民最低生活保障的有关工作。

县级人民政府民政部门以及街道办事处和镇人民政府（以下统称管理审批机关）负责城市居民最低生活保障的具体管理审批工作。

居民委员会根据管理审批机关的委托，可以承担城市居民最低生活保障的日常管理、服务工作。

国务院民政部门负责全国城市居民最低生活保障的管理工作。

第五条 城市居民最低生活保障所需资金，由地方人民政府列入财政预算，纳入社会救济专项资金支出项目，专项管理，专款专用。

国家鼓励社会组织和个人为城市居民最低生活保障提供捐赠、资助；所提供的捐赠资助，全部纳入当地城市居民最低生活保障资金。

第六条 城市居民最低生活保障标准，按照当地维持城市居民基本生活所必需的衣、食、住费用，并适当考虑水电燃煤（燃气）费用以及未成年人的义务教育费用确定。

直辖市、设区的市的城市居民最低生活保障标准，由市人民政府民政部门会同财政、统计、物价等部门制定，报本级人民政府批准并公布执行；县（县级市）的城市居民最低生活保障标准，由县（县级市）人民政府民政部门会同财政、统计、物价等部门制定，报本级人民政府批准并报上一级人民政府备案后公布执行。

城市居民最低生活保障标准需要提高时，依照前两款的规定重新核定。

第七条 申请享受城市居民最低生活保障待遇，由户主向户籍所在地的街道办事处或者镇人民政府提出书面申请，并出具有关证明材料，填写《城市居民最低生活保障待遇审批表》。城市居民最低生活保障待遇，由其所在地的街道办事处或者镇人民政府初审，并将有关材料和初审意见报送县级人民政府民政部门审批。

管理审批机关为审批城市居民最低生活保障待遇的需要，可以通过入户调查、邻里访问以及信函索证等方式对申请人的家庭经济状况和实际生活水平进行调查核实。申请人及有关单位、组织或者个人应当接受调查，如实提供有关情况。

第八条　县级人民政府民政部门经审查，对符合享受城市居民最低生活保障待遇条件的家庭，应当区分下列不同情况批准其享受城市居民最低生活保障待遇：

（一）对无生活来源、无劳动能力又无法定赡养人、扶养人或者抚养人的城市居民，批准其按照当地城市居民最低生活保障标准全额享受；

（二）对尚有一定收入的城市居民，批准其按照家庭人均收入低于当地城市居民最低生活保障标准的差额享受。

县级人民政府民政部门经审查，对不符合享受城市居民最低生活保障待遇条件的，应当书面通知申请人，并说明理由。

管理审批机关应当自接到申请人提出申请之日起的30日内办结审批手续。

城市居民最低生活保障待遇由管理审批机关以货币形式按月发放；必要时，也可以给付实物。

第九条　对经批准享受城市居民最低生活保障待遇的城市居民，由管理审批机关采取适当形式以户为单位予以公布，接受群众监督。任何人对不符合法定条件而享受城市居民最低生活保障待遇的，都有权向管理审批机关提出意见；管理审批机关经核查，对情况属实的，应当予以纠正。

第十条　享受城市居民最低生活保障待遇的城市居民家庭人均收入情况发生变化的，应当及时通过居民委员会告知管理审批机关，办理停发、减发或者增发城市居民最低生活保障待遇的手续。

管理审批机关应当对享受城市居民最低生活保障待遇的城市居民的家庭收入情况定期进行核查。

在就业年龄内有劳动能力但尚未就业的城市居民，在享受城市居民最低生活保障待遇期间，应当参加其所在的居民委员会组织的公益性社区服务劳动。

第十一条　地方各级人民政府及其有关部门，应当对享受城市居民最低生活保障待遇的城市居民在就业、从事个体经营等方面给予必要的扶持和照顾。

第十二条　财政部门、审计部门依法监督城市居民最低生活保障资金的使用情况。

第十三条　从事城市居民最低生活保障管理审批工作的人员有下列行为之一的，给予批评教育，依法给予行政处分；构成犯罪的，依法追究刑事责任：

（一）对符合享受城市居民最低生活保障待遇条件的家庭拒不签署同意享受城市居民最低生活保障待遇意见的，或者对不符合享受城市居民最低生活保障待遇条件的家庭故意签署同意享受城市居民最低生活保障待遇意见的；

（二）玩忽职守、徇私舞弊，或者贪污、挪用、扣压、拖欠城市居民最低生活保障款物的。

第十四条　享受城市居民最低生活保障待遇的城市居民有下列行为之一的，由县级人民政府民政部门给予批评教育或者警告，追回其冒领的城市居民最低生活保障款物；情节恶劣的，处冒领金额1倍以上3倍以下的罚款：

（一）采取虚报、隐瞒、伪造等手段，骗取享受城市居民最低生活保障待遇的；

（二）在享受城市居民最低生活保障待遇期间家庭收入情况好转，不按规定告知管理审批机关，继续享受城市居民最低生活保障待遇的。

第十五条　城市居民对县级人民政府民政部门做出的不批准享受城市居民最低生活保障待遇或者减发、停发城市居民最低生活保障款物的决定或者给予的行政处罚不服的，可以依法申请行政复议；对复议决定仍不服的，可以依法提起行政诉讼。

第十六条　省、自治区、直辖市人民政府可以根据本条例，结合本行政区域城市居民最低生活保障工作的实际情况，规定实施的办法和步骤。

第十七条　本条例自1999年10月1日起施行。

十三、《最低生活保障审核审批办法（试行）》

（民政部2012年12月12日发布施行）

第一章　总则

第一条　为规范最低生活保障（以下简称低保）审核审批工作，根据《城市居民最低生活保障条例》（国务院令第271号）、《国务院关于在全国建立农村最低生活保障制度的通知》（国发〔2007〕19号）、《国务院关于进一步加强和改进最低生活保障工作的意见》（国发〔2012〕45号）及国家相关规定，制定本办法。

第二条　县级人民政府民政部门以及乡镇人民政府（街道办事处），依据本办法开展低保审核审批工作，村（居）民委员会协助做好相关工作。

第三条　县级以上地方人民政府民政部门应当加强本辖区内低保审核审批工作的规范管理和相关服务，促进低保工作公开、公平、公正。

第二章　资格条件

第四条　户籍状况、家庭收入和家庭财产是认定低保对象的三个基本要件。

持有当地常住户口的居民，凡共同生活的家庭成员人均收入低于当地低保标准，且家庭财产状况符合当地人民政府规定条件的，可以申请低保。

第五条　共同生活的家庭成员包括：

（一）配偶；

（二）父母和未成年子女；

（三）已成年但不能独立生活的子女，包括在校接受本科及其以下学历教育的成年子女；

（四）其他具有法定赡养、扶养、抚养义务关系并长期共同居住的人员。

下列人员不计入共同生活的家庭成员：

（一）连续三年以上（含三年）脱离家庭独立生活的宗教教职人员；

（二）在监狱、劳动教养场所内服刑、劳动教养的人员；

（三）省级人民政府民政部门根据本条原则和有关程序认定的其他人员。

第六条　持有非农业户口的居民，可以申请城市低保。持有农业户口的居民，可以申请农村低保。

取消农业和非农业户口划分的地区，原则上可以将申请人户籍所在地为城镇且居住超过一定期限、无承包土地、不参加农村集体经济收益分配等作为申请城市低保的户籍条件。

第七条　家庭收入是指共同生活的家庭成员在规定期限内的全部可支配收入。

第八条　家庭财产是指家庭成员拥有的全部动产和不动产。

第三章　申请及受理

第九条　申请低保应当以家庭为单位，由户主或者其代理人以户主的名义向户籍所在地乡镇人民政府（街道办事处）提出书面申请。

受申请人委托，村（居）民委员会可以代其向户籍所在地乡镇人民政府（街道办事处）提交低保书面申请及其相关材料。

第十条　申请人有下列情况之一的，可以单独提出申请：

（一）困难家庭中丧失劳动能力且单独立户的成年重度残疾人。

（二）脱离家庭、在宗教场所居住三年以上（含三年）的生活困难的宗教教职人员。

第十一条　申请人或者其家庭成员的户籍有下列情况之一的，可以按以下方式办理：

（一）在同一市县辖区内，申请人经常居住地与户籍所在地不一致的，根据市县人民政府的规定，申请人凭户籍所在地县级人民政府民政部门出具的未享受最低生活保障的证明，可以向经常居住地乡镇人民政府（街道办事处）提出申请。

（二）户籍类别相同但家庭成员户口不在一起的家庭，应将户口迁移到一起后再提出申请。因特殊原因无法将户口迁移到一起的，可选择在户主或者其主要家庭成员的户籍所在地提出申请，户籍不在申请地的其他家庭成员分别提供各自户籍所在地县级人民政府民政部门出具的未享受低保的证明。

（三）共同生活的家庭成员分别持有非农业户口和农业户口的，一般按户籍类别分别申请城市低保和农村低保。

第十二条　申请人应当履行以下义务：

（一）按规定提交相关材料，书面声明家庭收入和财产状况，并签字确认；

（二）履行授权核查家庭经济状况的相关手续；

（三）承诺所提供的信息真实、完整。

第十三条　乡镇人民政府（街道办事处）应当对申请人或者其代理人提交的材料进行审查，材料齐备的，予以受理；材料不齐备的，应当一次性告知申请人或者其代理人补齐所有规定材料。

乡镇人民政府（街道办事处）应当及时受理低保申请，农村地区可以实行定期集中受理。

第十四条　申请低保时，申请人与低保经办人员和村（居）民委员会成员有近亲属关系的，应当如实申明。

对已受理的低保经办人员和村（居）民委员会成员近亲属的低保申请，

乡镇人民政府（街道办事处）应当进行单独登记。

“低保经办人员”是指涉及具体办理和分管低保受理、审核（包括家庭经济状况调查）、审批等事项的县级人民政府民政部门及乡镇人民政府（街道办事处）工作人员。

“近亲属”包括配偶、父母、子女、兄弟姐妹、祖父母、外祖父母、孙子女、外孙子女。

第四章　家庭经济状况调查

第十五条　家庭经济状况是指申请人及其家庭成员拥有的全部可支配收入和家庭财产。

第十六条　家庭可支配收入是指扣除缴纳的个人所得税及个人按规定缴纳的社会保障性支出后的收入。主要包括：

（一）工资性收入。指因任职或者受雇而取得的工资、薪金、奖金、劳动分红、津贴、补贴以及与任职或者受雇有关的其他所得等。

（二）家庭经营净（纯）收入。指从事生产、经营及有偿服务活动所得。包括从事种植、养殖、采集及加工等农林牧渔业的生产收入，从事工业、建筑业、手工业、交通运输业、批发和零售贸易业、餐饮业、文教卫生业和社会服务业等经营及有偿服务活动的收入等。

（三）财产性收入。包括动产收入和不动产收入。动产收入是指出让无形资产、特许权等收入，储蓄存款利息、有价证券红利、储蓄性保险投资以及其他股息和红利等收入，集体财产收入分红和其他动产收入等。不动产收入是指转租承包土地经营权、出租或者出让房产以及其他不动产收入等。

（四）转移性收入。指国家、单位、社会团体对居民家庭的各种转移支付和居民家庭间的收入转移。包括赡养费、扶养费、抚养费，离退休金、失业保险金，社会救济金、遗属补助金、赔偿收入，接受遗产收入、接受捐赠（赠送）收入等。

（五）其他应当计入家庭收入的项目。

第十七条　家庭财产主要包括：

（一）银行存款和有价证券；

（二）机动车辆（残疾人功能性补偿代步机动车辆除外）、船舶；

（三）房屋；

（四）债权；

（五）其他财产。

第十八条　乡镇人民政府（街道办事处）应当自受理低保申请之日起10个工作日内，在村（居）民委员会协助下，组织驻村干部、社区低保专干等工作人员对申请人家庭经济状况和实际生活情况逐一进行调查核实。每组调查人员不得少于2人。

第十九条　调查申请人家庭经济状况和实际生活情况，可以采取以下方式：

（一）信息核对。乡镇人民政府（街道办事处）通过县级以上人民政府民政部门与公安、人力资源社会保障、住房城乡建设、税务、金融、工商等部门和机构，对低保申请家庭的户籍、车辆、住房、社会保险、养老金、存款、证券、个体经营、住房公积金等收入和财产信息进行核对，并根据信息核对情况，对申请人家庭经济状况声明的真实性和完整性提出意见。

（二）入户调查。调查人员到申请人家中了解其家庭收入、财产情况和吃、穿、住、用等实际生活状况；根据申请人声明的家庭收入和财产状况，了解其真实性和完整性。入户调查结束后，调查人员应当填写家庭经济状况核查表，并由调查人员和申请人（被调查人）分别签字。

（三）邻里访问。调查人员到申请人所在村（居）委员会和社区，走访了解其家庭收入、财产和实际生活状况。

（四）信函索证。调查人员以信函方式向相关单位和部门索取有关证明材料。

（五）其他调查方式。

第二十条　经家庭经济状况信息核对，对符合条件的低保申请，乡镇人民政府（街道办事处）应当依程序开展入户调查。不符合条件的，乡镇人民政府（街道办事处）应当书面通知申请人并说明理由。

申请人对家庭经济状况信息核对结果有异议的，应当提供相关证明材料；乡镇人民政府（街道办事处）应当对申请人提供的家庭经济状况证明材料进行审核，并组织开展复查。

第五章　民主评议

第二十一条　家庭经济状况调查结束后，乡镇人民政府（街道办事处）应当在5个工作日内，在村（居）民委员会的协助下，以村（居）为单位对申请人家庭经济状况调查结果的客观性、真实性进行民主评议。

第二十二条　民主评议由乡镇人民政府（街道办事处）工作人员、村（居）党组织和村（居）委会成员、熟悉村（居）民情况的党员代表、村

（居）民代表等参加。村（居）民代表人数不得少于参加评议总人数的三分之二。

有条件的地方，县级人民政府民政部门可以派人参加民主评议。

第二十三条　民主评议应当遵循以下程序：

（一）宣讲政策。乡镇人民政府（街道办事处）工作人员宣讲低保资格条件、补差发放、动态管理等政策规定，宣布评议规则和会议纪律。

（二）介绍情况。申请人或者代理人陈述家庭基本情况，入户调查人员介绍申请家庭经济状况调查情况。

（三）现场评议。民主评议人员对申请人家庭经济状况调查情况进行评议，对调查结果的真实性和完整性进行评价。

（四）形成结论。乡镇人民政府（街道办事处）工作人员根据现场评议情况，对申请人家庭经济状况调查结果的真实有效性做出结论。

（五）签字确认。民主评议应当有详细的评议记录。所有参加评议人员应当签字确认评议结果。

第二十四条　对民主评议争议较大的低保申请，乡镇人民政府（街道办事处）应当重新组织家庭经济状况调查核实。

第六章　审核审批

第二十五条　乡镇人民政府（街道办事处）应当根据家庭经济状况信息核对、入户调查、民主评议等情况，对申请家庭是否给予低保提出建议意见，并及时在村（居）民委员会设置的村（居）务公开栏公示入户调查、民主评议和审核结果。公示期为 7 天。公示结束后，乡镇人民政府（街道办事处）应当将申请材料、家庭经济状况调查结果、民主评议情况等相关材料报送县级人民政府民政部门审批。

第二十六条　县级人民政府民政部门应当自收到乡镇人民政府（街道办事处）审核意见和相关材料 5 个工作日内提出审批意见。拟批准给予低保的，应当同时确定拟保障金额。不符合条件、不予批准的，应当在做出审批决定 3 日内，通过乡镇人民政府（街道办事处）书面告知申请人或者其代理人并说明理由。

县级人民政府民政部门在提出审批意见前，应当全面审查乡镇人民政府（街道办事处）上报的申请材料、调查材料和审核意见，并按照不低于 30% 的比例入户抽查。对单独登记的低保经办人员和村（居）民委员会成员近亲属的低保申请，以及有疑问、有举报或者其他需要重点调查的低保申请，县级人民政府民政部门应当全部入户调查。不得将不经过调查核实的任何群体或者个人直接审批为低保对象。

有条件的地方，县级人民政府民政部门可以邀请申请人户籍所在地乡镇人民政府（街道办事处）、村（居）民委员会派人参与低保审批，对申请家庭是否符合低保条件提出审批意见。

第二十七条　保障金额应当按照核定的申请人家庭人均收入与当地低保标准的差额乘以共同生活的家庭成员人数计算。

第二十八条　对低保家庭中的下列人员，可以采取多种措施提高救助水平。

（一）老年人；

（二）未成年人；

（三）重度残疾人；

（四）重病患者；

（五）县级以上地方人民政府确定的其他生活困难人员。

第二十九条　县级人民政府民政部门应当对拟批准的低保家庭通过乡镇人民政府（街道办事处）、村（居）民委员会固定的政务公开栏、村（居）务公开栏以及政务大厅设置的电子屏等场所和地点进行公示。公示内容包括申请人姓名、家庭成员、拟保障金额等。公示期为7天。

公示期满无异议的，县级人民政府民政部门应当在3个工作日内做出审批决定，对批准给予低保的，发给低保证，并从批准之日下月起发放低保金。对公示有异议的，县级人民政府民政部门应当重新组织调查核实，在20个工作日内做出审批决定，并对拟批准的申请重新公示。

第七章　资金发放

第三十条　低保金原则上实行社会化发放，通过银行、信用社等代理金融机构，直接支付到低保家庭的账户。

第三十一条　低保金应当按月发放，每月10日前发放到户。金融服务不发达的农村地区，低保金可以按季发放，每季度初10日前发放到户。

第八章　动态管理

第三十二条　县级人民政府民政部门应当根据低保对象的年龄、健康状况、劳动能力以及家庭收入来源等情况对低保家庭实行分类管理。乡镇人民政府（街道办事处）应当根据低保家庭成员和其家庭经济状况的变化情况进行分类复核，并根据复核情况及时报请县级人民政府民政部门办理低保金停发、减发或者增发手续。

低保家庭应当向乡镇人民政府（街道办事处）定期报告家庭人口、收入和财产状况的变化情况。

第三十三条　对城市“三无”人员和家庭成员中有重病、重残人员且收入基本无变化的低保家庭，可每年复核一次。对短期内家庭经济状况和家庭成员基本情况相对稳定的低保家庭，可每半年复核一次。对收入来源不固定、有劳动能力和劳动条件的低保家庭，原则上城市按月、农村按季复核。

第三十四条　县级人民政府民政部门应当对低保家庭实行长期公示，并完善面向公众的低保对象信息查询机制。公示中应当保护低保对象个人隐私，不得公开与低保无关的信息。

第三十五条　县级以上地方人民政府民政部门和乡镇人民政府（街道办事处）应当公开低保监督咨询电话，主动接受社会和群众对低保审核审批工作的监督、投诉和举报。有条件的地方可以省为单位设置统一的举报投诉电话。

第三十六条　县级以上地方人民政府民政部门和乡镇人民政府（街道办事处）应当健全完善举报核查制度，对接到的实名举报，应当逐一核查，并及时向举报人反馈核查处理结果。

第九章　附则

第三十七条　各省（自治区、直辖市）人民政府民政部门可以根据本办法，结合本地实际，制定实施细则，并报民政部备案。

第三十八条　本办法由民政部负责解释。

第三十九条　本办法自公布之日起施行。

十四、《关于做好新型农村和城镇居民社会养老保险制度与城乡居民最低生活保障农村五保供养优抚制度衔接工作的意见》

（人社部发〔2012〕15号）

各省、自治区、直辖市人力资源社会保障厅（局）、民政厅（局）、财政厅（局）及新疆生产建设兵团劳动保障局、民政局、财政局：

根据《国务院关于开展新型农村社会养老保险试点的指导意见》（国发〔2009〕32号）和《国务院关于开展城镇居民社会养老保险试点的指导意见》（国发〔2011〕18号）精神，为指导各地做好新型农村和城镇居民社会养老保险制度（以下分别简称新农保、城居保）与城乡居民最低生活保障、农村五保供养和优抚制度（以下分别简称低保、五保、优抚）的衔接工作，现提出如下意见：

一、基本原则

低保对象和五保对象是迫切需要帮助的困难群体，优抚对象是为我国革命和社会主义建设事业做好特殊贡献的退伍军人及其家属。要积极引导和支持低保、五保、优抚对象参加新农保或城居保（以下简称参保），以解决其老年的后顾之忧，提高其生活保障水平。现阶段，要按照各项制度待遇只叠加、不扣减、不冲销并兼顾现行政策的原则，保障现有待遇水平不降低。

二、制度衔接对象

本《意见》所指制度衔接的对象是：

（一）低保对象，由当地县级民政部门根据《城市居民最低生活保障条例》（国务院令第271号）、《国务院关于在全国建立农村最低生活保障制度的通知》（国发〔2007〕19号）规定的适用范围确定的享受低保待遇的人员。

（二）五保对象，由当地县级民政部门根据《农村五保供养工作条例》（国务院令第456号）规定的适用范围确定的享受五保待遇的人员。

（三）优抚对象，由当地县级民政部门根据《军人优恤优待条例》（国务院中央军委令第413号）规定的适用范围确定的享受优抚待遇的人员。

三、制度衔接规定

（一）新农保、城居保制度与低保、五保制度衔接

新农保和城居保制度实施时，16~59岁符合新农保和城居保参保条件的低保、五保对象，应按规定参保缴费，享受政府补贴和集体补助；鼓励有条件的村集体、其他经济组织、社会组织和个人对低保、五保对象的缴费提供资助。

已经自愿参保县年满60周岁符合领取待遇条件的低保、五保对象，可按月领取新农保或城居保养老金。在审批或复核低保、五保资格时，中央确定的基础养老金“十二五”时期暂不计入家庭收入，具体办法由地方人民政府确定。

（二）新农保、城居保制度与优抚制度衔接新农保、城居保制度实施时，16~59岁符合新农保和城居保参保条件、有缴费能力的优抚对象，应按规定参保缴费，享受政府补贴和集体补助。

对于缴费困难的优抚对象，按规定享受政府补贴和集体补助。已自愿参

保且年满60周岁并符合规定条件的优抚对象，按月领取基础养老金，其优抚待遇标准不变。

四、工作要求

各级人力资源社会保障、民政、财政部门要高度重视低保、五保和优抚对象的参保工作，充分认识做好制度衔接工作的重要性，切实解决好他们在参保和待遇支付方面存在的困难和问题，结合本地实际情况制订切实可行的衔接办法。要广泛动员并支持引导低保、五保和优抚对象参加新农保或城居保。各相关部门要密切配合，履行职责，严格把关，按照上述意见做好制度衔接工作。

十五、《国务院关于建立统一的城乡居民基本养老保险制度的意见》

（国发〔2014〕8号）

各省、自治区、直辖市人民政府，国务院各部委、各直属机构：

按照党的十八大精神和十八届三中全会关于整合城乡居民基本养老保险制度的要求，依据《中华人民共和国社会保险法》有关规定，在总结新型农村社会养老保险（以下简称新农保）和城镇居民社会养老保险（以下简称城居保）试点经验的基础上，国务院决定，将新农保和城居保两项制度合并实施，在全国范围内建立统一的城乡居民基本养老保险（以下简称城乡居民养老保险）制度。现提出以下意见：

一、指导思想

高举中国特色社会主义伟大旗帜，以邓小平理论、“三个代表”重要思想、科学发展观为指导，贯彻落实党中央和国务院的各项决策部署，按照全覆盖、保基本、有弹性、可持续的方针，以增强公平性、适应流动性、保证可持续性为重点，全面推进和不断完善覆盖全体城乡居民的基本养老保险制度，充分发挥社会保险对保障人民基本生活、调节社会收入分配、促进城乡经济社会协调发展的重要作用。

二、任务目标

坚持和完善社会统筹与个人账户相结合的制度模式，巩固和拓宽个人缴费、集体补助、政府补贴相结合的资金筹集渠道，完善基础养老金和个人账户养老金相结合的待遇支付政策，强化长缴多得、多缴多得等制度的激励机制，建立基础养老金正常调整机制，健全服务网络，提高管理水平，为参保居民提供方便快捷的服务。“十二五”末，在全国基本实现新农保和城居保制度合并实施，并与职工基本养老保险制度相衔接。2020年前，全面建成公平、统一、规范的城乡居民养老保险制度，与社会救助、社会福利等其他社会保障政策相配套，充分发挥家庭养老等传统保障方式的积极作用，更好保障参保城乡居民的老年基本生活。

三、参保范围

年满16周岁（不含在校学生），非国家机关和事业单位工作人员及不属于职工基本养老保险制度覆盖范围的城乡居民，可以在户籍地参加城乡居民养老保险。

四、基金筹集

城乡居民养老保险基金由个人缴费、集体补助、政府补贴构成。

（一）个人缴费。

参加城乡居民养老保险的人员应当按规定缴纳养老保险费。缴费标准目前设为每年100元、200元、300元、400元、500元、600元、700元、800元、900元、1000元、1500元、2000元12个档次，省（区、市）人民政府可以根据实际情况增设缴费档次，最高缴费档次标准原则上不超过当地灵活就业人员参加职工基本养老保险的年缴费额，并报人力资源社会保障部备案。人力资源社会保障部会同财政部依据城乡居民收入增长等情况适时调整缴费档次标准。参保人自主选择档次缴费，多缴多得。

（二）集体补助。

有条件的村集体经济组织应当对参保人缴费给予补助，补助标准由村民委员会召开村民会议民主确定，鼓励有条件的社区将集体补助纳入社区公益事业资金筹集范围。鼓励其他社会经济组织、公益慈善组织、个人为参保人缴费提供资助。补助、资助金额不超过当地设定的最高缴费档次标准。

（三）政府补贴。

政府对符合领取城乡居民养老保险待遇条件的参保人全额支付基础养老金，其中，中央财政对中西部地区按中央确定的基础养老金标准给予全额补助，对东部地区给予50%的补助。

地方人民政府应当对参保人缴费给予补贴，对选择最低档次标准缴费的，补贴标准不低于每人每年30元；对选择较高档次标准缴费的，适当增加补贴金额；对选择500元及以上档次标准缴费的，补贴标准不低于每人每年60元，具体标准和办法由省（区、市）人民政府确定。对重度残疾人等缴费困难群体，地方人民政府为其代缴部分或全部最低标准的养老保险费。

五、建立个人账户

国家为每个参保人员建立终身记录的养老保险个人账户，个人缴费、地方人民政府对参保人的缴费补贴、集体补助及其他社会经济组织、公益慈善组织、个人对参保人的缴费资助，全部记入个人账户。个人账户储存额按国家规定计息。

六、养老保险待遇及调整

城乡居民养老保险待遇由基础养老金和个人账户养老金构成，支付终身。

（一）基础养老金。中央确定基础养老金最低标准，建立基础养老金最低标准正常调整机制，根据经济发展和物价变动等情况，适时调整全国基础养老金最低标准。地方人民政府可以根据实际情况适当提高基础养老金标准；对长期缴费的，可适当加发基础养老金，提高和加发部分的资金由地方人民政府支出，具体办法由省（区、市）人民政府规定，并报人力资源社会保障部备案。

（二）个人账户养老金。个人账户养老金的月计发标准，目前为个人账户全部储存额除以139（与现行职工基本养老保险个人账户养老金计发系数相同）。参保人死亡，个人账户资金余额可以依法继承。

七、养老保险待遇领取条件

参加城乡居民养老保险的个人，年满60周岁、累计缴费满15年，且未领取国家规定的基本养老保障待遇的，可以按月领取城乡居民养老保险待遇。

新农保或城居保制度实施时已年满60周岁，在本意见印发之日前未领取国家规定的基本养老保障待遇的，不用缴费，自本意见实施之月起，可以按月领取城乡居民养老保险基础养老金；距规定领取年龄不足15年的，应逐年缴费，也允许补缴，累计缴费不超过15年；距规定领取年龄超过15年的，应按年缴费，累计缴费不少于15年。

城乡居民养老保险待遇领取人员死亡的，从次月起停止支付其养老金。有条件的地方人民政府可以结合本地实际探索建立丧葬补助金制度。社会保险经办机构应每年对城乡居民养老保险待遇领取人员进行核对；村（居）民委员会要协助社会保险经办机构开展工作，在行政村（社区）范围内对参保人待遇领取资格进行公示，并与职工基本养老保险待遇等领取记录进行比对，确保不重、不漏、不错。

八、转移接续与制度衔接

参加城乡居民养老保险的人员，在缴费期间户籍迁移、需要跨地区转移城乡居民养老保险关系的，可在迁入地申请转移养老保险关系，一次性转移个人账户全部储存额，并按迁入地规定继续参保缴费，缴费年限累计计算；已经按规定领取城乡居民养老保险待遇的，无论户籍是否迁移，其养老保险关系不转移。

城乡居民养老保险制度与职工基本养老保险、优抚安置、城乡居民最低生活保障、农村五保供养等社会保障制度以及农村部分计划生育家庭奖励扶助制度的衔接，按有关规定执行。

九、基金管理和运营

将新农保基金和城居保基金合并为城乡居民养老保险基金，完善城乡居民养老保险基金财务会计制度和各项业务管理规章制度。城乡居民养老保险基金纳入社会保障基金财政专户，实行收支两条线管理，单独记账、独立核算，任何地区、部门、单位和个人均不得挤占挪用、虚报冒领。各地要在整合城乡居民养老保险制度的基础上，逐步推进城乡居民养老保险基金省级管理。

城乡居民养老保险基金按照国家统一规定投资运营，实现保值增值。

十、基金监督

各级人力资源社会保障部门要会同有关部门认真履行监管职责，建立健全内控制度和基金稽核监督制度，对基金的筹集、上解、划拨、发放、存储、管理等进行监控和检查，并按规定披露信息，接受社会监督。财政部门、审计部门按各自职责，对基金的收支、管理和投资运营情况实施监督。对虚报冒领、挤占挪用、贪污浪费等违纪违法行为，有关部门按国家有关法律法规严肃处理。要积极探索有村（居）民代表参加的社会监督的有效方式，做到基金公开透明，制度在阳光下运行。

十一、经办管理服务与信息化建设

省（区、市）人民政府要切实加强城乡居民养老保险经办能力建设，结合本地实际，科学整合现有公共服务资源和社会保险经办管理资源，充实加强基层经办力量，做到精确管理、便捷服务。要注重运用现代管理方式和政府购买服务方式，降低行政成本，提高工作效率。要加强城乡居民养老保险工作人员专业培训，不断提高公共服务水平。社会保险经办机构要认真记录参保人缴费和领取待遇情况，建立参保档案，按规定妥善保存。地方人民政府要为经办机构提供必要的工作场地、设施设备、经费保障。城乡居民养老保险工作经费纳入同级财政预算，不得从城乡居民养老保险基金中开支。基层财政确有困难的地区，省市级财政可给予适当补助。

各地要在现有新农保和城居保业务管理系统基础上，整合形成省级集中的城乡居民养老保险信息管理系统，纳入“金保工程”建设，并与其他公民信息管理系统实现信息资源共享；要将信息网络向基层延伸，实现省、市、县、乡镇（街道）、社区实时联网，有条件的地区可延伸到行政村；要大力推行全国统一的社会保障卡，方便参保人持卡缴费、领取待遇和查询本人参保信息。

十二、加强组织领导和政策宣传

地方各级人民政府要充分认识建立城乡居民养老保险制度的重要性，将其列入当地经济社会发展规划和年度目标管理考核体系，切实加强组织领导；要优化财政支出结构，加大财政投入，为城乡居民养老保险制度建设提供必要的财力保障。各级人力资源社会保障部门要切实履行主管部门职责，会同有关部门做好城乡居民养老保险工作的统筹规划和政策制定、统一管理、综合协调、监督检查等工作。

各地区和有关部门要认真做好城乡居民养老保险政策宣传工作，全面准确地宣传解读政策，正确把握舆论导向，注重运用通俗易懂的语言和群众易于接受的方式，深入基层开展宣传活动，引导城乡居民踊跃参保、持续缴费、增加积累，保障参保人的合法权益。

各省（区、市）人民政府要根据本意见，结合本地区实际情况，制定具体实施办法，并报人力资源社会保障部备案。

本意见自印发之日起实施，已有规定与本意见不一致的，按本意见执行。

国务院

2014 年 2 月 21 日

十六、《养老机构设立许可办法》

（2013 年 6 月 27 日民政部部务会议通过，自 2013 年 7 月 1 日起施行）

第一章　总则

第一条　为了规范养老机构设立许可，促进养老机构健康发展，根据《中华人民共和国老年人权益保障法》和有关法律、行政法规，制定本办法。

第二条　养老机构设立许可的申请、受理、审查、决定和监督检查，适用本办法。

第三条　本办法所称养老机构，是指为老年人提供集中居住和照料服务的机构。

第四条　国务院民政部门负责全国养老机构设立许可工作。

县级以上地方人民政府民政部门负责本行政区域内养老机构设立许可工作。

第五条　实施养老机构设立许可，应当遵循公开、公平、公正原则。

第二章　条件和程序

第六条　设立养老机构，应当符合下列条件：

（一）有名称、住所、机构章程和管理制度；

（二）有符合养老机构相关规范和技术标准，符合国家环境保护、消防安全、卫生防疫等要求的基本生活用房、设施设备和活动场地；

（三）有与开展服务相适应的管理人员、专业技术人员和服务人员；

（四）有与服务内容和规模相适应的资金；

（五）床位数在 10 张以上；

（六）法律、法规规定的其他条件。

第七条　依法成立的组织或者具有完全民事行为能力的自然人可以向养老机构住所地县级以上人民政府民政部门申请设立养老机构。

第八条　县、不设区的市、直辖市的区人民政府民政部门实施本行政区域内养老机构的设立许可。

设区的市人民政府民政部门实施住所在市辖区的养老机构的设立许可。

设区的市人民政府民政部门可以委托市辖区人民政府民政部门实施许可。

第九条　省级以上人民政府投资兴办的发挥实训、示范功能的养老机构，可以到同级人民政府民政部门申请设立许可。

前款规定的许可事项，可以委托下一级人民政府民政部门实施许可。

第十条　外国的组织、个人独资或者与中国的组织、个人合资、合作设立养老机构的，香港、澳门、台湾地区的组织、个人以及华侨独资或者与内地（大陆）的组织、个人合资、合作设立养老机构的，由住所地省级人民政府民政部门或者其委托的设区的市级人民政府（行政公署）民政部门实施许可。

法律、法规对投资者另有规定的，从其规定。

第十一条　许可机关根据申请人筹建养老机构的需要和条件，在设立条件、提交材料等方面提供指导和支持。

第十二条　申请设立养老机构，应当向许可机关提交下列文件、资料：

（一）设立申请书；

（二）申请人、拟任法定代表人或者主要负责人的资格证明文件；

（三）符合登记规定的机构名称、章程和管理制度；

（四）建设单位的竣工验收合格证明，卫生防疫、环境保护部门的验收报告或者审查意见，以及公安消防部门出具的建设工程消防设计审核、消防验收合格意见，或者消防备案凭证；

（五）服务场所的自有产权证明或者房屋租赁合同；

（六）管理人员、专业技术人员、服务人员的名单、身份证明文件和健康状况证明；

（七）资金来源证明文件、验资证明和资产评估报告；

（八）依照法律、法规、规章规定，需要提供的其他材料。

第十三条　许可机关应当自受理设立申请之日起20个工作日内，对申请人提交的文件、材料进行书面审查并实地查验。符合条件的，颁发养老机构设立许可证（以下简称设立许可证）；不符合条件的，应当书面通知申请人并说明理由。

第十四条　养老机构应当取得许可并依法登记。未获得许可和依法登记前，养老机构不得以任何名义收取费用、收住老年人。

第三章　许可管理

第十五条　设立许可证应当载明机构名称、住所、法定代表人或者主要负责人、服务范围、有效期限等事项。

设立许可证分为正本和副本，正本和副本具有同等法律效力。设立许可证的式样由国务院民政部门统一规定。

第十六条　设立许可证有效期5年。设立许可证有效期届满30日前，养老机构应当持设立许可证、登记证书副本、养老服务提供情况报告到原许可机关申请换发许可证。

许可机关应当在有效期限届满前按照设立条件做出是否准予延续的决定，逾期未做决定的，视为准予延续。

第十七条　养老机构设立分支机构，应当依照本办法第八条、第九条和第十条的规定，到分支机构住所地的县级以上人民政府民政部门办理申请设立许可手续。相关法律、行政法规对分支机构另有规定的，从其规定。

第十八条　养老机构变更名称、法定代表人或者主要负责人、服务范围的，应当到原许可机关办理变更手续。

养老机构变更住所的，应当重新办理申请设立许可手续。

第十九条　养老机构自行解散，或者无法继续提供服务的，应当终止，并将设立许可证交回原许可机关，办理注销手续。

终止服务的养老机构应当按照有关规定进行清算。

第二十条　养老机构因分立、合并、改建、扩建等原因暂停服务的，或者因解散等原因终止服务的，应当向原许可机关提出申请，并提交老年人安置方案，经批准后实施。未经批准，不得擅自暂停或者终止服务。

第二十一条　许可机关应当建立健全养老机构设立许可信息管理制度，及时公布养老机构设立许可相关信息。

第四章　监督检查

第二十二条　许可机关依法对养老机构的名称、住所、法定代表人或者主要负责人、服务范围等设立许可证载明事项的变化情况进行监督检查，养老机构应当接受和配合监督检查。

许可机关实施养老机构设立许可和对有关事项进行监督检查，不得收取任何费用。

第二十三条　有下列情形之一的，许可机关或者其上级机关，根据利害关系人的请求或者依据职权，可以撤销许可：

（一）许可机关工作人员滥用职权、玩忽职守做出准予许可决定的；

（二）超越法定职权做出准予许可决定的；

（三）违反法定程序做出准予许可决定的；

（四）对不符合法定条件的养老机构准予许可的；

（五）依法可以撤销许可的其他情形。

许可机关发现养老机构以欺骗、贿赂等不正当手段取得许可的，应当予以撤销。

许可机关依法撤销许可后，应当告知相关登记管理机关。

第二十四条　养老机构有下列情形之一的，许可机关应当注销许可，并予以公告：

（一）设立许可证有效期届满未延续的；

（二）养老机构依法终止的；

（三）许可被依法撤销、撤回的；

（四）被登记管理机关依法吊销登记证书的；

（五）因不可抗力导致许可事项无法实施的；

（六）法律、法规规定的应当注销许可的其他情形。

许可机关依法注销许可后，应当告知相关登记管理机关。

第二十五条　任何单位和个人对违反本办法的行为，有权向许可机关举报，许可机关应当及时核实、处理。

第五章　法律责任

第二十六条　养老机构有下列情形之一的，许可机关应当依法给予警告，并处以3万元以下罚款；构成犯罪的，依法追究刑事责任：

（一）未依法履行变更、终止手续的；

（二）涂改、倒卖、出租、出借、转让设立许可证的。

第二十七条　未经许可设立养老机构的，由许可机关责令改正；造成人身、财产损害的，依法承担民事责任；违反治安管理规定的，由公安机关依照《中华人民共和国治安管理处罚法》的有关规定予以处罚；构成犯罪的，依法追究刑事责任。

第二十八条　许可机关及其工作人员在养老机构设立许可申请、受理、审查、决定和监督检查中滥用职权、玩忽职守、徇私舞弊的，由上级机关责令改正；造成严重后果的，对直接负责的主管人员和其他直接责任人员依法给予处分；构成犯罪的，依法追究刑事责任。

第六章　附则

第二十九条　本办法实施前设立的养老机构，符合本办法规定条件的，应当按照本办法的规定办理有关手续。

本办法实施前设立的养老机构，不符合设立条件的，应当在本办法实施后1年内完成整改，其中农村五保供养服务机构应当在实施后2年内完成整改。

第三十条　城乡社区日间照料和互助型养老场所等不适用本办法。

第三十一条　本办法自2013年7月1日起施行。

十七、《养老机构管理办法》

（2013年6月27日民政部部务会议通过，自2013年7月1日起施行）

第一章　总则

第一条　为了规范对养老机构的管理，促进养老事业健康发展，根据

《中华人民共和国老年人权益保障法》和有关法律、行政法规，制定本办法。

第二条　本办法所称养老机构是指依照《养老机构设立许可办法》设立并依法办理登记的为老年人提供集中居住和照料服务的机构。

第三条　国务院民政部门负责全国养老机构的指导、监督和管理，县级以上地方人民政府民政部门负责本行政区域内养老机构的指导、监督和管理。其他有关部门依照职责分工对养老机构实施监督。

第四条　养老机构应当依法保障收住老年人的合法权益。

入住养老机构的老年人应当遵守养老机构的规章制度。

第五条　县级以上地方人民政府民政部门应当根据本级人民政府经济社会发展规划和相关规划，会同有关部门编制养老机构建设规划，并组织实施。

第六条　政府投资兴办的养老机构，应当优先保障孤老优抚对象和经济困难的孤寡、失能、高龄等老年人的服务需求。

第七条　民政部门应当会同有关部门采取措施，鼓励、支持企业事业单位、社会组织或者个人兴办、运营养老机构。

鼓励公民、法人或者其他组织为养老机构提供捐赠和志愿服务。

第八条　民政部门对在养老机构服务和管理工作中做出显著成绩的单位和个人，依照国家有关规定给予表彰和奖励。

第二章　服务内容

第九条　养老机构按照服务协议为收住的老年人提供生活照料、康复护理、精神慰藉、文化娱乐等服务。

第十条　养老机构提供的服务应当符合养老机构基本规范等有关国家标准或者行业标准和规范。

第十一条　养老机构为老年人提供服务，应当与接受服务的老年人或者其代理人签订服务协议。

服务协议应当载明下列事项：

（一）养老机构的名称、住所、法定代表人或者主要负责人、联系方式；

（二）老年人及其代理人和老年人指定的经常联系人的姓名、住址、身份证明、联系方式；

（三）服务内容和服务方式；

（四）收费标准以及费用支付方式；

（五）服务期限和地点；

（六）当事人的权利和义务；

（七）协议变更、解除与终止的条件；

（八）违约责任；

（九）意外伤害责任认定和争议解决方式；

（十）当事人协商一致的其他内容。

服务协议示范文本由国务院民政部门另行制定。

第十二条　养老机构应当提供满足老年人日常生活需求的吃饭、穿衣、如厕、洗澡、室内外活动等服务。

养老机构应当提供符合老年人居住条件的住房，并配备适合老年人安全保护要求的设施、设备及用具，定期对老年人活动场所和物品进行消毒和清洗。

养老机构提供的饮食应当符合卫生要求、有利于老年人营养平衡、符合民族风俗习惯。

第十三条　养老机构应当建立入院评估制度，做好老年人健康状况评估，并根据服务协议和老年人的生活自理能力，实施分级分类服务。

养老机构应当为老年人建立健康档案，组织定期体检，做好疾病预防工作。

养老机构可以通过设立医疗机构或者采取与周边医疗机构合作的方式，为老年人提供医疗服务。养老机构设立医疗机构的，应当依法取得医疗机构执业许可证，按照医疗机构管理相关法律法规进行管理。

第十四条　养老机构在老年人突发危重疾病时，应当及时通知代理人或者经常联系人并转送医疗机构救治；发现老年人为疑似传染病病人或者精神障碍患者时，应当依照传染病防治、精神卫生等相关法律法规的规定处理。

第十五条　养老机构应当根据需要为老年人提供情绪疏导、心理咨询、危机干预等精神慰藉服务。

第十六条　养老机构应当开展适合老年人的文化、体育、娱乐活动，丰富老年人的精神文化生活。

养老机构开展文化、体育、娱乐活动时，应当为老年人提供必要的安全防护措施。

第三章　内部管理

第十七条　养老机构应当按照国家有关规定建立健全安全、消防、卫生、财务、档案管理等规章制度，制定服务标准和工作流程，并予以公开。

第十八条　养老机构应当配备与服务和运营相适应的工作人员，并依法与其签订聘用合同或者劳动合同。

养老机构中从事医疗、康复、社会工作等服务的专业技术人员，应当持有关部门颁发的专业技术等级证书上岗；养老护理人员应当接受专业技能培训，经考核合格后持证上岗。

养老机构应当定期组织工作人员进行职业道德教育和业务培训。

第十九条　养老机构应当依照其登记类型、经营性质、设施设备条件、管理水平、服务质量、护理等级等因素确定服务项目的收费标准。

养老机构应当在醒目位置公示各类服务项目收费标准和收费依据，并遵守国家和地方政府价格管理有关规定。

第二十条　养老机构应当按照国家有关规定接受、使用捐赠物资，接受志愿服务。

第二十一条　养老机构应当实行 24 小时值班，做好老年人安全保障工作。

第二十二条　养老机构应当依法履行消防安全职责，健全消防安全管理制度，实行消防工作责任制，配置、维护消防设施、器材，开展日常防火检查，定期组织灭火和应急疏散消防安全培训。

第二十三条　养老机构应当制定突发事件应急预案。

突发事件发生后，养老机构应当立即启动应急处理程序，根据突发事件应对管理职责分工向有关部门报告，并将应急处理结果报实施许可的民政部门和住所地民政部门。

第二十四条　鼓励养老机构投保责任保险，降低机构运营风险。

第二十五条　养老机构应当建立老年人信息档案，妥善保存相关原始资料。

养老机构应当保护老年人的个人信息。

第二十六条　养老机构应当经常听取老年人的意见和建议，发挥老年人对养老机构服务和管理的监督促进作用。

第二十七条　养老机构因变更或者终止等原因暂停、终止服务的，应当于暂停或者终止服务 60 日前，向实施许可的民政部门提交老年人安置方案，方案中应当明确收住老年人的数量、安置计划及实施日期等事项，经批准后方可实施。

民政部门应当自接到安置方案之日起 20 日内完成审核工作。

民政部门应当督促养老机构实施安置方案，并及时为其妥善安置老年人提供帮助。

第四章　监督检查

第二十八条　民政部门应当按照实施许可权限，通过书面检查或者实地查验等方式对养老机构进行监督检查，并向社会公布检查结果。上级民政部门可以委托下级民政部门进行监督检查。

养老机构应当于每年 3 月 31 日之前向实施许可的民政部门提交上一年度的工作报告。年度工作报告内容包括服务范围、服务质量、运营管理等情况。

第二十九条　民政部门应当建立养老机构评估制度，定期对养老机构的人员、设施、服务、管理、信誉等情况进行综合评价。

养老机构评估工作可以委托第三方实施，评估结果应当向社会公布。

第三十条　民政部门应当定期开展养老服务行业统计工作，养老机构应当及时准确报送相关信息。

第三十一条　民政部门应当建立对养老机构管理的举报和投诉制度。

民政部门接到举报、投诉后，应当及时核实、处理。

第三十二条　上级民政部门应当加强对下级民政部门的指导和监督，及时纠正养老机构管理中的违规违法行为。

第五章　法律责任

第三十三条　养老机构有下列行为之一的，由实施许可的民政部门责令改正；情节严重的，处以 3 万元以下的罚款；构成犯罪的，依法追究刑事责任：

（一）未与老年人或者其代理人签订服务协议，或者协议不符合规定的；

（二）未按照国家有关标准和规定开展服务的；

（三）配备人员的资格不符合规定的；

（四）向负责监督检查的民政部门隐瞒有关情况、提供虚假材料或者拒绝提供反映其活动情况真实材料的；

（五）利用养老机构的房屋、场地、设施开展与养老服务宗旨无关的活动的；

（六）歧视、侮辱、虐待或遗弃老年人以及其他侵犯老年人合法权益行为的；

（七）擅自暂停或者终止服务的；

（八）法律、法规、规章规定的其他违法行为。

第三十四条　民政部门及其工作人员违反本办法有关规定，由上级行政机关责令改正；情节严重的，对直接负责的主管人员和其他责任人员依法给予行政处分；构成犯罪的，依法追究刑事责任。

第六章　附则

第三十五条　国家对光荣院、农村五保供养服务机构等养老机构的管理有特别规定的，依照其规定办理。

第三十六条　本办法自2013年7月1日起施行。

十八、《北京市养老服务机构管理办法》

（2000年9月19日北京市人民政府第27次常务会议通过，自2001年1月1日起施行）

第一章　总则

第一条　为了加强本市养老服务机构的管理，促进社会福利事业的发展，根据国家有关规定，结合本市实际情况，制定本办法。

第二条　本市行政区域内的养老服务机构的设置、服务与监督管理，适用本办法。

本办法所称养老服务机构，是指为老年人提供养护、康复等综合性服务的机构。

第三条　本市扶持养老服务机构的建设和发展，鼓励企业事业单位、社会团体、其他组织和个人以多种形式兴办养老服务机构。

养老服务机构在建设用地、城市建设费用征收和公用事业收费等方面享受国家和本市的优惠政策。具体办法由市人民政府另行规定。

鼓励社会捐资、捐助支持养老服务机构的发展。

第四条　养老服务机构应当依法保护收养的老年人的合法权益。

第五条　本市根据社会经济发展和社会化养老服务的需求，制定养老服务机构设置规划，并将其纳入本市国民经济和社会发展计划。

第六条　市民政局是本市养老服务事业的行政主管部门，负责对养老服务机构进行管理。区、县民政局负责本行政区域内养老服务机构的日常管理。

规划、计划、财政、税务、工商行政管理、物价等部门，按照各自的职责，做好养老服务机构的管理工作。

第二章　机构的设置

第七条　设置养老服务机构应当具备以下条件：

（一）申办组织具备法人资格；申办个人具有完全民事行为能力；

（二）符合养老服务机构的设置规划；

（三）有符合规定的固定场所和设施；其中床位不得少于30张，收养的老年人的人均居住面积不得少于5平方米；

（四）有与其规模和服务相适应的资金。

第八条　申请设置养老服务机构应当向主管部门提交下列材料：

（一）申办者及主要负责人的资格证明文件；

（二）拟设养老服务机构的名称；

（三）申请书及可行性研究报告；

（四）资金来源证明文件；

（五）固定场所使用或者土地使用证明文件；

（六）固定设施平面图或建筑设计平面图；

（七）机构章程及管理制度；

（八）租用设施的相应担保证明。

第九条　申请设置养老服务机构，应当向机构所在地区、县民政部门提出申请。

香港、澳门、台湾地区的组织和个人、华侨以及国外的组织和个人申请在本市以合资、合作方式设置养老服务机构的，应当向市民政部门提出申请，并报外经贸部门审核。

第十条　民政部门应当在接到申请之日起10个工作日内做出审批决定。对符合条件的，发给《北京市养老服务机构设置批准书》；对不符合条件的，书面通知申办者。

第十一条　养老服务机构在开业前应当向核发《北京市养老服务机构设置批准书》的民政部门提出验收申请，使用新、改、扩建的服务设施的，还应当提供工程验收报告和消防、卫生、环保等部门的验收文件。

第十二条　民政部门应当在收到验收申请之日起10个工作日内对养老服务机构进行验收，对符合条件的，发给《北京市养老服务机构执业许可证》；对不符合条件的，应当提出改进意见并书面通知申请者。

未取得《北京市养老服务机构执业许可证》的，不得开展服务活动。

养老服务机构在取得《北京市养老服务机构执业许可证》后，应当按照有关规定到相关部门办理注册登记手续。

《北京市养老服务机构执业许可证》由市民政部门统一印制，不得伪造、涂改、出借或者转让。

第十三条　养老服务机构变更名称或者法定代表人，应当报原设置审批部门备案，并到注册登记机关办理相关手续。

第十四条　养老服务机构解散，应当提前3个月向设置审批部门提出申请，妥善安置收养的老年人，依法进行财产清算，并交回执业证书。

第三章　服务与监督管理

第十五条　养老服务机构应当按照本市规定的服务标准，为收养的老年人提供生活、教育、护理和康复等服务。

本市养老服务机构的服务标准由市民政局拟定，报市质量技术监督局批准，并向社会公布。

第十六条　养老服务机构应当与收养的老年人及其近亲属或者送养单位（以下统称送养人）签订收养服务合同。收养服务合同应当载明下列主要内容：

（一）送养人、养老服务机构以及收养的老年人的姓名（名称）和地址；

（二）服务内容和方式；

（三）服务收费标准及费用支付方式；

（四）服务期限和地点；

（五）送养人、养老服务机构以及被养护人的权利和义务；

（六）合同变更、解除与终止的条件；

（七）违约责任；

（八）当事人双方约定的其他事项。

第十七条　养老服务机构收养老年人应当要求其提供有效的身份证明和体检证明，不得接收传染病人和精神病患者。

养老服务机构应当为收养的老年人建立健康档案，与社区医疗机构建立联系，定期为老年人检查身体，做好疾病预防工作。发现患传染病的老年人，养老服务机构应当及时向卫生防疫部门报告，并通知其送养人。

养老服务机构应当开展适合老年人特点的康复活动。

第十八条　养老服务机构应当配备相应的护理服务人员，根据收养的老年人的生活自理能力和护理等级规范，开展护理服务。

养老服务机构应当编制老年人营养平衡的食谱，合理配置适宜老年人食用的膳食。老年人的膳食制作和用餐应当与工作人员分开。

第十九条　养老服务机构应当建立卫生消毒制度，定期给老年人使用的餐具消毒，定期清洗老年人的被褥和衣服。

第二十条　养老服务机构应当配置符合老年人特点的文化体育活动设施，组织有益于老年人身心健康的文化体育活动。

第二十一条　养老服务机构应当建立夜间值班制度，做好老年人夜间监护工作。

第二十二条　养老服务机构的专业技术人员，应当持有关部门颁发的专业技术等级证书上岗，非技术人员应当经过相应的培训，经考核合格后方可上岗。

第二十三条　养老服务机构应当公示各类服务项目的收费标准。

养老服务机构的收费标准，由市民政部门会同财政、物价部门按照养老服务机构的不同类别制定。

第二十四条　养老服务机构应当建立财务、会计制度，定期制作财务会计报告，接受审计监督。

第二十五条　养老服务机构不得以该机构的房屋、土地、设备等作其他用途的抵押。

第二十六条　养老服务机构不得改变其主要场地和设施的用途。改变用途的，不再享受相关的优惠政策，由有关部门追缴已减免的相关费用。

第二十七条　养老服务机构应当对老年人膳食经费建立专门账户，并定期向老年人及其家属公开账目。

第二十八条　市和区、县民政部门应当对养老服务机构的服务范围、服务质量以及服务费用的收支情况等进行监督和检查，并定期通报监督检查结果。

第二十九条　本市对养老服务机构实行年检制度。养老服务机构应当在市和区、县民政部门规定的期限内，向市或者区、县民政部门办理年检手续。

养老服务机构年检不符合条件或者逾期不办理年检手续的，不得继续开展服务活动，由民政部门收回其执业证书。

第四章　法律责任

第三十条　对未取得养老服务机构执业证书擅自开展养护服务的，由市或者区、县民政部门予以取缔，处以1000元以上3万元以下的罚款，并责令其做好善后工作。

第三十一条　对违反本办法规定，有下列行为之一的，由市或者区、县民政部门责令限期改正；逾期不改的，可处以1000元以上3万元以下的罚款：

（一）养老服务机构未向设置审批部门提出申请擅自解散的。

（二）养老服务机构以该机构的房屋、土地、设备等作其他用途的抵押的。

（三）养老服务机构改变其主要场地和设施用途的。

第三十二条　对违反本办法规定，有下列行为之一的，由市或者区、县民政部门责令限期改正，可处以500元以上1000元以下的罚款：

（一）养老服务机构变更名称或者法定代表人未按规定办理备案手续的。

（二）涂改、出借或者转让《北京市养老服务机构执业许可证》的。

第三十三条　养老服务机构未执行本办法规定的服务规范、不符合本市规定的服务标准的，由市或者区、县民政部门予以警告，责令限期改正，并可处以1000元以上1万元以下的罚款。

第三十四条　对违反本办法规定，属于违反其他法律、法规行为的，由有关部门按照相关法律、法规予以处理。

第三十五条　养老服务机构违反收养服务合同、侵害收养的老年人的合法权益的，被侵害人及其家属可以依法向人民法院提起民事诉讼。

第三十六条　市和区、县民政部门工作人员玩忽职守、滥用职权、徇私舞弊的，由其所在单位给予行政处分；构成犯罪的，依法追究刑事责任。

第五章　附则

第三十七条　现已执业的养老服务机构，应当在本办法施行之日起6个月内，到民政部门补办执业许可证。对不符合条件的，民政部门应当责令其限期整改。

第三十八条　本办法自2001年1月1日起施行。

第三章 健康权利

一、《中华人民共和国老年人权益保障法》

第二十九条 国家通过基本医疗保险制度，保障老年人的基本医疗需要。享受最低生活保障的老年人和符合条件的低收入家庭中的老年人参加新型农村合作医疗和城镇居民基本医疗保险所需个人缴费部分，由政府给予补贴。

有关部门制定医疗保险办法，应当对老年人给予照顾。

第三十条 国家逐步开展长期护理保障工作，保障老年人的护理需求。

对生活长期不能自理、经济困难的老年人，地方各级人民政府应当根据其失能程度等情况给予护理补贴。

第三十一条 国家对经济困难的老年人给予基本生活、医疗、居住或者其他救助。

老年人无劳动能力、无生活来源、无赡养人和扶养人，或者其赡养人和扶养人确无赡养能力或者扶养能力的，由地方各级人民政府依照有关规定给予供养或者救助。

对流浪乞讨、遭受遗弃等生活无着的老年人，由地方各级人民政府依照有关规定给予救助。

第三十四条 老年人依法享有的养老金、医疗待遇和其他待遇应当得到保障，有关机构必须按时足额支付，不得克扣、拖欠或者挪用。

国家根据经济发展以及职工平均工资增长、物价上涨等情况，适时提高养老保障水平。

第四十九条 各级人民政府和有关部门应当将老年医疗卫生服务纳入城乡医疗卫生服务规划，将老年人健康管理和常见病预防等纳入国家基本公共卫生服务项目。鼓励为老年人提供保健、护理、临终关怀等服务。

国家鼓励医疗机构开设针对老年病的专科或者门诊。

医疗卫生机构应当开展老年人的健康服务和疾病防治工作。

第五十条 国家采取措施，加强老年医学的研究和人才培养，提高老年病的预防、治疗、科研水平，促进老年病的早期发现、诊断和治疗。

国家和社会采取措施，开展各种形式的健康教育，普及老年保健知识，增强老年人自我保健意识。

二、《中华人民共和国社会保险法》

第三章　基本医疗保险

第二十三条　职工应当参加职工基本医疗保险，由用人单位和职工按照国家规定共同缴纳基本医疗保险费。

无雇工的个体工商户、未在用人单位参加职工基本医疗保险的非全日制从业人员以及其他灵活就业人员可以参加职工基本医疗保险，由个人按照国家规定缴纳基本医疗保险费。

第二十四条　国家建立和完善新型农村合作医疗制度。

新型农村合作医疗的管理办法，由国务院规定。

第二十五条　国家建立和完善城镇居民基本医疗保险制度。

城镇居民基本医疗保险实行个人缴费和政府补贴相结合。

享受最低生活保障的人、丧失劳动能力的残疾人、低收入家庭六十周岁以上的老年人和未成年人等所需个人缴费部分，由政府给予补贴。

第二十六条　职工基本医疗保险、新型农村合作医疗和城镇居民基本医疗保险的待遇标准按照国家规定执行。

第二十七条　参加职工基本医疗保险的个人，达到法定退休年龄时累计缴费达到国家规定年限的，退休后不再缴纳基本医疗保险费，按照国家规定享受基本医疗保险待遇；未达到国家规定年限的，可以缴费至国家规定年限。

第二十八条　符合基本医疗保险药品目录、诊疗项目、医疗服务设施标准以及急诊、抢救的医疗费用，按照国家规定从基本医疗保险基金中支付。

第二十九条　参保人员医疗费用中应当由基本医疗保险基金支付的部分，由社会保险经办机构与医疗机构、药品经营单位直接结算。

社会保险行政部门和卫生行政部门应当建立异地就医医疗费用结算制度，方便参保人员享受基本医疗保险待遇。

第三十条　下列医疗费用不纳入基本医疗保险基金支付范围：

（一）应当从工伤保险基金中支付的；

（二）应当由第三人负担的；

（三）应当由公共卫生负担的；

（四）在境外就医的。

医疗费用依法应当由第三人负担，第三人不支付或者无法确定第三人的，由基本医疗保险基金先行支付。基本医疗保险基金先行支付后，有权向第三人追偿。

第三十一条　社会保险经办机构根据管理服务的需要，可以与医疗机构、药品经营单位签订服务协议，规范医疗服务行为。

医疗机构应当为参保人员提供合理、必要的医疗服务。

第三十二条　个人跨统筹地区就业的，其基本医疗保险关系随本人转移，缴费年限累计计算。

三、《国务院关于开展城镇居民基本医疗保险试点的指导意见》

（国发〔2007〕20号）

各省、自治区、直辖市人民政府，国务院各部委、各直属机构：

党中央、国务院高度重视解决广大人民群众的医疗保障问题，不断完善医疗保障制度。1998年我国开始建立城镇职工基本医疗保险制度，之后又启动了新型农村合作医疗制度试点，建立了城乡医疗救助制度。目前没有医疗保障制度安排的主要是城镇非从业居民。为实现基本建立覆盖城乡全体居民的医疗保障体系的目标，国务院决定，从今年起开展城镇居民基本医疗保险试点（以下简称试点）。各地区各部门要充分认识这项工作的重要性，将其作为落实科学发展观、构建社会主义和谐社会的一项重要任务，高度重视，统筹规划，规范引导，稳步推进。

一、目标和原则

（一）试点目标。2007年在有条件的省份选择2至3个城市启动试点，2008年扩大试点，争取2009年试点城市达到80%以上，2010年在全国全面推开，逐步覆盖全体城镇非从业居民。要通过试点，探索和完善城镇居民基本医疗保险的政策体系，形成合理的筹资机制、健全的管理体制和规范的运行机制，逐步建立以大病统筹为主的城镇居民基本医疗保险制度。

（二）试点原则。试点工作要坚持低水平起步，根据经济发展水平和各方面承受能力，合理确定筹资水平和保障标准，重点保障城镇非从业居民的大病医疗需求，逐步提高保障水平；坚持自愿原则，充分尊重群众意愿；明确中央和地方政府的责任，中央确定基本原则和主要政策，地方制订具体办法，对参保居民实行属地管理；坚持统筹协调，做好各类医疗保障制度之间基本政策、标准和管理措施等的衔接。

二、参保范围和筹资水平

（三）参保范围。不属于城镇职工基本医疗保险制度覆盖范围的中小学阶段的学生（包括职业高中、中专、技校学生）、少年儿童和其他非从业城镇居民都可自愿参加城镇居民基本医疗保险。

（四）筹资水平。试点城市应根据当地的经济发展水平以及成年人和未成年人等不同人群的基本医疗消费需求，并考虑当地居民家庭和财政的负担能力，恰当确定筹资水平；探索建立筹资水平、缴费年限和待遇水平相挂钩的机制。

（五）缴费和补助。城镇居民基本医疗保险以家庭缴费为主，政府给予适当补助。参保居民按规定缴纳基本医疗保险费，享受相应的医疗保险待遇，有条件的用人单位可以对职工家属参保缴费给予补助。国家对个人缴费和单位补助资金制定税收鼓励政策。

对试点城市的参保居民，政府每年按不低于人均40元给予补助，其中，中央财政从2007年起每年通过专项转移支付，对中西部地区按人均20元给予补助。在此基础上，对属于低保对象的或重度残疾的学生和儿童参保所需的家庭缴费部分，政府原则上每年再按不低于人均10元给予补助，其中，中央财政对中西部地区按人均5元给予补助；对其他低保对象、丧失劳动能力的重度残疾人、低收入家庭60周岁以上的老年人等困难居民参保所需家庭缴费部分，政府每年再按不低于人均60元给予补助，其中，中央财政对中西部地区按人均30元给予补助。中央财政对东部地区参照新型农村合作医疗的补助办法给予适当补助。财政补助的具体方案由财政部门商劳动保障、民政等部门研究确定，补助经费要纳入各级政府的财政预算。

（六）费用支付。城镇居民基本医疗保险基金重点用于参保居民的住院和门诊大病医疗支出，有条件的地区可以逐步试行门诊医疗费用统筹。

城镇居民基本医疗保险基金的使用要坚持以收定支、收支平衡、略有结余的原则。要合理制定城镇居民基本医疗保险基金起付标准、支付比例和最高支付限额，完善支付办法，合理控制医疗费用。探索适合困难城镇非从业居民经济承受能力的医疗服务和费用支付办法，减轻他们的医疗费用负担。城镇居民基本医疗保险基金用于支付规定范围内的医疗费用，其他费用可以通过补充医疗保险、商业健康保险、医疗救助和社会慈善捐助等方式解决。

三、加强管理和服务

（七）组织管理。对城镇居民基本医疗保险的管理，原则上参照城镇职工基本医疗保险的有关规定执行。各地要充分利用现有管理服务体系，改进管理方式，提高管理效率。鼓励有条件的地区结合城镇职工基本医疗保险和新型农村合作医疗管理的实际，进一步整合基本医疗保障管理资源。要探索建立健全由政府机构、参保居民、社会团体、医药服务机构等方面代表参加的医疗保险社会监督组织，加强对城镇居民基本医疗保险管理、服务、运行的监督。建立医疗保险专业技术标准组织和专家咨询组织，完善医疗保险服务管理专业技术标准和业务规范。根据医疗保险事业发展的需要，切实加强医疗保险管理服务机构和队伍建设。建立健全管理制度，完善运行机制，加强医疗保险信息系统建设。

（八）基金管理。要将城镇居民基本医疗保险基金纳入社会保障基金财政专户统一管理，单独列账。试点城市要按照社会保险基金管理等有关规定，严格执行财务制度，加强对基本医疗保险基金的管理和监督，探索建立健全基金的风险防范和调剂机制，确保基金安全。

（九）服务管理。对城镇居民基本医疗保险的医疗服务管理，原则上参照城镇职工基本医疗保险的有关规定执行，具体办法由试点城市劳动保障部门会同发展改革、财政、卫生等部门制定。要综合考虑参保居民的基本医疗需求和基本医疗保险基金的承受能力等因素，合理确定医疗服务的范围。通过订立和履行定点服务协议，规范对定点医疗机构和定点零售药店的管理，明确医疗保险经办机构和定点的医疗机构、零售药店的权利和义务。医疗保险经办机构要简化审批手续，方便居民参保和报销医疗费用；明确医疗费用结算办法，按规定与医疗机构及时结算。加强对医疗费用支出的管理，探索建立医疗保险管理服务的奖惩机制。积极推行医疗费用按病种付费、按总额预付等结算方式，探索协议确定医疗费用标准的办法。

（十）充分发挥城市社区服务组织等的作用。整合、提升、拓宽城市社区服务组织的功能，加强社区服务平台建设，做好基本医疗保险管理服务工作。大力发展社区卫生服务，将符合条件的社区卫生服务机构纳入医疗保险定点范围；对参保居民到社区卫生服务机构就医发生的医疗费用，要适当提高医疗保险基金的支付比例。

四、深化相关改革

（十一）继续完善各项医疗保障制度。进一步完善城镇职工基本医疗保险制度，采取有效措施将混合所有制、非公有制经济组织从业人员以及灵活就业人员纳入城镇职工基本医疗保险；大力推进进城务工的农民工参加城镇职工基本医疗保险，重点解决大病统筹问题；继续着力解决国有困难企业、关闭破产企业等职工和退休人员的医疗保障问题；鼓励劳动年龄内有劳动能力的城镇居民，以多种方式就业并参加城镇职工基本医疗保险；进一步规范现行城镇职工基本医疗保险的支付政策，强化医疗服务管理。加快实施新型农村合作医疗制度。进一步完善城市和农村医疗救助制度。完善多层次医疗保障体系，搞好各项医疗保障制度的衔接。

（十二）协同推进医疗卫生体制和药品生产流通体制改革。根据深化医药卫生体制改革的总体要求，统筹协调医疗卫生、药品生产流通和医疗保障体系的改革和制度衔接，充分发挥医疗保障体系在筹集医疗资金、提高医疗质量和控制医疗费用等方面的作用。进一步转变政府职能，加强区域卫生规划，健全医疗服务体系。建立健全卫生行业标准体系，加强对医疗服务和药品市场的监管。规范医疗服务行为，逐步建立和完善临床操作规范、临床诊疗指南、临床用药规范和出入院标准等技术标准。加快城市社区卫生服务体系建设，充分发挥社区卫生服务和中医药服务在医疗服务中的作用，有条件的地区可探索实行参保居民分级医疗的办法。

……

国务院

二〇〇七年七月十日

四、《关于做好2010年城镇居民基本医疗保险工作的通知》

（人力资源和社会保障部发布）

各省、自治区、直辖市人力资源社会保障厅（局）、财政厅（局），新疆生产建设兵团劳动保障局、财务局：

2009年，城镇居民基本医疗保险（以下简称城镇居民医保）制度在全国所有城市全面建立，参保人数继续快速增加，待遇水平进一步提高，城镇居民医保工作取得良好成效。为进一步贯彻落实《中共中央国务院关于深化医药卫生体制改革的意见》（中发〔2009〕6号）和《国务院关于印发医药卫生体制改革近期重点实施方案（2009—2011）的通知》（国发〔2009〕12号）的有关精神，做好2010年城镇居民医保工作，现就有关问题通知如下：

一、完善参保政策，巩固扩大覆盖面

2010年各地要在全面建立城镇居民医保制度的基础上，巩固和扩大覆盖面，提高参保率，城镇居民医保参保率要达到80%，有条件的地方要力争达到90%，并将在校大学生全部纳入城镇居民医保。

各地要适应就业形式多样化和人员流动加剧、城镇化速度加快的形势，在鼓励灵活就业人员参加城镇职工基本医疗保险的基础上，采取有效措施，落实符合条件的灵活就业人员、农民工等流动就业人员可以选择参加城镇居民医疗保险的有关政策。对自愿选择参加城镇居民医保的灵活就业人员和农民工，不得以户籍等原因设置参保障碍。与此同时，各地要确定简捷规范的工作程序，做好保险关系的转移接续工作，方便灵活就业人员、农民工等流动就业人员参保和享受待遇。

要进一步推进大学生参保工作。各级人力资源社会保障部门要加强与有关部门的协调配合，充分发挥高校组织参保的作用。鼓励有经济负担能力的大学生参加商业医疗保险，并切实做好居民医保与商业保险的衔接，通过多层次保障体系，提高大学生医疗保障水平。

要着力探索缴费年限与待遇水平挂钩办法，有条件的地区要探索在较大范围内统一不同医保制度间缴费年限换算累计等办法，鼓励居民积极连续参保。

二、提高财政补助标准，健全筹资机制

2010年各级财政对城镇居民医保的补助标准提高到每人每年不低于120元，其中中央财政对中西部地区按人均60元给予补助，对东部地区的补助标准同比例提高。地方财政负担确有困难的，提高补助标准可以分两年到位。省财政要切实负起责任，加大对困难市县的补助力度。要按照高校的隶属关系落实各级财政对于公办、民办和企业办高校学生参保的财政补助。各地要通过医疗救助等渠道，加大对各类困难人群的帮助力度，确保困难人群参保。各级财政部门要按照国家规定的补助标准安排预算，按有关规定及时足额拨付补助资金，不得滞拨、缓拨。

在财政补助标准提高的同时，各地要根据经济发展、城镇居民可支配收入等情况，适当提高个人缴费水平。要按照《国务院关于开展城镇居民基本医疗保险试点的指导意见》（国发〔2007〕20号）的精神，进一步完善筹资政策。

三、提高待遇水平，逐步减轻参保人员个人负担

在提高筹资标准基础上，各地要按照以收定支、收支平衡、略有结余的原则，立足于减轻居民医疗费用负担，科学测算，合理提高城镇居民医保待遇水平。

要坚持基本保障，适当提高基层医疗卫生机构医疗费用基金支付比例，引导参保人员到基层医疗卫生机构就医。重点解决大病重病患者的医疗费用负担过重问题。要逐步缩小地区间、制度间待遇差距，体现制度公平性。

提高待遇水平要优先考虑提高基金最高支付限额，减轻大病重病患者的医药费用负担，2010 年居民医保基金最高支付限额要提高到居民可支配收入的 6 倍以上。要逐步提高住院医疗费用基金支付比例，原则上参保人员住院政策范围内医疗费用基金支付比例要达到 60%，二级（含）以下医疗机构住院政策范围内医疗费用基金支付比例要达到 70%。各地要按照《关于开展城镇居民基本医疗保险门诊统筹的指导意见》（人社部发〔2009〕66 号）要求开展门诊统筹工作，今年要在 60% 的统筹地区建立城镇居民医保门诊统筹。医疗保险基金结余较多的地方，可采取多种方式，加大对医疗负担过重的大病重病患者的保障力度。对儿童重大疾病患者，可以通过探索到指定医疗机构诊治、医疗保险基金对医疗机构按病种限额或定额结算、适当降低个人自付比例等方式，进一步减轻个人负担。

要将城镇居民医保参保人员住院分娩和产前检查发生的符合规定的医疗费用纳入城镇居民医保基金支付范围。

……

二〇一〇年六月一日

五、《关于建立新型农村合作医疗制度的意见》

（卫生部、财政部、农业部 2003 年 1 月 10 日联合发布）

建立新型农村合作医疗制度是新时期农村卫生工作的重要内容，是实践“三个代表”重要思想的具体体现，对提高农民健康水平，促进农村经济发展，维护社会稳定具有重大意义。根据《中共中央、国务院关于进一步加强农村卫生工作的决定》（中发〔2002〕13 号），提出以下意见。

一、目标和原则

新型农村合作医疗制度是由政府组织、引导、支持，农民自愿参加，个人、集体和政府多方筹资，以大病统筹为主的农民医疗互助共济制度。从 2003 年起，各省、自治区、直辖市至少要选择 2 ~ 3 个县（市）先行试点，取得经验后逐步推开。到 2010 年，实现在全国建立基本覆盖农村居民的新型农村合作医疗制度的目标，减轻农民因疾病带来的经济负担，提高农民健康水平。

建立新型农村合作医疗制度要遵循以下原则：

（一）自愿参加，多方筹资。农民以家庭为单位自愿参加新型农村合作医疗，遵守有关规章制度，按时足额缴纳合作医疗经费；乡（镇）、村集体要给予资金扶持；中央和地方各级财政每年要安排一定专项资金予以支持。

（二）以收定支，保障适度。新型农村合作医疗制度要坚持以收定支，收支平衡的原则，既保证这项制度持续有效运行，又使农民能够享有最基本的医疗服务。

（三）先行试点，逐步推广。建立新型农村合作医疗制度必须从实际出发，通过试点总结经验，不断完善，稳步发展。要随着农村社会经济的发展和农民收入的增加，逐步提高新型农村合作医疗制度的社会化程度和抗风险能力。

……

三、筹资标准

新型农村合作医疗制度实行个人缴费、集体扶持和政府资助相结合的筹资机制。

（一）农民个人每年的缴费标准不应低于10元，经济条件好的地区可相应提高缴费标准。乡镇企业职工（不含以农民家庭为单位参加新型农村合作医疗的人员）是否参加新型农村合作医疗由县级人民政府确定。

（二）有条件的乡村集体经济组织应对本地新型农村合作医疗制度给予适当扶持。扶持新型农村合作医疗的乡村集体经济组织类型、出资标准由县级人民政府确定，但集体出资部分不得向农民摊派。鼓励社会团体和个人资助新型农村合作医疗制度。

（三）地方财政每年对参加新型农村合作医疗农民的资助不低于人均10元，具体补助标准和分级负担比例由省级人民政府确定。经济较发达的东部地区，地方各级财政可适当增加投入。从2003年起，中央财政每年通过专项转移支付对中西部地区除市区以外的参加新型农村合作医疗的农民按人均10元安排补助资金。

四、资金管理

农村合作医疗基金是由农民自愿缴纳、集体扶持、政府资助的民办公助社会性资金，要按照以收定支、收支平衡和公开、公平、公正的原则进行管理，必须专款专用，专户储存，不得挤占挪用。

（一）农村合作医疗基金由农村合作医疗管理委员会及其经办机构进行管

理。农村合作医疗经办机构应在管理委员会认定的国有商业银行设立农村合作医疗基金专用账户，确保基金的安全和完整，并建立健全农村合作医疗基金管理的规章制度，按照规定合理筹集、及时审核支付农村合作医疗基金。

（二）农村合作医疗基金中农民个人缴费及乡村集体经济组织的扶持资金，原则上按年由农村合作医疗经办机构在乡（镇）设立的派出机构（人员）或委托有关机构收缴，存入农村合作医疗基金专用账户；地方财政支持资金，由地方各级财政部门根据参加新型农村合作医疗的实际人数，划拨到农村合作医疗基金专用账户；中央财政补助中西部地区新型农村合作医疗的专项资金，由财政部根据各地区参加新型农村合作医疗的实际人数和资金到位等情况核定，向省级财政划拨。中央和地方各级财政要确保补助资金及时、全额拨付到农村合作医疗基金专用账户，并通过新型农村合作医疗试点逐步完善补助资金的划拨办法，尽可能简化程序，易于操作。要结合财政国库管理制度改革和完善情况，逐步实现财政直接支付。关于新型农村合作医疗资金具体补助办法，由财政部商有关部门研究制定。

（三）农村合作医疗基金主要补助参加新型农村合作医疗农民的大额医疗费用或住院医疗费用。有条件的地方，可实行大额医疗费用补助与小额医疗费用补助结合的办法，既提高抗风险能力又兼顾农民受益面。对参加新型农村合作医疗的农民，年内没有动用农村合作医疗基金的，要安排进行一次常规性体检。各省、自治区、直辖市要制订农村合作医疗报销基本药物目录。各县（市）要根据筹资总额，结合当地实际，科学合理地确定农村合作医疗基金的支付范围、支付标准和额度，确定常规性体检的具体检查项目和方式，防止农村合作医疗基金超支或过多结余。

（四）加强对农村合作医疗基金的监管。农村合作医疗经办机构要定期向农村合作医疗管理委员会汇报农村合作医疗基金的收支、使用情况；要采取张榜公布等措施，定期向社会公布农村合作医疗基金的具体收支、使用情况，保证参加合作医疗农民的参与、知情和监督的权利。县级人民政府可根据本地实际，成立由相关政府部门和参加合作医疗的农民代表共同组成的农村合作医疗监督委员会，定期检查、监督农村合作医疗基金使用和管理情况。农村合作医疗管理委员会要定期向监督委员会和同级人民代表大会汇报工作，主动接受监督。审计部门要定期对农村合作医疗基金收支和管理情况进行审计。

六、《北京市基本医疗保险规定》

（2000年10月24日北京市人民政府第29次常务会议通过，2001年2月20日发布）

第一章　总则

第一条　为了保障职工和退休人员患病时得到基本医疗，享受医疗保险待遇，根据国家有关规定，结合本市实际情况，制定本规定。

第二条　本市行政区域内的城镇所有用人单位，包括企业、机关、事业单位、社会团体、民办非企业单位（以下简称用人单位）及其职工和退休人员适用本规定。

用人单位及其职工和退休人员参加基本医疗保险的具体时间由市劳动和社会保障行政部门（以下简称市劳动保障行政部门）规定。

第五条　本市在实行基本医疗保险的基础上，建立大额医疗费用互助制度，实行国家公务员医疗补助办法，企业和事业单位可以建立补充医疗保险，鼓励用人单位和个人参加商业医疗保险。

第二章　基本医疗保险基金

第九条　基本医疗保险费由用人单位和职工个人共同缴纳。用人单位和职工应当按时足额缴纳基本医疗保险费。不按时足额缴纳的，不计个人账户，基本医疗保险统筹基金不予支付其医疗费用。

第十条　职工按本人上一年月平均工资的2%缴纳基本医疗保险费。

职工本人上一年月平均工资低于上一年本市职工月平均工资60%的，以上一年本市职工月平均工资的60%为缴费工资基数，缴纳基本医疗保险费。

职工本人上一年月平均工资高于上一年本市职工月平均工资300%以上的部分，不作为缴费工资基数，不缴纳基本医疗保险费。

无法确定职工本人上一年月平均工资的，以上一年本市职工月平均工资为缴费工资基数，缴纳基本医疗保险费。

第十一条　本规定施行前已退休的人员不缴纳基本医疗保险费。

本规定施行后参加工作，累计缴纳基本医疗保险费男满25年、女满20年的，按照国家规定办理了退休手续，按月领取基本养老金或者退休费的人员，享受退休人员的基本医疗保险待遇，不再缴纳基本医疗保险费。

本规定施行前参加工作施行后退休，缴纳基本医疗保险费不满前款规定年限的，由本人一次性补足应当由用人单位和个人缴纳的基本医疗保险费后，享受退休人员的基本医疗保险待遇，不再缴纳基本医疗保险费。经劳动保障行政部门认定，职工的连续工龄或者工作年限符合国家规定的，视同基本医疗保险缴费年限。

第十二条　用人单位按全部职工缴费工资基数之和的9%缴纳基本医疗保险费。

第十三条　基本医疗保险费缴费比例需要调整时，由市劳动保障行政部门会同市财政部门提出，报市人民政府批准。

第十四条　用人单位应当按时向社会保险经办机构如实申报职工上一年月平均工资，社会保险经办机构按照规定核定基本医疗保险缴费工资基数。

第十五条　用人单位应缴纳的基本医疗保险费，由社会保险经办机构委托用人单位的开户银行以“委托银行收款（无付款期）”的结算方式按月扣缴。

职工个人应缴纳的基本医疗保险费，由用人单位按月从本人工资中代扣代缴。

第十七条　基本医疗保险基金当年筹集的部分，按银行活期存款利率计息；上年结转的基金本息，按3个月期整存整取银行存款利率计息；存入社会保障基金财政专户的沉淀基金，比照3年期零存整取储蓄存款利率计息，并不低于该档次利率水平。

第三章　基本医疗保险个人账户

第十九条　社会保险经办机构应当为职工和退休人员建立基本医疗保险个人账户（以下简称个人账户）。

第二十条　个人账户由下列各项构成：

（一）职工个人缴纳的基本医疗保险费；

（二）按照规定划入个人账户的用人单位缴纳的基本医疗保险费；

（三）个人账户存储额的利息；

（四）依法纳入个人账户的其他资金。

第二十一条　用人单位缴纳的基本医疗保险费的一部分按照下列标准划入个人账户：

（一）不满35周岁的职工按本人月缴费工资基数的0.8%划入个人账户；

（二）35周岁以上不满45周岁的职工按本人月缴费工资基数的1%划入个人账户；

（三）45周岁以上的职工按本人月缴费工资基数的2%划入个人账户；

（四）不满70周岁的退休人员按上一年本市职工月平均工资的4.3%划入

个人账户；

（五）70周岁以上的退休人员按上一年本市职工月平均工资的4.8%划入个人账户。

第二十二条　个人账户存储额每年参照银行同期居民活期存款利率计息。

第二十三条　个人账户的本金和利息为个人所有，只能用于基本医疗保险，但可以结转使用和继承。

职工和退休人员死亡时，其个人账户存储额划入其继承人的个人账户；继承人未参加基本医疗保险的，个人账户存储额可一次性支付给继承人；没有继承人的，个人账户存储额纳入基本医疗保险统筹基金。

第二十四条　失业人员不缴纳基本医疗保险费，个人账户停止计入，余额可继续使用。失业人员在领取失业保险金期间，按照失业保险规定享受医疗补助待遇。

第二十五条　参加基本医疗保险的人员在参保的区、县内流动时，只转移基本医疗保险关系，不转移个人账户存储额；跨区、县或者跨统筹地区流动时，转移基本医疗保险关系，同时转移个人账户存储额。

第四章　基本医疗保险待遇

第二十六条　基本医疗保险统筹基金和个人账户划定各自支付范围，分别核算，不得互相挤占。符合基本医疗保险基金支付范围的医疗费用，由基本医疗保险统筹基金和个人账户分别支付。

第二十七条　基本医疗保险基金支付职工和退休人员的医疗费用，应当符合本市规定的基本医疗保险药品目录、诊疗项目目录以及服务设施范围和支付标准。

基本医疗保险药品目录、诊疗项目目录以及医疗服务设施范围和支付标准的具体办法，由市劳动保障行政部门会同有关部门另行制定。

第二十八条　个人账户支付下列医疗费用：

（一）门诊、急诊的医疗费用；

（二）到定点零售药店购药的费用；

（三）基本医疗保险统筹基金起付标准以下的医疗费用；

（四）超过基本医疗保险统筹基金起付标准，按照比例应当由个人负担的医疗费用。

个人账户不足支付部分由本人自付。

第二十九条　基本医疗保险统筹基金支付下列医疗费用：

（一）住院治疗的医疗费用；

（二）急诊抢救留观并收入住院治疗的，其住院前留观 7 日内的医疗费用；

（三）恶性肿瘤放射治疗和化学治疗、肾透析、肾移植后服抗排异药的门诊医疗费用。

第三十条　基本医疗保险基金不予支付下列医疗费用：

（一）在非本人定点医疗机构就诊的，但急诊除外；

（二）在非定点零售药店购药的；

（三）因交通事故、医疗事故或者其他责任事故造成伤害的；

（四）因本人吸毒、打架斗殴或者因其他违法行为造成伤害的；

（五）因自杀、自残、酗酒等原因进行治疗的；

（六）在国外或者香港、澳门特别行政区以及台湾地区治疗的；

（七）按照国家和本市规定应当由个人自付的。

第三十一条　企业职工因工负伤、患职业病的医疗费用，按照工伤保险的有关规定执行。女职工生育的医疗费用，按照国家和本市的有关规定执行。

第三十二条　基本医疗保险统筹基金支付的起付标准按上一年本市职工平均工资的 10% 左右确定。个人在一个年度内第二次以及以后住院发生的医疗费用，基本医疗保险统筹基金支付的起付标准按上一年本市职工平均工资的 5% 左右确定。

第三十三条　基本医疗保险统筹基金在一个年度内支付职工和退休人员的医疗费用累计最高支付限额按上一年本市职工平均工资的 4 倍左右确定。

第三十四条　基本医疗保险统筹基金支付的起付标准和最高支付限额需要调整时，由市劳动保障行政部门会同市财政部门提出，报市人民政府批准后，由市劳动保障行政部门发布。

第三十五条　基本医疗保险统筹基金支付医疗费用设定结算期。

结算期按职工和退休人员住院治疗的时间，恶性肿瘤放射治疗和化学治疗、肾透析、肾移植后服抗排异药门诊治疗的时间设定。

第三十六条　在一个结算期内职工和退休人员发生的医疗费用，按医院等级和费用数额采取分段计算、累加支付的办法，由基本医疗保险统筹基金和个人按照以下比例分担：

（一）在三级医院发生的医疗费用：

1. 起付标准至 1 万元的部分，统筹基金支付 80%，职工支付 20%；

2. 超过1万元至3万元的部分，统筹基金支付85%，职工支付15%；

3. 超过3万元至4万元的部分，统筹基金支付90%，职工支付10%；

4. 超过4万元的部分，统筹基金支付95%，职工支付5%。

（二）在二级医院发生的医疗费用：

1. 起付标准至1万元的部分，统筹基金支付82%，职工支付18%；

2. 超过1万元至3万元的部分，统筹基金支付87%，职工支付13%；

3. 超过3万元至4万元的部分，统筹基金支付92%，职工支付8%；

4. 超过4万元的部分，统筹基金支付97%，职工支付3%。

（三）在一级医院以及家庭病床发生的医疗费用：

1. 起付标准至1万元的部分，统筹基金支付85%，职工支付15%；

2. 超过1万元至3万元的部分，统筹基金支付90%，职工支付10%；

3. 超过3万元至4万元的部分，统筹基金支付95%，职工支付5%；

4. 超过4万元的部分，统筹基金支付97%，职工支付3%。

（四）退休人员个人支付比例为职工支付比例的60%。

但基本医疗保险统筹基金按照比例支付的最高数额不得超过本规定第三十三条规定的最高支付限额。

第五章　补充医疗保险

第三十七条　建立大额医疗费用互助制度。大额医疗费用互助资金按比例支付职工和退休人员在一个年度内累计超过一定数额的门诊、急诊医疗费用和超过基本医疗保险统筹基金最高支付限额（不含起付标准以下以及个人负担部分）的医疗费用。参加基本医疗保险的用人单位及其职工和退休人员应当参加大额医疗费用互助，但实行国家公务员医疗补助办法的用人单位及其职工和退休人员除外。

大额医疗费用互助办法由市劳动保障行政部门会同市财政部门制定。

第三十八条　大额医疗费用互助资金由用人单位和个人共同缴纳。用人单位按全部职工缴费工资基数之和的1%缴纳，职工和退休人员个人按每月3元缴纳。大额医疗费用互助资金在每月缴纳基本医疗保险费时一并缴纳。

大额医疗费用互助资金不足支付时，财政给予适当补贴。

大额医疗费用互助资金缴费比例、缴费金额需要调整时，由市劳动保障行政部门会同市财政部门提出，报市人民政府批准。

第三十九条　大额医疗费用互助资金实行全市统筹，单独列账，纳入社会保障基金财政专户，按照基本医疗保险基金计息办法计息。

大额医疗费用互助资金由社会保险经办机构负责统一筹集、管理和使用。

第四十条　大额医疗费用互助资金对符合基本医疗保险规定的大额医疗费用按照下列办法支付：

（一）职工在一个年度内门诊、急诊医疗费用累计超过2000元的部分，大额医疗费用互助资金支付50%，个人支付50%。

（二）退休人员在一个年度内门诊、急诊医疗费用累计超过1500元的部分，不满70周岁的退休人员，大额医疗费用互助资金支付60%，个人支付40%；70周岁以上的退休人员，大额医疗费用互助资金支付70%，个人支付30%。

（三）大额医疗费用互助资金在一个年度内累计支付职工和退休人员门诊、急诊医疗费用的最高数额为2万元。

（四）职工和退休人员在一个年度内超过基本医疗保险统筹基金最高支付限额（不含起付标准以下以及个人负担部分）的住院医疗费用，恶性肿瘤放射治疗和化学治疗、肾透析、肾移植后服抗排异药的门诊医疗费用，大额医疗费用互助资金支付70%，个人支付30%。但大额医疗费用互助资金在一个年度内累计支付最高数额为10万元。

第四十一条　参加基本医疗保险的企业和事业单位可以建立补充医疗保险。企业补充医疗保险费在本企业职工工资总额4%以内的部分，列入成本。

补充医疗保险办法由市劳动保障行政部门会同市财政部门制定。

第四十二条　国家公务员在参加基本医疗保险的基础上，享受医疗补助待遇，具体办法由市劳动保障行政部门会同市财政部门提出，报市人民政府批准后施行。

第四十三条　对于享受本市城镇居民家庭最低生活保障的职工和退休人员，在个人负担的医疗费用上给予照顾。

本市设立特困人员医疗救助资金，有关部门应当采取措施，多方筹集资金，解决特困人员因医疗费支出过大造成的困难。

第六章　医疗管理

第四十四条　本市医疗保险实行定点医疗制度。按照“就近就医、方便管理”的原则，职工和退休人员可选择3至5家定点医疗机构，由所在单位汇总后，报单位所在地区、县社会保险经办机构，由社会保险经办机构统筹确定。定点专科医疗机构和定点中医医疗机构为全体参保职工和退休人员共同的定点医疗机构。

职工和退休人员患病时，按照规定持医疗保险凭证到本人定点医疗机构就诊，也可凭定点医疗机构经治医师开具的处方到定点零售药店购药。

第四十九条　门诊、急诊医疗费用和住院医疗费用中由个人支付的部分，以及在定点零售药店购药的费用，由个人与定点医疗机构、定点零售药店直接结算；基本医疗保险统筹基金支付的医疗费用，由社会保险经办机构审核后与定点医疗机构进行结算。具体办法由市劳动保障行政部门会同市财政、卫生部门另行制定。

……

第八章　法律责任

第五十八条　用人单位不按照规定缴纳基本医疗保险费或者大额医疗费用互助资金，致使基本医疗保险基金未能按照规定划入个人账户，职工和退休人员不能享受相关医疗保险待遇的，用人单位应当赔偿职工和退休人员由此造成的损失。

第五十九条　用人单位不按照规定缴纳基本医疗保险费或者不按照规定申报基本医疗保险缴费工资基数，致使基本医疗保险费漏缴、少缴，或者不按照规定代扣代缴基本医疗保险费的，由劳动保障行政部门责令限期缴纳；逾期仍不缴纳的，除补缴欠缴数额外，从欠缴之日起，按日加收千分之二的滞纳金。

第六十条　用人单位不按照规定参加基本医疗保险和缴纳基本医疗保险费的，由劳动保障行政部门按照国务院《社会保险费征缴暂行条例》的规定进行处罚。

第六十一条　个人骗取医疗保险金的，由社会保险经办机构负责追回，并可由劳动保障行政部门处以1000元以下的罚款。

第九章　附则

第六十九条　离休人员、老红军、二等乙级以上革命伤残军人医疗待遇不变，医疗费用按原资金渠道解决。具体办法由市劳动保障行政部门会同有关部门制定，报市人民政府批准。

第七十条　城镇个体工商户及其雇工参照本规定执行。

第七十一条　本规定自2001年4月1日起施行。

北京市人民政府办公厅

2001年2月27日印

七、《北京市城乡居民大病保险试行办法》

（北京市发展和改革委员会、北京市卫生局、北京市财政局、北京市人力资源和社会保障局、北京市民政局、中国保险监督管理委员会、北京监管局2013年2月31日联合发布，2014年1月1日生效）

第一条　为进一步完善本市城乡居民医疗保险制度，有效提高重特大疾病保障水平，减轻大病患者医疗费用负担，依据《关于开展城乡居民大病保险工作的指导意见》（发改社会〔2012〕2605号），制定本办法。

第二条　参加本市城镇居民基本医疗保险和新型农村合作医疗的人员适用本办法。

第三条　城镇居民大病保险资金实行全市统筹，由城镇居民基本医疗保险基金按照当年筹资标准5%的额度划拨；农村居民大病保险资金实行区县统筹，由各区县新农合基金按照当年筹资标准5%的额度划拨。大病保险资金纳入社会保障基金财政专户，单独核算，专款专用。

第四条　城乡居民在基本医疗保险定点医疗机构发生的符合本市城乡居民基本医疗保险报销范围的费用，在基本医疗保险报销后，城镇居民在基本医疗保险政策范围内个人自付超过上一年度全市城镇居民年人均可支配收入的高额费用，农村居民在基本医疗保险政策范围内个人自付超过上一年度全市农村居民年人均纯收入的高额费用（以下简称起付金额，具体金额由市人力资源和社会保障局、市卫生局发布），纳入本市城乡居民大病保险支付范围。

第五条　大病保险实行“分段计算、累加支付”。城乡居民发生起付金额以上、5万元（含）以内的费用，由大病保险资金报销50%；超过5万元的费用，由大病保险资金报销60%。一个医疗保险年度结算一次。

第六条　城镇居民大病保险由市人力资源和社会保障部门主管，市和区县医保中心负责经办。农村居民大病保险由市卫生部门主管，各区县新农合管理部门负责经办；其中门头沟区、平谷区、密云县农村居民大病保险试点由卫生部门和商业保险机构“共保联办”，双方在合理控制商业保险机构盈利率基础上确定具体协议条款，保障水平执行全市统一政策。

市有关部门要积极探索并创造条件向商业保险机构购买大病保险，发挥商业保险机构的专业化、精细化优势，提高大病保险的运行效率、服务水平和质量。

第七条　本市城镇居民大病保险起付金额、报销比例政策需要调整时，由市人力资源和社会保障局会同市财政局提出，报市人民政府批准。

本市农村居民大病保险起付金额、报销比例政策需要调整时，由市卫生局会同市财政局提出，报市人民政府批准。

本办法自2014年1月1日起试行。

八、《医疗事故处理条例》

（2002年2月20日国务院第55次常务会议通过，自2002年9月1日起施行）

第一章　总则

第一条　为了正确处理医疗事故，保护患者和医疗机构及其医务人员的合法权益，维护医疗秩序，保障医疗安全，促进医学科学的发展，制定本条例。

第二条　本条例所称医疗事故，是指医疗机构及其医务人员在医疗活动中，违反医疗卫生管理法律、行政法规、部门规章和诊疗护理规范、常规，过失造成患者人身损害的事故。

第三条　处理医疗事故，应当遵循公开、公平、公正、及时、便民的原则，坚持实事求是的科学态度，做到事实清楚、定性准确、责任明确、处理恰当。

第四条　根据对患者人身造成的损害程度，医疗事故分为四级：

一级医疗事故：造成患者死亡、重度残疾的；

二级医疗事故：造成患者中度残疾、器官组织损伤导致严重功能障碍的；

三级医疗事故：造成患者轻度残疾、器官组织损伤导致一般功能障碍的；

四级医疗事故：造成患者明显人身损害的其他后果的。

具体分级标准由国务院卫生行政部门制定。

第二章　医疗事故的预防与处置

第五条　医疗机构及其医务人员在医疗活动中，必须严格遵守医疗卫生管理法律、行政法规、部门规章和诊疗护理规范、常规，恪守医疗服务职业道德。

第六条　医疗机构应当对其医务人员进行医疗卫生管理法律、行政法规、部门规章和诊疗护理规范、常规的培训和医疗服务职业道德教育。

第七条　医疗机构应当设置医疗服务质量监控部门或者配备专（兼）职人员，具体负责监督本医疗机构的医务人员的医疗服务工作，检查医务人员执业情况，接受患者对医疗服务的投诉，向其提供咨询服务。

第八条　医疗机构应当按照国务院卫生行政部门规定的要求，书写并妥善保管病历资料。

因抢救急危患者，未能及时书写病历的，有关医务人员应当在抢救结束后6小时内据实补记，并加以注明。

第九条　严禁涂改、伪造、隐匿、销毁或者抢夺病历资料。

第十条　患者有权复印或者复制其门诊病历、住院志、体温单、医嘱单、化验单（检验报告）、医学影像检查资料、特殊检查同意书、手术同意书、手术及麻醉记录单、病理资料、护理记录以及国务院卫生行政部门规定的其他病历资料。

患者依照前款规定要求复印或者复制病历资料的，医疗机构应当提供复印或者复制服务并在复印或者复制的病历资料上加盖证明印记。复印或者复制病历资料时，应当有患者在场。

医疗机构应患者的要求，为其复印或者复制病历资料，可以按照规定收取工本费。具体收费标准由省、自治区、直辖市人民政府价格主管部门会同同级卫生行政部门规定。

第十一条　在医疗活动中，医疗机构及其医务人员应当将患者的病情、医疗措施、医疗风险等如实告知患者，及时解答其咨询；但是，应当避免对患者产生不利后果。

第十二条　医疗机构应当制定防范、处理医疗事故的预案，预防医疗事故的发生，减轻医疗事故的损害。

第十三条　医务人员在医疗活动中发生或者发现医疗事故、可能引起医疗事故的医疗过失行为或者发生医疗事故争议的，应当立即向所在科室负责人报告，科室负责人应当及时向本医疗机构负责医疗服务质量监控的部门或者专（兼）职人员报告；负责医疗服务质量监控的部门或者专（兼）职人员接到报告后，应当立即进行调查、核实，将有关情况如实向本医疗机构的负责人报告，并向患者通报、解释。

第十四条　发生医疗事故的，医疗机构应当按照规定向所在地卫生行政部门报告。

发生下列重大医疗过失行为的，医疗机构应当在12小时内向所在地卫生行政部门报告：

（一）导致患者死亡或者可能为二级以上的医疗事故；

（二）导致3人以上人身损害后果；

（三）国务院卫生行政部门和省、自治区、直辖市人民政府卫生行政部门规定的其他情形。

第十五条　发生或者发现医疗过失行为，医疗机构及其医务人员应当立即采取有效措施，避免或者减轻对患者身体健康的损害，防止损害扩大。

第十六条　发生医疗事故争议时，死亡病例讨论记录、疑难病例讨论记录、上级医师查房记录、会诊意见、病程记录应当在医患双方在场的情况下封存和启封。封存的病历资料可以是复印件，由医疗机构保管。

第十七条　疑似输液、输血、注射、药物等引起不良后果的，医患双方应当共同对现场实物进行封存和启封，封存的现场实物由医疗机构保管；需要检验的，应当由双方共同指定的、依法具有检验资格的检验机构进行检验；双方无法共同指定时，由卫生行政部门指定。

疑似输血引起不良后果，需要对血液进行封存保留的，医疗机构应当通知提供该血液的采供血机构派员到场。

第十八条　患者死亡，医患双方当事人不能确定死因或者对死因有异议的，应当在患者死亡后48小时内进行尸检；具备尸体冻存条件的，可以延长至7日。尸检应当经死者近亲属同意并签字。

尸检应当由按照国家有关规定取得相应资格的机构和病理解剖专业技术人员进行。承担尸检任务的机构和病理解剖专业技术人员有进行尸检的义务。

医疗事故争议双方当事人可以请法医病理学人员参加尸检，也可以委派代表观察尸检过程。拒绝或者拖延尸检，超过规定时间，影响对死因判定的，由拒绝或者拖延的一方承担责任。

第十九条　患者在医疗机构内死亡的，尸体应当立即移放太平间。死者尸体存放时间一般不得超过2周。逾期不处理的尸体，经医疗机构所在地卫生行政部门批准，并报经同级公安部门备案后，由医疗机构按照规定进行处理。

第三章　医疗事故的技术鉴定

第二十条　卫生行政部门接到医疗机构关于重大医疗过失行为的报告或者医疗事故争议当事人要求处理医疗事故争议的申请后，对需要进行医疗事故技术鉴定的，应当交由负责医疗事故技术鉴定工作的医学会组织鉴定；医患双方协商解决医疗事故争议，需要进行医疗事故技术鉴定的，由双方当事人共同委托负责医疗事故技术鉴定工作的医学会组织鉴定。

第二十一条　设区的市级地方医学会和省、自治区、直辖市直接管辖的县（市）地方医学会负责组织首次医疗事故技术鉴定工作。省、自治区、直辖市地方医学会负责组织再次鉴定工作。

必要时，中华医学会可以组织疑难、复杂并在全国有重大影响的医疗事故争议的技术鉴定工作。

第二十二条　当事人对首次医疗事故技术鉴定结论不服的，可以自收到首次鉴定结论之日起15日内向医疗机构所在地卫生行政部门提出再次鉴定的申请。

第二十三条　负责组织医疗事故技术鉴定工作的医学会应当建立专家库。

专家库由具备下列条件的医疗卫生专业技术人员组成：

（一）有良好的业务素质和执业品德；

（二）受聘于医疗卫生机构或者医学教学、科研机构并担任相应专业高级技术职务3年以上。

符合前款第（一）项规定条件并具备高级技术任职资格的法医可以受聘进入专家库。

负责组织医疗事故技术鉴定工作的医学会依照本条例规定聘请医疗卫生专业技术人员和法医进入专家库，可以不受行政区域的限制。

第二十四条　医疗事故技术鉴定，由负责组织医疗事故技术鉴定工作的医学会组织专家鉴定组进行。

参加医疗事故技术鉴定的相关专业的专家，由医患双方在医学会主持下从专家库中随机抽取。在特殊情况下，医学会根据医疗事故技术鉴定工作的需要，可以组织医患双方在其他医学会建立的专家库中随机抽取相关专业的专家参加鉴定或者函件咨询。

符合本条例第二十三条规定条件的医疗卫生专业技术人员和法医有义务受聘进入专家库，并承担医疗事故技术鉴定工作。

第二十五条　专家鉴定组进行医疗事故技术鉴定，实行合议制。专家鉴定组人数为单数，涉及的主要学科的专家一般不得少于鉴定组成员的二分之一；涉及死因、伤残等级鉴定的，并应当从专家库中随机抽取法医参加专家鉴定组。

第二十六条　专家鉴定组成员有下列情形之一的，应当回避，当事人也可以以口头或者书面的方式申请其回避：

（一）是医疗事故争议当事人或者当事人的近亲属的；

（二）与医疗事故争议有利害关系的；

（三）与医疗事故争议当事人有其他关系，可能影响公正鉴定的。

第二十七条　专家鉴定组依照医疗卫生管理法律、行政法规、部门规章和诊疗护理规范、常规，运用医学科学原理和专业知识，独立进行医疗事故技术鉴定，对医疗事故进行鉴别和判定，为处理医疗事故争议提供医学依据。

任何单位或者个人不得干扰医疗事故技术鉴定工作，不得威胁、利诱、辱骂、殴打专家鉴定组成员。

专家鉴定组成员不得接受双方当事人的财物或者其他利益。

第二十八条　负责组织医疗事故技术鉴定工作的医学会应当自受理医疗事故技术鉴定之日起5日内通知医疗事故争议双方当事人提交进行医疗事故技术鉴定所需的材料。

当事人应当自收到医学会的通知之日起10日内提交有关医疗事故技术鉴定的材料、书面陈述及答辩。医疗机构提交的有关医疗事故技术鉴定的材料应当包括下列内容：

（一）住院患者的病程记录、死亡病例讨论记录、疑难病例讨论记录、会诊意见、上级医师查房记录等病历资料原件；

（二）住院患者的住院志、体温单、医嘱单、化验单（检验报告）、医学影像检查资料、特殊检查同意书、手术同意书、手术及麻醉记录单、病理资料、护理记录等病历资料原件；

（三）抢救急危患者，在规定时间内补记的病历资料原件；

（四）封存保留的输液、注射用物品和血液、药物等实物，或者依法具有检验资格的检验机构对这些物品、实物做出的检验报告；

（五）与医疗事故技术鉴定有关的其他材料。

在医疗机构建有病历档案的门诊、急诊患者，其病历资料由医疗机构提供；没有在医疗机构建立病历档案的，由患者提供。

医患双方应当依照本条例的规定提交相关材料。医疗机构无正当理由未依照本条例的规定如实提供相关材料，导致医疗事故技术鉴定不能进行的，应当承担责任。

第二十九条　负责组织医疗事故技术鉴定工作的医学会应当自接到当事人提交的有关医疗事故技术鉴定的材料、书面陈述及答辩之日起45日内组织鉴定并出具医疗事故技术鉴定书。

负责组织医疗事故技术鉴定工作的医学会可以向双方当事人调查取证。

第三十条　专家鉴定组应当认真审查双方当事人提交的材料，听取双方当事人的陈述及答辩并进行核实。

双方当事人应当按照本条例的规定如实提交进行医疗事故技术鉴定所需要的材料，并积极配合调查。当事人任何一方不予配合，影响医疗事故技术鉴定的，由不予配合的一方承担责任。

第三十一条　专家鉴定组应当在事实清楚、证据确凿的基础上，综合分析患者的病情和个体差异，做出鉴定结论，并制作医疗事故技术鉴定书。鉴定结论以专家鉴定组成员的过半数通过。鉴定过程应当如实记载。

医疗事故技术鉴定书应当包括下列主要内容：

（一）双方当事人的基本情况及要求；

（二）当事人提交的材料和负责组织医疗事故技术鉴定工作的医学会的调查材料；

（三）对鉴定过程的说明；

（四）医疗行为是否违反医疗卫生管理法律、行政法规、部门规章和诊疗护理规范、常规；

（五）医疗过失行为与人身损害后果之间是否存在因果关系；

（六）医疗过失行为在医疗事故损害后果中的责任程度；

（七）医疗事故等级；

（八）对医疗事故患者的医疗护理医学建议。

第三十二条　医疗事故技术鉴定办法由国务院卫生行政部门制定。

第三十三条　有下列情形之一的，不属于医疗事故：

（一）在紧急情况下为抢救垂危患者生命而采取紧急医学措施造成不良后果的；

（二）在医疗活动中由于患者病情异常或者患者体质特殊而发生医疗意外的；

（三）在现有医学科学技术条件下，发生无法预料或者不能防范的不良后果的；

（四）无过错输血感染造成不良后果的；

（五）因患方原因延误诊疗导致不良后果的；

（六）因不可抗力造成不良后果的。

第三十四条　医疗事故技术鉴定，可以收取鉴定费用。经鉴定，属于医疗事故的，鉴定费用由医疗机构支付；不属于医疗事故的，鉴定费用由提出医疗事故处理申请的一方支付。鉴定费用标准由省、自治区、直辖市人民政府价格主管部门会同同级财政部门、卫生行政部门规定。

第四章　医疗事故的行政处理与监督

第三十五条　卫生行政部门应当依照本条例和有关法律、行政法规、部门规章的规定，对发生医疗事故的医疗机构和医务人员做出行政处理。

第三十六条　卫生行政部门接到医疗机构关于重大医疗过失行为的报告后，除责令医疗机构及时采取必要的医疗救治措施，防止损害后果扩大外，应当组织调查，判定是否属于医疗事故；对不能判定是否属于医疗事故的，应当依照本条例的有关规定交由负责医疗事故技术鉴定工作的医学会组织鉴定。

第三十七条　发生医疗事故争议，当事人申请卫生行政部门处理的，应当提出书面申请。申请书应当载明申请人的基本情况、有关事实、具体请求及理由等。

当事人自知道或者应当知道其身体健康受到损害之日起 1 年内，可以向卫生行政部门提出医疗事故争议处理申请。

第三十八条　发生医疗事故争议，当事人申请卫生行政部门处理的，由医疗机构所在地的县级人民政府卫生行政部门受理。医疗机构所在地是直辖市的，由医疗机构所在地的区、县人民政府卫生行政部门受理。

有下列情形之一的，县级人民政府卫生行政部门应当自接到医疗机构的报告或者当事人提出医疗事故争议处理申请之日起 7 日内移送上一级人民政府卫生行政部门处理：

（一）患者死亡；

（二）可能为二级以上的医疗事故；

（三）国务院卫生行政部门和省、自治区、直辖市人民政府卫生行政部门规定的其他情形。

第三十九条　卫生行政部门应当自收到医疗事故争议处理申请之日起 10 日内进行审查，做出是否受理的决定。对符合本条例规定，予以受理，需要进行医疗事故技术鉴定的，应当自做出受理决定之日起 5 日内将有关材料交由负责医疗事故技术鉴定工作的医学会组织鉴定并书面通知申请人；对不符合本条例规定，不予受理的，应当书面通知申请人并说明理由。

当事人对首次医疗事故技术鉴定结论有异议，申请再次鉴定的，卫生行政部门应当自收到申请之日起 7 日内交由省、自治区、直辖市地方医学会组织再次鉴定。

第四十条　当事人既向卫生行政部门提出医疗事故争议处理申请，又向人民法院提起诉讼的，卫生行政部门不予受理；卫生行政部门已经受理的，应当终止处理。

第四十一条　卫生行政部门收到负责组织医疗事故技术鉴定工作的医学会出具的医疗事故技术鉴定书后，应当对参加鉴定的人员资格和专业类别、鉴定程序进行审核；必要时，可以组织调查，听取医疗事故争议双方当事人的意见。

第四十二条　卫生行政部门经审核，对符合本条例规定做出的医疗事故技术鉴定结论，应当作为对发生医疗事故的医疗机构和医务人员做出行政处理以及进行医疗事故赔偿调解的依据；经审核，发现医疗事故技术鉴定不符合本条例规定的，应当要求重新鉴定。

第四十三条　医疗事故争议由双方当事人自行协商解决的，医疗机构应当自协商解决之日起 7 日内向所在地卫生行政部门做出书面报告，并附具协议书。

第四十四条　医疗事故争议经人民法院调解或者判决解决的，医疗机构应当自收到生效的人民法院的调解书或者判决书之日起 7 日内向所在地卫生行政部门做出书面报告，并附具调解书或者判决书。

第四十五条　县级以上地方人民政府卫生行政部门应当按照规定逐级将当地发生的医疗事故以及依法对发生医疗事故的医疗机构和医务人员做出行政处理的情况，上报国务院卫生行政部门。

第五章　医疗事故的赔偿

第四十六条　发生医疗事故的赔偿等民事责任争议，医患双方可以协商解决；不愿意协商或者协商不成的，当事人可以向卫生行政部门提出调解申请，也可以直接向人民法院提起民事诉讼。

第四十七条　双方当事人协商解决医疗事故的赔偿等民事责任争议的，应当制作协议书。协议书应当载明双方当事人的基本情况和医疗事故的原因、双方当事人共同认定的医疗事故等级以及协商确定的赔偿数额等，并由双方当事人在协议书上签名。

第四十八条　已确定为医疗事故的，卫生行政部门应医疗事故争议双方当事人请求，可以进行医疗事故赔偿调解。调解时，应当遵循当事人双方自愿原则，并应当依据本条例的规定计算赔偿数额。

经调解，双方当事人就赔偿数额达成协议的，制作调解书，双方当事人应当履行；调解不成或者经调解达成协议后一方反悔的，卫生行政部门不再调解。

第四十九条　医疗事故赔偿，应当考虑下列因素，确定具体赔偿数额：

（一）医疗事故等级；

（二）医疗过失行为在医疗事故损害后果中的责任程度；

（三）医疗事故损害后果与患者原有疾病状况之间的关系。

不属于医疗事故的，医疗机构不承担赔偿责任。

第五十条　医疗事故赔偿，按照下列项目和标准计算：

（一）医疗费：按照医疗事故对患者造成的人身损害进行治疗所发生的医疗费用计算，凭据支付，但不包括原发病医疗费用。结案后确实需要继续治疗的，按照基本医疗费用支付。

（二）误工费：患者有固定收入的，按照本人因误工减少的固定收入计算，对收入高于医疗事故发生地上一年度职工年平均工资 3 倍以上的，按照 3 倍计算；无固定收入的，按照医疗事故发生地上一年度职工年平均工资计算。

（三）住院伙食补助费：按照医疗事故发生地国家机关一般工作人员的出差伙食补助标准计算。

（四）陪护费：患者住院期间需要专人陪护的，按照医疗事故发生地上一年度职工年平均工资计算。

（五）残疾生活补助费：根据伤残等级，按照医疗事故发生地居民年平均生活费计算，自定残之月起最长赔偿 30 年；但是，60 周岁以上的，不超过 15 年；70 周岁以上的，不超过 5 年。

（六）残疾用具费：因残疾需要配置补偿功能器具的，凭医疗机构证明，按照普及型器具的费用计算。

（七）丧葬费：按照医疗事故发生地规定的丧葬费补助标准计算。

（八）被扶养人生活费：以死者生前或者残疾者丧失劳动能力前实际扶养且没有劳动能力的人为限，按照其户籍所在地或者居所地居民最低生活保障标准计算。对不满 16 周岁的，扶养到 16 周岁。对年满 16 周岁但无劳动能力的，扶养 20 年；但是，60 周岁以上的，不超过 15 年；70 周岁以上的，不超过 5 年。

（九）交通费：按照患者实际必需的交通费用计算，凭据支付。

（十）住宿费：按照医疗事故发生地国家机关一般工作人员的出差住宿补助标准计算，凭据支付。

（十一）精神损害抚慰金：按照医疗事故发生地居民年平均生活费计算。造成患者死亡的，赔偿年限最长不超过6年；造成患者残疾的，赔偿年限最长不超过3年。

第五十一条　参加医疗事故处理的患者近亲属所需交通费、误工费、住宿费，参照本条例第五十条的有关规定计算，计算费用的人数不超过2人。

医疗事故造成患者死亡的，参加丧葬活动的患者的配偶和直系亲属所需交通费、误工费、住宿费，参照本条例第五十条的有关规定计算，计算费用的人数不超过2人。

第五十二条　医疗事故赔偿费用，实行一次性结算，由承担医疗事故责任的医疗机构支付。

第六章　罚则

第五十三条　卫生行政部门的工作人员在处理医疗事故过程中违反本条例的规定，利用职务上的便利收受他人财物或者其他利益，滥用职权，玩忽职守，或者发现违法行为不予查处，造成严重后果的，依照刑法关于受贿罪、滥用职权罪、玩忽职守罪或者其他有关罪的规定，依法追究刑事责任；尚不够刑事处罚的，依法给予降级或者撤职的行政处分。

第五十四条　卫生行政部门违反本条例的规定，有下列情形之一的，由上级卫生行政部门给予警告并责令限期改正；情节严重的，对负有责任的主管人员和其他直接责任人员依法给予行政处分：

（一）接到医疗机构关于重大医疗过失行为的报告后，未及时组织调查的；

（二）接到医疗事故争议处理申请后，未在规定时间内审查或者移送上一级人民政府卫生行政部门处理的；

（三）未将应当进行医疗事故技术鉴定的重大医疗过失行为或者医疗事故争议移交医学会组织鉴定的；

（四）未按照规定逐级将当地发生的医疗事故以及依法对发生医疗事故的医疗机构和医务人员的行政处理情况上报的；

（五）未依照本条例规定审核医疗事故技术鉴定书的。

第五十五条　医疗机构发生医疗事故的，由卫生行政部门根据医疗事故等级和情节，给予警告；情节严重的，责令限期停业整顿直至由原发证部门吊销执业许可证，对负有责任的医务人员依照刑法关于医疗事故罪的规定，依法追究刑事责任；尚不够刑事处罚的，依法给予行政处分或者纪律处分。

对发生医疗事故的有关医务人员，除依照前款处罚外，卫生行政部门并可以责令暂停6个月以上1年以下执业活动；情节严重的，吊销其执业证书。

第五十六条　医疗机构违反本条例的规定，有下列情形之一的，由卫生行政部门责令改正；情节严重的，对负有责任的主管人员和其他直接责任人员依法给予行政处分或者纪律处分：

（一）未如实告知患者病情、医疗措施和医疗风险的；

（二）没有正当理由，拒绝为患者提供复印或者复制病历资料服务的；

（三）未按照国务院卫生行政部门规定的要求书写和妥善保管病历资料的；

（四）未在规定时间内补记抢救工作病历内容的；

（五）未按照本条例的规定封存、保管和启封病历资料和实物的；

（六）未设置医疗服务质量监控部门或者配备专（兼）职人员的；

（七）未制定有关医疗事故防范和处理预案的；

（八）未在规定时间内向卫生行政部门报告重大医疗过失行为的；

（九）未按照本条例的规定向卫生行政部门报告医疗事故的；

（十）未按照规定进行尸检和保存、处理尸体的。

第五十七条　参加医疗事故技术鉴定工作的人员违反本条例的规定，接受申请鉴定双方或者一方当事人的财物或者其他利益，出具虚假医疗事故技术鉴定书，造成严重后果的，依照刑法关于受贿罪的规定，依法追究刑事责任；尚不够刑事处罚的，由原发证部门吊销其执业证书或者资格证书。

第五十八条　医疗机构或者其他有关机构违反本条例的规定，有下列情形之一的，由卫生行政部门责令改正，给予警告；对负有责任的主管人员和其他直接责任人员依法给予行政处分或者纪律处分；情节严重的，由原发证部门吊销其执业证书或者资格证书：

（一）承担尸检任务的机构没有正当理由，拒绝进行尸检的；

（二）涂改、伪造、隐匿、销毁病历资料的。

第五十九条　以医疗事故为由，寻衅滋事、抢夺病历资料，扰乱医疗机构正常医疗秩序和医疗事故技术鉴定工作，依照刑法关于扰乱社会秩序罪的规定，依法追究刑事责任；尚不够刑事处罚的，依法给予治安管理处罚。

第七章　附则

第六十条　本条例所称医疗机构，是指依照《医疗机构管理条例》的规定取得《医疗机构执业许可证》的机构。

县级以上城市从事计划生育技术服务的机构依照《计划生育技术服务管理条例》的规定开展与计划生育有关的临床医疗服务，发生的计划生育技术服务事故，依照本条例的有关规定处理；但是，其中不属于医疗机构的县级以上城市从事计划生育技术服务的机构发生的计划生育技术服务事故，由计划生育行政部门行使依照本条例有关规定由卫生行政部门承担的受理、交由负责医疗事故技术鉴定工作的医学会组织鉴定和赔偿调解的职能；对发生计划生育技术服务事故的该机构及其有关责任人员，依法进行处理。

第六十一条　非法行医，造成患者人身损害，不属于医疗事故，触犯刑律的，依法追究刑事责任；有关赔偿，由受害人直接向人民法院提起诉讼。

第六十二条　军队医疗机构的医疗事故处理办法，由中国人民解放军卫生主管部门会同国务院卫生行政部门依据本条例制定。

第六十三条　本条例自 2002 年 9 月 1 日起施行。1987 年 6 月 29 日国务院发布的《医疗事故处理办法》同时废止。本条例施行前已经处理结案的医疗事故争议，不再重新处理。

九、《北京市〈医疗事故处理办法〉实施细则》

（北京市人民政府第 3 号令发布）

第一章　总则

第一条　为贯彻实施国务院发布的《医疗事故处理办法》（以下简称《办法》），保障病员和医务人员的合法权益，维持医疗单位的工作秩序，结合本市实际情况，制定本细则。

第二条　凡本市行政区域内各级医疗单位、私人医疗院所和个体开业医务人员发生医疗事故的处理，均适用《办法》和本细则。

中国人民解放军所属在京医疗单位诊疗地方病员发生的医疗事故，按《办法》和本细则处理。

第三条　本细则所称医疗事故，是指《办法》中规定的在诊疗护理工作中，因医务人员诊疗护理过失，直接造成病员死亡、残废、组织器官损伤导致功能障碍的事故。

本细则所称医务人员是指经过考核和卫生行政机关批准或承认，取得相应资格的各级卫生技术人员（含个体开业医务人员和乡村医生，下同），以及医院指派的管理和后勤服务人员。

第四条　属于《办法》第一章第三条规定的情形和在诊疗护理工作中有下列情形之一的，不属医疗事故：

一、在对主要病症的治疗过程中，病员潜在性、迟发性疾病突然发作造成不良后果的；

二、住院病员神志清醒，发生自伤、自杀的；

三、住院精神病人在正确医疗过程中发生的难以防范的自伤、自杀或伤害他人的；

第二章　医疗事故的分类与等级

第五条　医疗事故分为责任事故和技术事故。

责任事故是指医务人员因违反规章制度，诊疗护理常规等失职行为所致的事故。有下列行为之一，造成严重后果的，为责任事故：

一、擅离职守或对急、危重病人借故推诿拖延，贻误诊治和抢救时机；

二、诊治中遇到明知复杂疑难问题，不请示或不执行上级医师指导，擅自处理；或在抢救危重病人时，上级医师接到下级医师报告后不及时处理；

三、手术治疗中开错部位、摘错器官、遗留异物在病员体内的；麻醉方式、部位、药品剂量错误，麻醉过程中不认真观察病情变化；

四、因不遵守操作规程、不查对而造成错发、错配、错用药物，或违反药物配伍禁忌，或不按规定做药物过敏试验；

五、护理中不按规定交接班，不遵守医嘱，不严格执行查对等制度，违反操作规程；

六、不认真执行隔离消毒制度和无菌技术操作规程，供应的器械、敷料、药品不符合消毒要求；

七、检验病理放射等技术诊查中，丢失或弄错标本，拍错部位，配错血；漏报、错报、迟报结果及违反规章制度与操作规程延误治疗；

八、不按医疗原则，滥用毒麻限剧药品，不见病人乱开药、开错药；

九、中医人员不懂西医知识擅用西药西医疗法或西医人员不懂中医知识擅用中药中医疗法。

技术事故是指医务人员在诊疗护理过程中因技术过失为主要原因所致的事故。技术过失是指虽按技术操作规程进行诊疗护理，但由于水平有限而造成的过失。

第六条 责任与技术两种原因兼有的医疗事故，应根据其主要原因确定事故性质。

第七条 根据给病员直接造成损害的程度，医疗事故分为三级：

一级医疗事故：造成病员死亡的；

二级医疗事故：造成病员严重残废或严重功能障碍的；

三级医疗事故：造成病员残废或功能障碍的。

医疗事故等级的医学鉴定按卫生部制定的标准执行。

第三章 医疗事故的处理程序

第八条 发生医疗事故或事件，当事的医务人员应按《办法》第七条的规定及时报告，医疗单位和个体开业医务人员应立即向所在地的区、县卫生局报告；发生死亡后果或涉及多人的医疗事故、事件，还须立即逐级向市卫生局报告。

第九条 区、县级以上的医疗单位发生医疗事故或事件，由医疗单位负责调查、处理；街道或乡卫生院、村卫生所、私人医疗院所、个体开业医务人员发生的医疗事故或事件，由所在地的区、县卫生局组织调查、处理；企事业单位所属区、县级以下医疗单位发生医疗事故或事件，由其主管部门或所在地区、县卫生局调查处理。

第十条 发生医疗事故或事件，医疗单位应指定专门机构妥善保存有关病案、标本、原始资料，严禁涂改、伪造、隐匿和销毁。

因输液、输血、注射、服药等引起不良后果的，要对现场实物暂时封存保留，以备检验。

第十一条 负责处理医疗事故或事件的医疗单位、卫生行政机关、鉴定委员会的有关人员可以查阅病案，其他人员除法律、法规、规章另有规定的外，不得查阅。

第十二条 医疗事故或事件造成病员死亡，临床诊断不能确定死亡原因的，医疗单位应征得病员家属同意在病员死亡后48小时内进行尸检。尸检在市卫生局指定的医疗机构进行，可邀请法医参加。

承接尸检的医疗机构应做好尸检的各项工作，及时写出尸检报告。尸检按规定收费，尸检费用的负担按医疗事故或事件鉴定费的负担办法确定。

医疗单位或病员家属拒绝进行尸检，或拖延尸检时间而影响对死因判断的，由拒绝或拖延尸检的一方负责由此造成的后果。

第十三条 医疗单位对医疗事故的处理意见，应在发生医疗事故二个月内向病员或其家属宣布。病员或其家属和当事医务人员对处理意见无异议时，双方在处理意见书上签字后生效。任何一方有异议、不能达成协议的，可向医疗单位所在地区、县级医疗事故鉴定委员会申请鉴定，由区、县卫生局处理。市、区、县卫生局对医疗单位的处理意见有异议的，可决定提交同级医疗事故鉴定委员会进行鉴定。

当事人对区、县级医疗事故鉴定委员会所作的鉴定结论或者对区、县卫生局所作的处理不服的，可在接到结论或处理通知书之日起15日内，向市级医疗事故鉴定委员会申请重新鉴定或者向市卫生局申请复议；也可直接向人民法院起诉。

第十四条　医疗事故处理终结，医疗单位应将有关资料立卷归档保存，并以书面形式将处理意见和结果报告区、县卫生局。

第四章　医疗事故的鉴定

第十五条　本市分别设立市级医疗事故鉴定委员会和区、县级医疗事故鉴定委员会。鉴定委员会根据需要可设若干专业组。

市级鉴定委员会委员应具有副主任医师以上职称或相应职称，区、县级鉴定委员会委员应具有主治医师或相应职称。

鉴定委员会委员，由同级卫生行政机关提名，报同级人民政府批准，每届任期三年。

市级鉴定委员会委员不得同时兼任区、县级鉴定委员会委员。

第十六条　区、县级鉴定委员会对受理的医疗事故或事件所做出的鉴定结论，在没有争议的情况下，可作为处理医疗事故或事件的依据。市级鉴定委员会对医疗事故或事件所做出的鉴定结论为最终鉴定，是处理医疗事故或事件的依据。

鉴定委员会的鉴定结论一经成立，不再在同级鉴定委员会重新鉴定。

第十七条　鉴定委员会接受医疗事故或事件的鉴定申请后，由医疗单位送交病案（包括病历、各种化验检查报告等）原始资料和有关单位的调查材料以及病员或家属的申诉意见，申诉意见也可由病员或家属直接交鉴定委员会。

第十八条　鉴定委员会在召开鉴定会时，应有有关单位和双方当事人到会陈述事实和意见，回答询问和提供有关资料。拒绝提供资料或拒绝到会的，不影响鉴定。

鉴定委员会可邀请法医或有关专业人员参加鉴定工作。

未经邀请，其他人员不得参加鉴定工作。

第十九条　医疗事故或事件的鉴定结论，须经应出席鉴定会半数以上委员同意才能成立。

鉴定结论应在受理鉴定申请后两个月内做出，并分别送交有关单位和当事人；情况复杂的，报同级卫生行政机关批准后，可以适当延长鉴定期限。

鉴定结论为书面形式，并加盖鉴定委员会印章。

第二十条　卫生行政机关根据鉴定委员会的鉴定结论，对医疗事故做出处理决定。

卫生行政机关不得改变鉴定委员会的鉴定结论。

第二十一条　鉴定委员会委员有下列情况之一的，应自行回避：

一、本人是医疗事故或事件的当事人或其近亲属；

二、本人或其近亲属与当事人有利害关系；

三、其他可能影响公正鉴定的情况。

鉴定委员会委员是否回避，由同级卫生行政机关决定。

第二十二条　医疗事故或事件的鉴定工作终结之前，任何人不得擅自对外泄露鉴定情况，违者由卫生行政机关视情节轻重给予暂停鉴定工作的处分；情节、后果严重的，经同级人民政府批准，取消其鉴定委员会委员资格或给予行政处分。

第二十三条　鉴定委员会及其成员依法行使职权，其权利及人身安全受法律保护。任何单位和个人不得干扰鉴定委员会的工作，不得威胁、利诱、辱骂、殴打鉴定人员。

第二十四条　医疗事故或事件的鉴定应收取鉴定费。鉴定费由申请鉴定的一方先行支付；经鉴定属于医疗事故的，鉴定费由造成医疗事故的医疗单位负担；不属于医疗事故的，由申请鉴定的一方负担。不服区、县级鉴定委员会的鉴定结论，向市级鉴定委员会申请鉴定的，其鉴定结论与原结论一致的，鉴定费由申请鉴定的一方负担，鉴定结论与原结论不一致的，鉴定费由对方负担。

第二十五条　医疗事故或事件发生时间超过两年申请鉴定的，不予受理。

第五章　医疗事故的处理

第二十六条　确定为医疗事故的，根据事故等级、病员情况及其家庭经济状况给予受害者一次性经济补偿。

经济补偿费标准：

一级医疗事故，人民币4000元至6000元；

二级医疗事故，人民币5000元至8000元；

三级医疗事故，人民币3000元以下。

补偿费交付给病员或其家属。但病员及其家属依法应享有的福利待遇和生活补贴不得因此而停止或削减。

第二十七条　医疗事故的经济补偿费，由发生医疗事故的医疗单位负担；街道、农村集体办的医疗卫生院（所）发生医疗事故的，由街道或农村集体经济组织负担；私人医疗院所或个体开业医务人员发生医疗事故的，由私人医疗院所或开业执照持有人负担；在职医务人员被邀请业余行医发生医疗事故的，由邀请单位负担；研究生、实习生、进修生实习中发生的医疗事故，由接受实习单位和派出单位各负担50%。

第二十八条　病员由于医疗事故所增加的医疗费用，由医疗单位负担；医疗事故发生前的医疗费用和医疗事故处理完毕后的医疗费用，医疗单位不再负担。

第二十九条　因医疗事故致残的病员不需要继续住院治疗和因医疗事故产妇死后留有的活婴，由其家属接出医院；无家属的，由病员所在单位接出医院；无家属、无单位又丧失劳动能力、没有经济来源的，由医疗单位与其居住地的民政部门或当地人民政府联系，予以妥善安置。

第三十条　病员因医疗事故或事件死亡后，尸体应立即移送太平间，任何人不得阻拦。尸体尸检后应在一周内火化，逾期不火化的，由医疗单位报当地卫生行政机关批准，并报当地公安机关备案后，按规定予以火化，其费用由病员家属或其所在单位负担。

第三十一条　对造成医疗责任事故的直接责任人，由医疗单位根据事故等级、情节轻重、本人态度和一贯表现，分别给予下列行政处分，并负担补偿费的5%~10%。

一级医疗事故：记大过、降级、降职、撤职、开除留用察看、开除。

二级医疗事故：记过、记大过、降级、降职、撤职。

三级医疗事故：警告、记过、记大过、降级、降职。

第三十二条　对医疗技术事故的直接责任人，医疗单位应责令责任人做出书面检查，一般可免予行政处分；但情节严重的，应依照第三十一条规定酌情给予行政处分。

第三十三条　私人医疗院所或个体开业医务人员发生医疗事故的，由所在地卫生行政机关根据事故等级、情节轻重，责令停业一个月以上一年以下，情节严重的，可吊销开业执照。

第三十四条　医务人员由于极端不负责任，致使病员死亡、情节恶劣构成犯罪的，依法追究直接责任人的刑事责任。

第三十五条　医疗事故或事件发生后，丢失、涂改、伪造、隐匿、销毁病案和有关材料的，由卫生行政机关追究直接责任人的行政责任；情节严重、构成犯罪的，依法追究其刑事责任。

第三十六条　对扰乱医疗单位工作秩序、寻衅滋事、破坏公物、殴打医务人员的，由公安机关依法处理；情节严重、构成犯罪的，依法追究其刑事责任。

第六章　附则

第三十七条　本细则实施中的具体问题，由市卫生局负责解释。

第三十八条　本细则自 1990 年 4 月 1 日起施行。1988 年 4 月 1 日以后市、区、县鉴定委员会受理的医疗事故或事件尚未做出鉴定结论的，按本细则办理。

第四章 居住权利

一、《中华人民共和国老年人权益保障法》

第十六条 赡养人应当妥善安排老年人的住房，不得强迫老年人居住或者迁居条件低劣的房屋。

老年人自有的或者承租的住房，子女或者其他亲属不得侵占，不得擅自改变产权关系或者租赁关系。

老年人自有的住房，赡养人有维修的义务。

第三十二条 地方各级人民政府在实施廉租住房、公共租赁住房等住房保障制度或者进行危旧房屋改造时，应当优先照顾符合条件的老年人。

第六十条 国家采取措施，推进宜居环境建设，为老年人提供安全、便利和舒适的环境。

第六十一条 各级人民政府在制定城乡规划时，应当根据人口老龄化发展趋势、老年人口分布和老年人的特点，统筹考虑适合老年人的公共基础设施、生活服务设施、医疗卫生设施和文化体育设施建设。

第六十二条 国家制定和完善涉及老年人的工程建设标准体系，在规划、设计、施工、监理、验收、运行、维护、管理等环节加强相关标准的实施与监督。

第六十三条 国家制定无障碍设施工程建设标准。新建、改建和扩建道路、公共交通设施、建筑物、居住区等，应当符合国家无障碍设施工程建设标准。

各级人民政府和有关部门应当按照国家无障碍设施工程建设标准，优先推进与老年人日常生活密切相关的公共服务设施的改造。

无障碍设施的所有人和管理人应当保障无障碍设施正常使用。

第六十四条 国家推动老年宜居社区建设，引导、支持老年宜居住宅的开发，推动和扶持老年人家庭无障碍设施的改造，为老年人创造无障碍居住环境。

二、《北京市老年人权益保障条例》

第十五条　老年人的房产权、房屋租赁权和居住权受法律保护。产权属于老年人的房屋，未经老年人同意或者授权，子女或者其他亲属不得强占、出卖、出租、转让或者拆除。经老年人同意由子女或者其他亲属出资翻建的，应当明确老年人享有的产权和居住权。老年人承租的住房，子女或者其他亲属不得挤占，不得擅自改变租赁关系。

三、《中华人民共和国无障碍环境建设条例》

（2012 年 6 月 13 日国务院第 208 次常务会议通过，自 2012 年 8 月 1 日起施行）

第一章　总则

第一条　为了创造无障碍环境，保障残疾人等社会成员平等参与社会生活，制定本条例。

第二条　本条例所称无障碍环境建设，是指为便于残疾人等社会成员自主安全地通行道路、出入相关建筑物、搭乘公共交通工具、交流信息、获得社区服务所进行的建设活动。

第三条　无障碍环境建设应当与经济和社会发展水平相适应，遵循实用、易行、广泛受益的原则。

第四条　县级以上人民政府负责组织编制无障碍环境建设发展规划并组织实施。

编制无障碍环境建设发展规划，应当征求残疾人组织等社会组织的意见。

无障碍环境建设发展规划应当纳入国民经济和社会发展规划以及城乡规划。

第五条　国务院住房和城乡建设主管部门负责全国无障碍设施工程建设活动的监督管理工作，会同国务院有关部门制定无障碍设施工程建设标准，并对无障碍设施工程建设的情况进行监督检查。

国务院工业和信息化主管部门等有关部门在各自职责范围内，做好无障碍环境建设工作。

第六条　国家鼓励、支持采用无障碍通用设计的技术和产品，推进残疾人专用的无障碍技术和产品的开发、应用和推广。

第七条　国家倡导无障碍环境建设理念，鼓励公民、法人和其他组织为无障碍环境建设提供捐助和志愿服务。

第八条　对在无障碍环境建设工作中做出显著成绩的单位和个人，按照国家有关规定给予表彰和奖励。

第二章　无障碍设施建设

第九条　城镇新建、改建、扩建道路、公共建筑、公共交通设施、居住建筑、居住区，应当符合无障碍设施工程建设标准。

乡、村庄的建设和发展，应当逐步达到无障碍设施工程建设标准。

第十条　无障碍设施工程应当与主体工程同步设计、同步施工、同步验收投入使用。新建的无障碍设施应当与周边的无障碍设施相衔接。

第十一条　对城镇已建成的不符合无障碍设施工程建设标准的道路、公共建筑、公共交通设施、居住建筑、居住区，县级以上人民政府应当制定无障碍设施改造计划并组织实施。

无障碍设施改造由所有权人或者管理人负责。

第十二条　县级以上人民政府应当优先推进下列机构、场所的无障碍设施改造：

（一）特殊教育、康复、社会福利等机构；

（二）国家机关的公共服务场所；

（三）文化、体育、医疗卫生等单位的公共服务场所；

（四）交通运输、金融、邮政、商业、旅游等公共服务场所。

第十三条　城市的主要道路、主要商业区和大型居住区的人行天桥和人行地下通道，应当按照无障碍设施工程建设标准配备无障碍设施，人行道交通信号设施应当逐步完善无障碍服务功能，适应残疾人等社会成员通行的需要。

第十四条　城市的大中型公共场所的公共停车场和大型居住区的停车场，应当按照无障碍设施工程建设标准设置并标明无障碍停车位。

无障碍停车位为肢体残疾人驾驶或者乘坐的机动车专用。

第十五条　民用航空器、客运列车、客运船舶、公共汽车、城市轨道交通车辆等公共交通工具应当逐步达到无障碍设施的要求。有关主管部门应当制定公共交通工具的无障碍技术标准并确定达标期限。

第十六条　视力残疾人携带导盲犬出入公共场所，应当遵守国家有关规定，公共场所的工作人员应当按照国家有关规定提供无障碍服务。

第十七条　无障碍设施的所有权人和管理人，应当对无障碍设施进行保护，有损毁或者故障及时进行维修，确保无障碍设施正常使用。

第三章　无障碍信息交流

第十八条　县级以上人民政府应当将无障碍信息交流建设纳入信息化建设规划，并采取措施推进信息交流无障碍建设。

第十九条　县级以上人民政府及其有关部门发布重要政府信息和与残疾人相关的信息，应当创造条件为残疾人提供语音和文字提示等信息交流服务。

第二十条　国家举办的升学考试、职业资格考试和任职考试，有视力残疾人参加的，应当为视力残疾人提供盲文试卷、电子试卷，或者由工作人员予以协助。

第二十一条　设区的市级以上人民政府设立的电视台应当创造条件，在播出电视节目时配备字幕，每周播放至少一次配播手语的新闻节目。

公开出版发行的影视类录像制品应当配备字幕。

第二十二条　设区的市级以上人民政府设立的公共图书馆应当开设视力残疾人阅览室，提供盲文读物、有声读物，其他图书馆应当逐步开设视力残疾人阅览室。

第二十三条　残疾人组织的网站应当达到无障碍网站设计标准，设区的市级以上人民政府网站、政府公益活动网站，应当逐步达到无障碍网站设计标准。

第二十四条　公共服务机构和公共场所应当创造条件为残疾人提供语音和文字提示、手语、盲文等信息交流服务，并对工作人员进行无障碍服务技能培训。

第二十五条　举办听力残疾人集中参加的公共活动，举办单位应当提供字幕或者手语服务。

第二十六条　电信业务经营者提供电信服务，应当创造条件为有需求的听力、言语残疾人提供文字信息服务，为有需求的视力残疾人提供语音信息服务。

电信终端设备制造者应当提供能够与无障碍信息交流服务相衔接的技术、产品。

第四章　无障碍社区服务

第二十七条　社区公共服务设施应当逐步完善无障碍服务功能，为残疾人等社会成员参与社区生活提供便利。

第二十八条　地方各级人民政府应当逐步完善报警、医疗急救等紧急呼叫系统，方便残疾人等社会成员报警、呼救。

第二十九条　对需要进行无障碍设施改造的贫困家庭，县级以上地方人民政府可以给予适当补助。

第三十条　组织选举的部门应当为残疾人参加选举提供便利，为视力残疾人提供盲文选票。

第五章　法律责任

第三十一条　城镇新建、改建、扩建道路、公共建筑、公共交通设施、居住建筑、居住区，不符合无障碍设施工程建设标准的，由住房和城乡建设主管部门责令改正，依法给予处罚。

第三十二条　肢体残疾人驾驶或者乘坐的机动车以外的机动车占用无障碍停车位，影响肢体残疾人使用的，由公安机关交通管理部门责令改正，依法给予处罚。

第三十三条　无障碍设施的所有权人或者管理人对无障碍设施未进行保护或者及时维修，导致无法正常使用的，由有关主管部门责令限期维修；造成使用人人身、财产损害的，无障碍设施的所有权人或者管理人应当承担赔偿责任。

第三十四条　无障碍环境建设主管部门工作人员滥用职权、玩忽职守、徇私舞弊的，依法给予处分；构成犯罪的，依法追究刑事责任。

第六章　附则

第三十五条　本条例自2012年8月1日起施行。

四、《北京市建设工程施工现场管理办法》

（2013年4月11日北京市人民政府第6次常务会议审议通过，自2013年7月1日起施行）

第二十三条　施工现场应当根据绿色施工规程的要求，采取下列措施：

（一）建设工程开工前，建设单位应当按照标准在施工现场周边设置围挡，施工单位应当对围挡进行维护。市政基础设施工程因特殊情况不能进行围挡的，应当设置警示标志，并在工程危险部位采取防护措施。

（二）施工单位应当对施工现场主要道路和模板存放、料具码放等场地进行硬化，其他场地应当进行覆盖或者绿化；土方应当集中堆放并采取覆盖或者固化等措施。建设单位应当对暂时不开发的空地进行绿化。

（三）施工单位应当做好施工现场洒水降尘工作，拆除工程进行拆除作业时应当同时进行洒水降尘。

（四）施工单位对可能产生扬尘污染的建筑材料应当在库房存放或者进行严密遮盖；油料存放应当采取防止泄漏和防止污染措施。

第二十四条　施工现场出入口应当设置冲洗车辆设施。车辆清洗处及搅拌机前台应当设置沉淀池，清洗搅拌机和运输车辆的污水，应当综合循环利用，或者经沉淀处理并达标后排入公共排水设施以及河道、水库、湖泊、渠道。

第二十五条　施工现场应当设置密闭式垃圾站用于存放建筑垃圾，建筑垃圾清理应当搭设密闭式专用垃圾通道或者采用容器吊运，严禁随意抛撒。施工现场建筑垃圾的消纳和运输按照本市有关垃圾管理的规定处理。

第二十六条　本市禁止现场搅拌混凝土。

由政府投资的建设工程以及在本市规定区域内的建设工程，禁止现场搅拌砂浆；其中，砌筑、抹灰以及地面工程砂浆应当使用散装预拌砂浆。

其他建设工程在施工现场设置砂浆搅拌机的，应当配备降尘防尘装置。

第二十七条　在噪声敏感建筑物集中区域内，夜间不得进行产生环境噪声污染的施工作业。因重点工程或者生产工艺要求连续作业，确需在22时至次日6时期间进行施工的，建设单位应当在施工前到建设工程所在地的区县建设行政主管部门提出申请，经批准后方可进行夜间施工，并公告施工期限。未经批准或者超过批准期限，施工单位不得进行夜间施工。

第二十八条　进行夜间施工的，建设单位应当会同施工单位做好周边居民工作，并采取有效的噪声污染防治措施，减少对周边居民生活影响。

进行夜间施工产生噪声超过规定标准的，对影响范围内的居民由建设单位给予经济补偿。具体补偿办法由建设行政主管部门会同发展改革、环境保护等部门制定，补偿办法应当包括补偿范围、补偿标准的确定原则、争议救济途径等内容。

建设单位应当委托环境保护监测机构测定夜间施工噪声影响范围，并会同相关居民委员会或者物业服务单位确定应当给予补偿的户数。建设单位应当与居民签订补偿协议。

第二十九条　施工现场的各类生活设施，应当符合消防、通风、卫生、采光等要求，安全使用燃气，防止火灾、煤气中毒、食物中毒和各种疫情的发生。

热水锅炉、炊事炉灶、取暖设施等禁止使用燃煤。

五、《社区老年人日间照料中心建设标准》

（中华人民共和国民政部2010年11月公布）

第一章　总则

第一条　为加强和规范社区老年人日间照料中心的基础设施建设，提高工程项目决策和建设管理水平，充分发挥投资效益，推进我国养老服务事业的发展，制定本建设标准。

第二条　本建设标准是社区老年人日间照料中心建设项目决策和合理确定建设水平的全国统一标准，是编制、评估和审批社区老年人日间照料中心项目建议书的依据，也是有关部门审查工程初步设计和监督检查建设全过程的重要依据。

第三条　本建设标准适用于社区老年人日间照料中心的新建工程项目，改建和扩建工程项目可参照执行。

本建设标准所指社区老年人日间照料中心是指为以生活不能完全自理、日常生活需要一定照料的半失能老年人为主的日托老年人提供膳食供应、个人照顾、保健康复、娱乐和交通接送等日间服务的设施。

第四条　社区老年人日间照料中心建设必须遵循国家经济建设的方针政策，符合国家相关法律法规，从老年人实际需求出发，综合考虑社会经济发展水平，因地制宜，按照本建设标准的规定，合理确定建设水平。

第五条　社区老年人日间照料中心建设应满足日托老年人在生活照料、保健康复、精神慰藉等方面的基本需求，做到规模适宜、功能完善、安全卫生、运行经济。

第六条　社区老年人日间照料中心建设应与经济、社会发展水平相适应，纳入国民经济和社会发展规划，统筹安排，确保政府资金投入，其建设用地应纳入城市规划。

第七条　社区老年人日间照料中心建设应充分利用其他社区公共服务和福利设施，实行资源整合与共享。统一规划，合理布局，并充分体现国家节能减排的要求。

第八条　社区老年人日间照料中心建设除应符合本建设标准外，尚应符合国家现行有关标准、定额的规定。

第二章　建设内容及项目构成

第九条　社区老年人日间照料中心建设内容包括房屋建筑及建筑设备、

场地和基本装备。

第十条　社区老年人日间照料中心房屋建筑应根据实际需要，合理设置老年人的生活服务、保健康复、娱乐及辅助用房。其中：

老年人生活服务用房可包括休息室、沐浴间（含理发室）和餐厅（含配餐间）；

老年人保健康复用房可包括医疗保健室、康复训练室和心理疏导室；

老年人娱乐用房可包括阅览室（含书画室）、网络室和多功能活动室；

辅助用房可包括办公室、厨房、洗衣房、公共卫生间和其他用房（含库房等）。

第十一条　社区老年人日间照料中心的建筑设备应包括供电、给排水、采暖通风、通讯、消防和网络等设备。

第十二条　社区老年人日间照料中心的场地应包括道路、停车、绿化和室外活动等场地。

第十三条　社区老年人日间照料中心应配备生活服务、保健康复、娱乐、安防等相关设备和必要的交通工具。

第三章　建设规模及面积指标

第十四条　社区老年人日间照料中心建设规模应以社区居住人口数量为主要依据，兼顾服务半径确定。

第十五条　社区老年人日间照料中心建设规模分为三类，其房屋建筑面积指标宜符合表1规定。

人口老龄化水平较高的社区，可根据实际需要适当增加建筑面积，一、二、三类社区老年人日间照料中心房屋建筑面积可分别按老年人人均房屋建筑面积0.26m^2、0.32m^2、0.39m^2核定。

表1　社区老年人日间照料中心房屋建筑面积指标表

类别	社区人口规模（人）	建筑面积（m^2）
一类	30000～50000	1600
二类	15000～30000（不含）	1085
三类	10000～15000（不含）	750

注：平均使用面积系数按0.65计算。

第十六条　社区老年人日间照料中心各类用房使用面积所占比例参照表2确定。

表2　社区老年人日间照料中心各类用房使用面积所占比例表

用房名称	使用面积所占比例（%）		
	一类	二类	三类
老年人用房			
生活服务用房	43.0	39.3	35.7
保健康复用房	11.9	16.2	20.3
娱乐用房	18.3	16.2	15.5
辅助用房	26.8	28.3	28.5
合计	100.0	100.0	100.0

注：表中所列各项功能用房使用面积所占比例为参考值，各地可根据实际业务需要在总建筑面积范围内适当调整。

第四章　选址及规划布局

第十七条　社区老年人日间照料中心的选址应符合城市规划要求，并满足以下条件：

一、服务对象相对集中，交通便利，供电、给排水、通讯等市政条件较好；

二、临近医疗机构等公共服务设施；

三、环境安静，与高噪声、污染源的防护距离符合有关安全卫生规定。

第十八条　社区老年人日间照料中心宜在建筑低层部分，相对独立，并有独立出入口。二层以上的社区老年人日间照料中心应设置电梯或无障碍坡道。无障碍坡道的建筑面积不计入本标准规定的总建筑面积内。

第十九条　社区老年人日间照料中心建设应根据日托老年人的特点和各项设施的功能要求，进行合理布局，分区设置。

第二十条　社区老年人日间照料中心老年人休息室宜与保健康复、娱乐用房和辅助用房作必要的分隔，避免干扰。

第五章　建筑标准及有关设施

第二十一条　社区老年人日间照料中心建筑标准应根据日托老年人的身

心特点和服务流程，结合经济水平和地域条件合理确定，主要建筑的结构型式应考虑使用的灵活性并留有扩建、改造的余地。

第二十二条　社区老年人日间照料中心建筑设计应符合老年人建筑设计、城市道路和建筑物无障碍设计和公共建筑节能设计等规范、标准的要求和规定。

第二十三条　社区老年人日间照料中心房屋建筑宜采用钢筋混凝土结构；其抗震设防标准应为重点设防类。

第二十四条　社区老年人日间照料中心消防设施的配置应符合建筑设计防火规范的有关规定，其建筑防火等级不应低于二级。

第二十五条　社区老年人日间照料中心老年人休息室以每间容纳4～6人为宜，室内通道和床（椅）距应满足轮椅进出及日常照料的需要。老年人休息室可内设卫生间，其地面应满足易清洗和防滑的要求。

第二十六条　社区老年人日间照料中心老年人用房门净宽不应小于90cm，走道净宽不应小于180cm。

第二十七条　社区老年人日间照料中心老年人用房应保证充足的日照和良好的通风，充分利用天然采光，窗地比不应低于1∶6。

第二十八条　社区老年人日间照料中心的建筑外观应做到色调温馨、简洁大方、自然和谐、统一标识；室内装修应符合无障碍、卫生、环保和温馨的要求，并按老年人建筑设计规范的相关规定执行。

第二十九条　社区老年人日间照料中心供电设施应符合设备和照明用电负荷的要求，并宜配置应急电源设备。

第三十条　社区老年人日间照料中心应有给排水设施，并应符合国家卫生标准。其生活服务用房应具有热水供应系统，并配置洗涤、沐浴等设施。

第三十一条　严寒、寒冷及夏热冬冷地区的社区老年人日间照料中心应具有采暖设施；最热月平均室外气温高于或等于25℃地区的社区老年人日间照料中心应设置空调设备，并有通风换气装置。

第三十二条　社区老年人日间照料中心应根据网络服务和信息化管理的需要，敷设线路，预留接口。

附录一　主要名词解释

1. 日托老年人：到社区老年人日间照料中心接受照料和服务的老年人。
2. 医疗保健室：为日托老年人提供简单医疗服务和健康指导的用房。

3. 康复训练室：为日托老年人提供康复训练的用房。

4. 网络室：供日托老年人上网及通过网络与亲人、朋友聊天的用房。

5. 多功能活动室：供日托老年人开展娱乐、讲座等集体活动的用房。

6. 心理疏导室：为日托老年人及老年人家庭照顾者提供心理咨询和情绪疏导服务的用房。

附录二　用词和用语说明

1. 为便于在执行本标准条文时区别对待，对要求严格程度不同的用词说明如下：

1）表示很严格，非这样做不可的：

正面词采用“必须”，反面词采用“严禁”；

2）表示严格，在正常情况下均应这样做的：

正面词采用“应”，反面词采用“不应”或“不得”；

3）表示允许稍有选择，在条件许可时首先应这样做的：

正面词采用“宜”，反面词采用“不宜”；

表示有选择，在一定条件下可以这样做的，采用“可”。

2. 条文中指明应按其他有关标准执行的写法为“应符合……的规定”或“应按……执行”。

附件　《社区老年人日间照料中心建设标准》条文说明

第一章　总则

第一条　本条阐明制定本建设标准的目的和意义。

我国人口老龄化具有发展迅速、规模巨大、持续时间长的特点。到2020年我国老年人口将达到2.48亿，老龄化水平达到17.17%。许多年老体弱、患有慢性病或残疾的老年人，由于白天家中无人照顾，不仅生活质量低下，而且面临诸多不安全的风险因素。目前，我国生活自理能力部分受损，日常生活需他人照料的半失能老年人的数量接近2000万。在家庭规模和家庭照料资源日益缩小的背景下，如何依托社区满足这些老年人的照料需求，使他们能继续生活在自己熟悉的家庭和社区中，已经引起了政府和社会的广泛关注。

党和政府高度重视发展社区养老服务，《中共中央国务院关于加强老龄工作的决定》中明确指出“建立以家庭养老为基础、社区服务为依托、社会养老为补充的养老机制”。全国老龄委办公室、发展改革委、民政部等十部委联合发布的《关于加快发展养老服务业的意见》和《关于全面推进居家养老服务工作的意见》分别指出“要逐步建立和完善以居家养老为基础、社区服务为依托、机构养老为补充的服务体系”,“要在城市社区基本建立起多种形式、广泛覆盖的居家养老服务网络”。

加强社区老年人日间照料设施的建设是贯彻落实养老服务“以社区服务为依托”这一政策精神的集中体现，是构建养老服务体系不可或缺的一个重要环节。社区老年人日间照料中心近年来得到了迅速发展，在满足社区老年人的日间照料服务方面发挥了重要作用。

然而，目前我国老年人日间照料基础设施的建设整体上较为薄弱，设施缺乏，已有设施则存在面积小、功能单一、服务水平低等突出问题。为了合理确定新建和改扩建社区老年人日间照料中心的建设规模和水平，完善配套设施，规范建筑布局和设计，制定相关建设标准尤为必要。通过本建设标准的编制和实施，可以进一步加强和规范社区老年人日间照料中心的建设，提高投资效益和社会效益，更好地为老年人服务。

第二条　本条阐明本建设标准的作用及其权威性。

本建设标准从规范政府投资工程建设行为，加强工程项目科学管理，合理确定投资规模和建设水平，充分发挥投资效益出发，严格按照工程建设标准编制的规定和程序，深入调查研究，总结实践经验，进行科学论证，广泛听取有关单位和专家意见，确保编制质量；同时兼顾了地域、经济发展水平、服务人群数量等方面的差异，以切合实际，便于操作。因此，本建设标准是社区老年人日间照料中心建设的全国统一标准。

第三条　本条阐明本建设标准的适用范围。

考虑到各地社区老年人日间照料中心现状不尽相同，分别需要新建、改建和扩建，为便于实际操作，故本标准对适用范围作此规定。为了贯彻落实养老服务“以社区服务为依托”的政策精神，更好地发挥社区在养老服务中的作用，满足社区老年人多样化的养老服务需求，本标准对社区老年人日间照料中心的服务对象和功能做出了规定。

第四条　本条阐明社区老年人日间照料中心建设的指导思想和原则。

社区老年人日间照料中心是直接服务于日托老年人的基础设施，其建设必须遵循国家经济建设的方针政策，并符合相应的法律法规。从实际需要出发，因地制宜，合理确定社区老年人日间照料中心的建设水平，正确处理需求和可能的关系，避免不切实际的盲目建设。

第五条　本条阐明社区老年人日间照料中心建设的总体要求。

这是根据社区老年人日间照料中心的工作性质、任务和特点提出的。

第六条　本条明确社区老年人日间照料中心资金投入和建设用地的要求。

社区老年人日间照料中心属于社会公共服务设施，故其建设水平应符合国情、地情，立足实际，不超前也不滞后于经济、社会发展水平，并且其建设项目应纳入国民经济和社会发展规划，并确保政府的资金投入，建设用地也要纳入当地的城市规划。

第七条　本条明确实施本建设标准的基本要求。

为充分利用社会资源，避免不必要的重复建设，社区老年人日间照料中心应与其他社区公共服务和福利设施实现资源整合与共享。同时，作为社区老年人公共服务设施，必须与社区其他为老服务设施进行统一规划、合理布局。节能减排作为一项国策，本建设标准对此也作了强调。

第八条　本条阐明本建设标准与国家有关标准、规范及定额的关系。

第二章　建设内容及项目构成

第九条　本条明确社区老年人日间照料中心建设工程的主要组成内容。

这是社区老年人日间照料中心为老年人提供生活照料、保健康复、娱乐、交通接送等各项服务并开展其他保障工作所必须具备的基本建设项目。

第十条　本条明确社区老年人日间照料中心房屋建筑的主要内容。考虑到各地老年人需求的差异，允许各地根据实际需要，因地制宜，合理确定社区老年人日间照料中心房屋建筑的具体内容。

老年人生活服务用房主要满足日托老年人在休息、进餐、助浴等方面的需要，可包括休息室、餐厅和沐浴间。

老年人保健康复用房是为日托老年人提供简单医疗服务、基本康复训练及心理保健服务的用房，可包括医疗保健室、康复训练室和心理疏导室。其中，心理疏导室的设置是为了向有需要的日托老年人和老年人的家庭照顾者提供心理疏导和心理支持服务。

老年人娱乐用房是供日托老年人开展娱乐活动和进行社会交往的用房，可包括阅览室（含书画室）、网络室和多功能活动室。多功能活动室的设置一方面可供日托老年人聚会聊天，另一方面也可满足中心开展娱乐、讲座、培训等集体活动的需要。

辅助用房是保障社区老年人日间照料中心日常管理和后勤服务工作有序开展所必须设置的基本用房。

第十一条　本条明确社区老年人日间照料中心建筑设备的基本内容。

第十二条　本条明确社区老年人日间照料中心应设置的场地。

社区老年人日间照料中心需要为部分日托老年人提供往返于社区老年人日间照料中心的车辆接载服务，因此需设置道路和停车场。为满足日托老年人进行户外活动和康复训练的需要，还应设置必要的室外活动场地和绿地。

第十三条　本条明确社区老年人日间照料中心应配备的相关设备。

这是根据社区老年人日间照料中心的服务内容和功能要求提出的。各类社区老年人日间照料中心的相关设备配置详见附表1。

附表1　社区老年人日间照料中心装备配置表

备种类	具体设备	类别		
		一类	二类	三类
生活服务	洗澡专用椅凳	√	√	√
	轮椅	√	√	√
	呼叫器	√	√	√
保健康复	按摩床/椅	√	√	√
	平衡杠、肋木、扶梯 手指训练器、股四头肌训练器、训练垫	√	√	√
	血压计、听诊器	√	√	√
娱乐	电视机、投影仪、播放设备	√	√	√
	计算机及网络设备	√	√	√
安防	监控设备	√	√	√
	定位设备	√	√	√
	摄录像机	√	√	√
交通工具	老年人接送车	√	√	√
	物品采购车	√	√	

注：√表示应具备。

第三章　建设规模及面积指标

第十四条　本条明确社区老年人日间照料中心建设规模的确定依据。

社区老年人日间照料中心的建设规模取决于其服务对象——日托老年人的数量，而日托老年人的数量又与所在社区居住人口数量直接相关，因此，本建设标准以社区居住人口数量作为社区老年人日间照料中心规模分类的主要依据。同时考虑到日托老年人大多行动不便，为确保社区老年人日间照料中心为老服务的便利性，确定社区老年人日间照料中心的建设规模时还应兼顾其服务半径等因素。

第十五条　第十六条　本两条明确社区老年人日间照料中心的规模分类和各类面积指标，并对社区老年人日间照料中心各类用房的使用面积在总的使用面积中所占比例做出了规定。

《城市居住区规划设计规范》GB 50180 将居住区按人口规模或居住户数分为居住区（30000～50000 人、10000～16000 户）、小区（10000～15000 人、3000～5000 户）和组团（1000～3000 人、300～1000 户）三级。《城镇老年人设施规划规范》GB 50437 明确提出托老所（社区养老服务场所，可分为日托和全托两种）宜在居住区和小区进行配建。社区老年人日间照料中心为日托老年人提供膳食供应、个人照顾、保健康复、娱乐和交通接送等日间服务，因此需要达到一定的服务人口规模才能维持正常的运营管理，同时也有利于充分实现资源整合以及土地的集约使用。考虑到社区人口规模的差异性及实际建设的可操作性，本《标准》将社区老年人日间照料中心分为了三类，并给出了各类面积指标。

为适应人口老龄化快速发展的形势，本《标准》在面积指标测算时采用了 2015 年全国人口老龄化水平（人口老龄化水平 = 60 岁以上老年人口数量/总人口数量）的预测值 15.3%，但考虑到不同类型社区的人口老龄化水平存在较大差异，为满足部分人口老龄化水平较高、老年人口数量较多的社区对老年人日间照料中心房屋建筑面积的实际需求，还对老年人人均建筑面积指标做出了规定。

社区老年人日间照料中心总建筑面积指标和各类房屋使用面积指标是根据社区老年人日间照料中心开展各项工作的实际需求，结合对各地调研数据的认真分析和总结，反复论证确定的。各类用房使用面积指标详见附表 2～附表 6。

附表2　生活服务用房使用面积测算表

用房名称	使用面积（m^2）		
	一类	二类	三类
休息室	321	180	101
沐浴间（含理发室）	48	42	36
餐厅（含配餐间）	78	55	38
合计	447	277	174

附表3　保健康复用房使用面积测算表

用房名称	使用面积（m^2）		
	一类	二类	三类
医疗保健室	48	42	36
康复训练室	58	54	48
心理疏导室	18	18	15
合计	124	114	99

附表4　娱乐用房使用面积测算表

用房名称	使用面积（m^2）		
	一类	二类	三类
阅览室（含书画室）	64	36	27
网络室	30	24	18
多功能活动室	96	54	30
合计	190	114	75

附表5　辅助用房使用面积测算表

用房名称	使用面积（m^2）		
	一类	二类	三类
办公室	36	30	24
厨房	159	89	55
洗衣房	24	24	18
公共卫生间	36	36	24
其他用房	24	21	18
合计	279	200	139

附表6　各类用房使用面积测算表

用房名称	使用面积（m^2）			
	一类	二类	三类	
老年人用房	生活服务用房	447	277	174
	保健康复用房	124	114	99
	娱乐用房	190	114	75
	辅助用房	279	200	139
合计	1040	705	487	

考虑到人口老龄化水平较高的社区适当增加社区老年人日间照料中心建筑面积的需要，为便于实际操作，在对各类用房使用面积测算的基础上，给出了各类用房使用面积在总使用面积中所占的比例。各地可因地制宜，在保持中心总建筑面积不变的前提下，适当调整各业务用房的面积分配。

第四章　选址及规划布局

第十七条　本条明确社区老年人日间照料中心的选址要求。

根据社区老年人日间照料中心的性质和任务，其建设项目在选址时要综合考虑人口分布、市政条件和周边环境等因素，做到方便群众，便于开展服务。同时，选址宜与其他为老服务福利设施邻近，利于资源整合和共享。

第十八条　本条阐明社区老年人日间照料中心的房屋建筑及垂直交通的

要求。

根据社区老年人日间照料中心的工作性质以及日托老年人大多行动不便的身体特点，本条对社区老年人日间照料中心的房屋建筑提出要求。鉴于社区老年人日间照料中心建设规模较小，为节约土地资源，提倡与其他社区服务设施合并建设，但应设置在建筑低层且相对独立，并宜有独立的出入口，禁止使用地下层。为方便老年人使用，建议垂直交通设有电梯等无障碍设施。资金投入有困难的，需设置无障碍坡道。坡道建筑面积应独立计算，不计入本标准规定的总建筑面积。

第十九条　本条阐明社区老年人日间照料中心总体布局的原则。

第二十条　本条阐明社区老年人日间照料中心老年人休息室的设置要求。

为了使老年人在日间休息时不受打扰，故本条作此规定。

第五章　建筑标准及有关设施

第二十一条　本条明确社区老年人日间照料中心建筑设计应遵循的原则。

这是根据社区老年人日间照料中心的工作特点和服务要求提出的。随着社会经济的发展，社区老年人日间照料中心的服务内容、形式及要求也将不断扩展、丰富和提高，为满足未来发展需求，故提出其主要建筑设计时应留有扩建、改造的余地。

第二十二条　本条明确社区老年人日间照料中心建筑设计应符合的相关建筑标准和规范。

第二十三条　本条对社区老年人日间照料中心的房屋建筑结构及抗震强度提出要求。

第二十四条　本条明确社区老年人日间照料中心建筑防火的要求。

第二十五条　本条阐明社区老年人日间照料中心老年人休息室设置的要求。

据调研，为方便对老年人的服务，满足不同类型日托老年人的需求，老年人休息室以每间容纳4～6人为宜。同时，为方便部分行动不便老年人的出行并确保其安全，本条对室内的通道、床（椅）距和卫生间地面做出规定。

第二十六条　本条明确社区老年人日间照料中心老年人用房门和走道的宽度。

这是考虑到部分日托老年人坐轮椅出入房间、在走道回转和并行的实际需求而做出的规定。

第二十七条　本条明确社区老年人日间照料中心老年人用房的日照、通风与采光条件。

第二十八条　本条阐明社区老年人日间照料中心建筑内外装修的要求。

强调社区老年人日间照料中心建筑的外观色调并设置统一标识是为了增强老年人对社区老年人日间照料中心的认同感和归属感。为了方便老年人生活，满足老年人的情感需求，故对社区老年人日间照料中心的室内装修做出规定。

第二十九条　本条明确社区老年人日间照料中心的用电要求。

第三十条　本条对社区老年人日间照料中心给排水和热水供应系统提出要求。

第三十一条　本条明确社区老年人日间照料中心供暖和空气调节的要求。

第三十二条　本条对社区老年人日间照料中心网络管线的布置和预留接口提出要求。

第五章　财产权利

一、《中华人民共和国宪法》

第十三条　公民的合法的私有财产不受侵犯。

国家依照法律规定保护公民的私有财产权和继承权。

二、《中国华人民共和国老年人权益保障法》

第二十二条　老年人对个人的财产，依法享有占有、使用、收益和处分的权利，子女或者其他亲属不得干涉，不得以窃取、骗取、强行索取等方式侵犯老年人的财产权益。

老年人有依法继承父母、配偶、子女或者其他亲属遗产的权利，有接受赠与的权利。子女或者其他亲属不得侵占、抢夺、转移、隐匿或者损毁应当由老年人继承或者接受赠与的财产。

……

第三十四条　老年人依法享有的养老金、医疗待遇和其他待遇应当得到保障，有关机构必须按时足额支付，不得克扣、拖欠或者挪用。

国家根据经济发展以及职工平均工资增长、物价上涨等情况，适时提高养老保障水平。

第三十五条　国家鼓励慈善组织以及其他组织和个人为老年人提供物质帮助。

第六十九条　老年人参加劳动的合法收入受法律保护。

任何单位和个人不得安排老年人从事危害其身心健康的劳动或者危险作业。

三、《中华人民共和国物权法》

（2007年3月16日第十届全国人民代表大会第五次会议通过，自2007年10月1日起施行）

第一编　总则

第一章　基本原则

第一条　为了维护国家基本经济制度，维护社会主义市场经济秩序，明确物的归属，发挥物的效用，保护权利人的物权，根据宪法，制定本法。

第二条　因物的归属和利用而产生的民事关系，适用本法。

本法所称物，包括不动产和动产。法律规定权利作为物权客体的，依照其规定。

本法所称物权，是指权利人依法对特定的物享有直接支配和排他的权利，包括所有权、用益物权和担保物权。

第三条　国家在社会主义初级阶段，坚持公有制为主体、多种所有制经济共同发展的基本经济制度。

国家巩固和发展公有制经济，鼓励、支持和引导非公有制经济的发展。

国家实行社会主义市场经济，保障一切市场主体的平等法律地位和发展权利。

第四条　国家、集体、私人的物权和其他权利人的物权受法律保护，任何单位和个人不得侵犯。

第五条　物权的种类和内容，由法律规定。

第六条　不动产物权的设立、变更、转让和消灭，应当依照法律规定登记。动产物权的设立和转让，应当依照法律规定交付。

第七条　物权的取得和行使，应当遵守法律，尊重社会公德，不得损害公共利益和他人合法权益。

第八条　其他相关法律对物权另有特别规定的，依照其规定。

第二章　物权的设立、变更、转让和消灭

第一节　不动产登记

第九条　不动产物权的设立、变更、转让和消灭，经依法登记，发生效力；未经登记，不发生效力，但法律另有规定的除外。

依法属于国家所有的自然资源，所有权可以不登记。

第十条　不动产登记，由不动产所在地的登记机构办理。

国家对不动产实行统一登记制度。统一登记的范围、登记机构和登记办法，由法律、行政法规规定。

第十一条　当事人申请登记，应当根据不同登记事项提供权属证明和不动产界址、面积等必要材料。

第十二条　登记机构应当履行下列职责：

（一）查验申请人提供的权属证明和其他必要材料；

（二）就有关登记事项询问申请人；

（三）如实、及时登记有关事项；

（四）法律、行政法规规定的其他职责。

申请登记的不动产的有关情况需要进一步证明的，登记机构可以要求申请人补充材料，必要时可以实地查看。

第十三条　登记机构不得有下列行为：

（一）要求对不动产进行评估；

（二）以年检等名义进行重复登记；

（三）超出登记职责范围的其他行为。

第十四条　不动产物权的设立、变更、转让和消灭，依照法律规定应当登记的，自记载于不动产登记簿时发生效力。

第十五条　当事人之间订立有关设立、变更、转让和消灭不动产物权的合同，除法律另有规定或者合同另有约定外，自合同成立时生效；未办理物权登记的，不影响合同效力。

第十六条　不动产登记簿是物权归属和内容的根据。不动产登记簿由登记机构管理。

第十七条　不动产权属证书是权利人享有该不动产物权的证明。不动产权属证书记载的事项，应当与不动产登记簿一致；记载不一致的，除有证据证明不动产登记簿确有错误外，以不动产登记簿为准。

第十八条　权利人、利害关系人可以申请查询、复制登记资料，登记机构应当提供。

第十九条　权利人、利害关系人认为不动产登记簿记载的事项错误的，可以申请更正登记。不动产登记簿记载的权利人书面同意更正或者有证据证明登记确有错误的，登记机构应当予以更正。

不动产登记簿记载的权利人不同意更正的，利害关系人可以申请异议登记。登记机构予以异议登记的，申请人在异议登记之日起十五日内不起诉，异议登记失效。异议登记不当，造成权利人损害的，权利人可以向申请人请求损害赔偿。

第二十条　当事人签订买卖房屋或者其他不动产物权的协议，为保障将来实现物权，按照约定可以向登记机构申请预告登记。预告登记后，未经预告登记的权利人同意，处分该不动产的，不发生物权效力。

预告登记后，债权消灭或者自能够进行不动产登记之日起三个月内未申请登记的，预告登记失效。

第二十一条　当事人提供虚假材料申请登记，给他人造成损害的，应当承担赔偿责任。

因登记错误，给他人造成损害的，登记机构应当承担赔偿责任。登记机构赔偿后，可以向造成登记错误的人追偿。

第二十二条　不动产登记费按件收取，不得按照不动产的面积、体积或者价款的比例收取。具体收费标准由国务院有关部门会同价格主管部门规定。

第二节　动产交付

第二十三条　动产物权的设立和转让，自交付时发生效力，但法律另有规定的除外。

第二十四条　船舶、航空器和机动车等物权的设立、变更、转让和消灭，未经登记，不得对抗善意第三人。

第二十五条　动产物权设立和转让前，权利人已经依法占有该动产的，物权自法律行为生效时发生效力。

第二十六条　动产物权设立和转让前，第三人依法占有该动产的，负有交付义务的人可以通过转让请求第三人返还原物的权利代替交付。

第二十七条　动产物权转让时，双方又约定由出让人继续占有该动产的，物权自该约定生效时发生效力。

第三节　其他规定

第二十八条　因人民法院、仲裁委员会的法律文书或者人民政府的征收决定等，导致物权设立、变更、转让或者消灭的，自法律文书或者人民政府的征收决定等生效时发生效力。

第二十九条　因继承或者受遗赠取得物权的，自继承或者受遗赠开始时发生效力。

第三十条　因合法建造、拆除房屋等事实行为设立或者消灭物权的，自事实行为成就时发生效力。

第三十一条　依照本法第二十八条至第三十条规定享有不动产物权的，处分该物权时，依照法律规定需要办理登记的，未经登记，不发生物权效力。

第二编　所有权

第四章　一般规定

第三十九条　所有权人对自己的不动产或者动产，依法享有占有、使用、收益和处分的权利。

第四十条　所有权人有权在自己的不动产或者动产上设立用益物权和担保物权。用益物权人、担保物权人行使权利，不得损害所有权人的权益。

第四十一条　法律规定专属于国家所有的不动产和动产，任何单位和个人不能取得所有权。

第四十二条　为了公共利益的需要，依照法律规定的权限和程序可以征收集体所有的土地和单位、个人的房屋及其他不动产。

征收集体所有的土地，应当依法足额支付土地补偿费、安置补助费、地上附着物和青苗的补偿费等费用，安排被征地农民的社会保障费用，保障被征地农民的生活，维护被征地农民的合法权益。

征收单位、个人的房屋及其他不动产，应当依法给予拆迁补偿，维护被征收人的合法权益；征收个人住宅的，还应当保障被征收人的居住条件。

任何单位和个人不得贪污、挪用、私分、截留、拖欠征收补偿费等费用。

第四十三条　国家对耕地实行特殊保护，严格限制农用地转为建设用地，控制建设用地总量。不得违反法律规定的权限和程序征收集体所有的土地。

第四十四条　因抢险、救灾等紧急需要，依照法律规定的权限和程序可以征用单位、个人的不动产或者动产。被征用的不动产或者动产使用后，应当返还被征用人。单位、个人的不动产或者动产被征用或者征用后毁损、灭失的，应当给予补偿。

第五章　国家所有权和集体所有权、私人所有权

第四十五条　法律规定属于国家所有的财产，属于国家所有即全民所有。

国有财产由国务院代表国家行使所有权；法律另有规定的，依照其规定。

第四十六条　矿藏、水流、海域属于国家所有。

第四十七条　城市的土地，属于国家所有。法律规定属于国家所有的农村和城市郊区的土地，属于国家所有。

第四十八条　森林、山岭、草原、荒地、滩涂等自然资源，属于国家所有，但法律规定属于集体所有的除外。

第四十九条　法律规定属于国家所有的野生动植物资源，属于国家所有。

第五十条　无线电频谱资源属于国家所有。

第五十一条　法律规定属于国家所有的文物，属于国家所有。

第五十二条　国防资产属于国家所有。

铁路、公路、电力设施、电信设施和油气管道等基础设施，依照法律规定为国家所有的，属于国家所有。

第五十三条　国家机关对其直接支配的不动产和动产，享有占有、使用以及依照法律和国务院的有关规定处分的权利。

第五十四条　国家举办的事业单位对其直接支配的不动产和动产，享有占有、使用以及依照法律和国务院的有关规定收益、处分的权利。

第五十五条　国家出资的企业，由国务院、地方人民政府依照法律、行政法规规定分别代表国家履行出资人职责，享有出资人权益。

第五十六条　国家所有的财产受法律保护，禁止任何单位和个人侵占、哄抢、私分、截留、破坏。

第五十七条　履行国有财产管理、监督职责的机构及其工作人员，应当依法加强对国有财产的管理、监督，促进国有财产保值增值，防止国有财产损失；滥用职权，玩忽职守，造成国有财产损失的，应当依法承担法律责任。

违反国有财产管理规定，在企业改制、合并分立、关联交易等过程中，低价转让、合谋私分、擅自担保或者以其他方式造成国有财产损失的，应当依法承担法律责任。

第五十八条　集体所有的不动产和动产包括：

（一）法律规定属于集体所有的土地和森林、山岭、草原、荒地、滩涂；

（二）集体所有的建筑物、生产设施、农田水利设施；

（三）集体所有的教育、科学、文化、卫生、体育等设施；

（四）集体所有的其他不动产和动产。

第五十九条　农民集体所有的不动产和动产，属于本集体成员集体所有。

下列事项应当依照法定程序经本集体成员决定：

（一）土地承包方案以及将土地发包给本集体以外的单位或者个人承包；

（二）个别土地承包经营权人之间承包地的调整；

（三）土地补偿费等费用的使用、分配办法；

（四）集体出资的企业的所有权变动等事项；

（五）法律规定的其他事项。

第六十条　对于集体所有的土地和森林、山岭、草原、荒地、滩涂等，依照下列规定行使所有权：

（一）属于村农民集体所有的，由村集体经济组织或者村民委员会代表集体行使所有权；

（二）分别属于村内两个以上农民集体所有的，由村内各该集体经济组织或者村民小组代表集体行使所有权；

（三）属于乡镇农民集体所有的，由乡镇集体经济组织代表集体行使所有权。

第六十一条　城镇集体所有的不动产和动产，依照法律、行政法规的规定由本集体享有占有、使用、收益和处分的权利。

第六十二条　集体经济组织或者村民委员会、村民小组应当依照法律、行政法规以及章程、村规民约向本集体成员公布集体财产的状况。

第六十三条　集体所有的财产受法律保护，禁止任何单位和个人侵占、哄抢、私分、破坏。

集体经济组织、村民委员会或者其负责人做出的决定侵害集体成员合法权益的，受侵害的集体成员可以请求人民法院予以撤销。

第六十四条　私人对其合法的收入、房屋、生活用品、生产工具、原材料等不动产和动产享有所有权。

第六十五条　私人合法的储蓄、投资及其收益受法律保护。

国家依照法律规定保护私人的继承权及其他合法权益。

第六十六条　私人的合法财产受法律保护，禁止任何单位和个人侵占、哄抢、破坏。

第六十七条　国家、集体和私人依法可以出资设立有限责任公司、股份有限公司或者其他企业。国家、集体和私人所有的不动产或者动产，投到企业的，由出资人按照约定或者出资比例享有资产收益、重大决策以及选择经营管理者等权利并履行义务。

第六十八条　企业法人对其不动产和动产依照法律、行政法规以及章程享有占有、使用、收益和处分的权利。

企业法人以外的法人，对其不动产和动产的权利，适用有关法律、行政法规以及章程的规定。

第六十九条　社会团体依法所有的不动产和动产，受法律保护。

第六章　业主的建筑物区分所有权

第七十条　业主对建筑物内的住宅、经营性用房等专有部分享有所有权，对专有部分以外的共有部分享有共有和共同管理的权利。

第七十一条　业主对其建筑物专有部分享有占有、使用、收益和处分的权利。业主行使权利不得危及建筑物的安全，不得损害其他业主的合法权益。

第七十二条　业主对建筑物专有部分以外的共有部分，享有权利，承担义务；不得以放弃权利不履行义务。

业主转让建筑物内的住宅、经营性用房，其对共有部分享有的共有和共同管理的权利一并转让。

第七十三条　建筑区划内的道路，属于业主共有，但属于城镇公共道路的除外。建筑区划内的绿地，属于业主共有，但属于城镇公共绿地或者明示属于个人的除外。建筑区划内的其他公共场所、公用设施和物业服务用房，属于业主共有。

第七十四条　建筑区划内，规划用于停放汽车的车位、车库应当首先满足业主的需要。

建筑区划内，规划用于停放汽车的车位、车库的归属，由当事人通过出售、附赠或者出租等方式约定。

占用业主共有的道路或者其他场地用于停放汽车的车位，属于业主共有。

第七十五条　业主可以设立业主大会，选举业主委员会。

地方人民政府有关部门应当对设立业主大会和选举业主委员会给予指导和协助。

第七十六条　下列事项由业主共同决定：

（一）制定和修改业主大会议事规则；

（二）制定和修改建筑物及其附属设施的管理规约；

（三）选举业主委员会或者更换业主委员会成员；

（四）选聘和解聘物业服务企业或者其他管理人；

（五）筹集和使用建筑物及其附属设施的维修资金；

（六）改建、重建建筑物及其附属设施；

（七）有关共有和共同管理权利的其他重大事项。

决定前款第五项和第六项规定的事项，应当经专有部分占建筑物总面积三分之二以上的业主且占总人数三分之二以上的业主同意。决定前款其他事项，应当经专有部分占建筑物总面积过半数的业主且占总人数过半数的业主同意。

第七十七条　业主不得违反法律、法规以及管理规约，将住宅改变为经营性用房。业主将住宅改变为经营性用房的，除遵守法律、法规以及管理规约外，应当经有利害关系的业主同意。

第七十八条　业主大会或者业主委员会的决定，对业主具有约束力。

业主大会或者业主委员会做出的决定侵害业主合法权益的，受侵害的业主可以请求人民法院予以撤销。

第七十九条　建筑物及其附属设施的维修资金，属于业主共有。经业主共同决定，可以用于电梯、水箱等共有部分的维修。维修资金的筹集、使用情况应当公布。

第八十条　建筑物及其附属设施的费用分摊、收益分配等事项，有约定的，按照约定；没有约定或者约定不明确的，按照业主专有部分占建筑物总面积的比例确定。

第八十一条　业主可以自行管理建筑物及其附属设施，也可以委托物业服务企业或者其他管理人管理。

对建设单位聘请的物业服务企业或者其他管理人，业主有权依法更换。

第八十二条　物业服务企业或者其他管理人根据业主的委托管理建筑区划内的建筑物及其附属设施，并接受业主的监督。

第八十三条　业主应当遵守法律、法规以及管理规约。

业主大会和业主委员会，对任意弃置垃圾、排放污染物或者噪声、违反规定饲养动物、违章搭建、侵占通道、拒付物业费等损害他人合法权益的行为，有权依照法律、法规以及管理规约，要求行为人停止侵害、消除危险、排除妨害、赔偿损失。业主对侵害自己合法权益的行为，可以依法向人民法院提起诉讼。

第七章　相邻关系

第八十四条　不动产的相邻权利人应当按照有利生产、方便生活、团结互助、公平合理的原则，正确处理相邻关系。

第八十五条　法律、法规对处理相邻关系有规定的，依照其规定；法律、法规没有规定的，可以按照当地习惯。

第八十六条　不动产权利人应当为相邻权利人用水、排水提供必要的便利。

对自然流水的利用，应当在不动产的相邻权利人之间合理分配。对自然流水的排放，应当尊重自然流向。

第八十七条　不动产权利人对相邻权利人因通行等必须利用其土地的，应当提供必要的便利。

第八十八条　不动产权利人因建造、修缮建筑物以及铺设电线、电缆、水管、暖气和燃气管线等必须利用相邻土地、建筑物的，该土地、建筑物的权利人应当提供必要的便利。

第八十九条　建造建筑物，不得违反国家有关工程建设标准，妨碍相邻建筑物的通风、采光和日照。

第九十条　不动产权利人不得违反国家规定弃置固体废物，排放大气污染物、水污染物、噪声、光、电磁波辐射等有害物质。

第九十一条　不动产权利人挖掘土地、建造建筑物、铺设管线以及安装设备等，不得危及相邻不动产的安全。

第九十二条　不动产权利人因用水、排水、通行、铺设管线等利用相邻不动产的，应当尽量避免对相邻的不动产权利人造成损害；造成损害的，应当给予赔偿。

第八章　共有

第九十三条　不动产或者动产可以由两个以上单位、个人共有。共有包括按份共有和共同共有。

第九十四条　按份共有人对共有的不动产或者动产按照其份额享有所有权。

第九十五条　共同共有人对共有的不动产或者动产共同享有所有权。

第九十六条　共有人按照约定管理共有的不动产或者动产；没有约定或者约定不明确的，各共有人都有管理的权利和义务。

第九十七条　处分共有的不动产或者动产以及对共有的不动产或者动产作重大修缮的，应当经占份额三分之二以上的按份共有人或者全体共同共有人同意，但共有人之间另有约定的除外。

第九十八条　对共有物的管理费用以及其他负担，有约定的，按照约定；没有约定或者约定不明确的，按份共有人按照其份额负担，共同共有人共同负担。

第九十九条　共有人约定不得分割共有的不动产或者动产，以维持共有关系的，应当按照约定，但共有人有重大理由需要分割的，可以请求分割；没有约定或者约定不明确的，按份共有人可以随时请求分割，共同共有人在共有的基础丧失或者有重大理由需要分割时可以请求分割。因分割对其他共有人造成损害的，应当给予赔偿。

第一百条　共有人可以协商确定分割方式。达不成协议，共有的不动产或者动产可以分割并且不会因分割减损价值的，应当对实物予以分割；难以分割或者因分割会减损价值的，应当对折价或者拍卖、变卖取得的价款予以分割。

共有人分割所得的不动产或者动产有瑕疵的，其他共有人应当分担损失。

第一百零一条　按份共有人可以转让其享有的共有的不动产或者动产份额。其他共有人在同等条件下享有优先购买的权利。

第一百零二条　因共有的不动产或者动产产生的债权债务，在对外关系上，共有人享有连带债权、承担连带债务，但法律另有规定或者第三人知道共有人不具有连带债权债务关系的除外；在共有人内部关系上，除共有人另有约定外，按份共有人按照份额享有债权、承担债务，共同共有人共同享有债权、承担债务。偿还债务超过自己应当承担份额的按份共有人，有权向其他共有人追偿。

第一百零三条　共有人对共有的不动产或者动产没有约定为按份共有或者共同共有，或者约定不明确的，除共有人具有家庭关系等外，视为按份共有。

第一百零四条　按份共有人对共有的不动产或者动产享有的份额，没有约定或者约定不明确的，按照出资额确定；不能确定出资额的，视为等额享有。

第一百零五条　两个以上单位、个人共同享有用益物权、担保物权的，参照本章规定。

第九章　所有权取得的特别规定

第一百零六条　无处分权人将不动产或者动产转让给受让人的，所有权人有权追回；除法律另有规定外，符合下列情形的，受让人取得该不动产或者动产的所有权：

（一）受让人受让该不动产或者动产时是善意的；

（二）以合理的价格转让；

（三）转让的不动产或者动产依照法律规定应当登记的已经登记，不需要登记的已经交付给受让人。

受让人依照前款规定取得不动产或者动产的所有权的，原所有权人有权向无处分权人请求赔偿损失。

当事人善意取得其他物权的，参照前两款规定。

第一百零七条　所有权人或者其他权利人有权追回遗失物。该遗失物通过转让被他人占有的，权利人有权向无处分权人请求损害赔偿，或者自知道或者应当知道受让人之日起二年内向受让人请求返还原物，但受让人通过拍卖或者向具有经营资格的经营者购得该遗失物的，权利人请求返还原物时应当支付受让人所付的费用。权利人向受让人支付所付费用后，有权向无处分权人追偿。

第一百零八条　善意受让人取得动产后，该动产上的原有权利消灭，但善意受让人在受让时知道或者应当知道该权利的除外。

第一百零九条　拾得遗失物，应当返还权利人。拾得人应当及时通知权利人领取，或者送交公安等有关部门。

第一百一十条　有关部门收到遗失物，知道权利人的，应当及时通知其领取；不知道的，应当及时发布招领公告。

第一百一十一条　拾得人在遗失物送交有关部门前，有关部门在遗失物被领取前，应当妥善保管遗失物。因故意或者重大过失致使遗失物毁损、灭失的，应当承担民事责任。

第一百一十二条　权利人领取遗失物时，应当向拾得人或者有关部门支付保管遗失物等支出的必要费用。

权利人悬赏寻找遗失物的，领取遗失物时应当按照承诺履行义务。

拾得人侵占遗失物的，无权请求保管遗失物等支出的费用，也无权请求权利人按照承诺履行义务。

第一百一十三条　遗失物自发布招领公告之日起六个月内无人认领的，归国家所有。

第一百一十四条　拾得漂流物、发现埋藏物或者隐藏物的，参照拾得遗失物的有关规定。文物保护法等法律另有规定的，依照其规定。

第一百一十五条　主物转让的，从物随主物转让，但当事人另有约定的除外。

第一百一十六条　天然孳息，由所有权人取得；既有所有权人又有用益物权人的，由用益物权人取得。当事人另有约定的，按照约定。

法定孳息，当事人有约定的，按照约定取得；没有约定或者约定不明确的，按照交易习惯取得。

第三编　用益物权

第十章　一般规定

第一百一十七条　用益物权人对他人所有的不动产或者动产，依法享有占有、使用和收益的权利。

第一百一十八条　国家所有或者国家所有由集体使用以及法律规定属于集体所有的自然资源，单位、个人依法可以占有、使用和收益。

第一百一十九条　国家实行自然资源有偿使用制度，但法律另有规定的除外。

第一百二十条　用益物权人行使权利，应当遵守法律有关保护和合理开发利用资源的规定。所有权人不得干涉用益物权人行使权利。

第一百二十一条　因不动产或者动产被征收、征用致使用益物权消灭或者影响用益物权行使的，用益物权人有权依照本法第四十二条、第四十四条的规定获得相应补偿。

第一百二十二条　依法取得的海域使用权受法律保护。

第一百二十三条　依法取得的探矿权、采矿权、取水权和使用水域、滩涂从事养殖、捕捞的权利受法律保护。

第十一章　土地承包经营权

第一百二十四条　农村集体经济组织实行家庭承包经营为基础、统分结合的双层经营体制。

农民集体所有和国家所有由农民集体使用的耕地、林地、草地以及其他用于农业的土地，依法实行土地承包经营制度。

第一百二十五条　土地承包经营权人依法对其承包经营的耕地、林地、草地等享有占有、使用和收益的权利，有权从事种植业、林业、畜牧业等农业生产。

第一百二十六条　耕地的承包期为三十年。草地的承包期为三十年至五十年。林地的承包期为三十年至七十年；特殊林木的林地承包期，经国务院林业行政主管部门批准可以延长。

前款规定的承包期届满，由土地承包经营权人按照国家有关规定继续承包。

第一百二十七条　土地承包经营权自土地承包经营权合同生效时设立。

县级以上地方人民政府应当向土地承包经营权人发放土地承包经营权证、林权证、草原使用权证，并登记造册，确认土地承包经营权。

第一百二十八条　土地承包经营权人依照农村土地承包法的规定，有权将土地承包经营权采取转包、互换、转让等方式流转。流转的期限不得超过承包期的剩余期限。未经依法批准，不得将承包地用于非农建设。

第一百二十九条　土地承包经营权人将土地承包经营权互换、转让，当事人要求登记的，应当向县级以上地方人民政府申请土地承包经营权变更登记；未经登记，不得对抗善意第三人。

第一百三十条　承包期内发包人不得调整承包地。

因自然灾害严重毁损承包地等特殊情形，需要适当调整承包的耕地和草地的，应当依照农村土地承包法等法律规定办理。

第一百三十一条　承包期内发包人不得收回承包地。农村土地承包法等法律另有规定的，依照其规定。

第一百三十二条　承包地被征收的，土地承包经营权人有权依照本法第四十二条第二款的规定获得相应补偿。

第一百三十三条　通过招标、拍卖、公开协商等方式承包荒地等农村土地，依照农村土地承包法等法律和国务院的有关规定，其土地承包经营权可以转让、入股、抵押或者以其他方式流转。

第一百三十四条　国家所有的农用地实行承包经营的，参照本法的有关规定。

第十二章　建设用地使用权

第一百三十五条　建设用地使用权人依法对国家所有的土地享有占有、使用和收益的权利，有权利用该土地建造建筑物、构筑物及其附属设施。

第一百三十六条　建设用地使用权可以在土地的地表、地上或者地下分别设立。新设立的建设用地使用权，不得损害已设立的用益物权。

第一百三十七条　设立建设用地使用权，可以采取出让或者划拨等方式。

工业、商业、旅游、娱乐和商品住宅等经营性用地以及同一土地有两个以上意向用地者的，应当采取招标、拍卖等公开竞价的方式出让。

严格限制以划拨方式设立建设用地使用权。采取划拨方式的，应当遵守法律、行政法规关于土地用途的规定。

第一百三十八条　采取招标、拍卖、协议等出让方式设立建设用地使用权的，当事人应当采取书面形式订立建设用地使用权出让合同。

建设用地使用权出让合同一般包括下列条款：

（一）当事人的名称和住所；

（二）土地界址、面积等；

（三）建筑物、构筑物及其附属设施占用的空间；

（四）土地用途；

（五）使用期限；

（六）出让金等费用及其支付方式；

（七）解决争议的方法。

第一百三十九条　设立建设用地使用权的，应当向登记机构申请建设用地使用权登记。建设用地使用权自登记时设立。登记机构应当向建设用地使用权人发放建设用地使用权证书。

第一百四十条　建设用地使用权人应当合理利用土地，不得改变土地用途；需要改变土地用途的，应当依法经有关行政主管部门批准。

第一百四十一条　建设用地使用权人应当依照法律规定以及合同约定支付出让金等费用。

第一百四十二条　建设用地使用权人建造的建筑物、构筑物及其附属设施的所有权属于建设用地使用权人，但有相反证据证明的除外。

第一百四十三条　建设用地使用权人有权将建设用地使用权转让、互换、出资、赠与或者抵押，但法律另有规定的除外。

第一百四十四条　建设用地使用权转让、互换、出资、赠与或者抵押的，当事人应当采取书面形式订立相应的合同。使用期限由当事人约定，但不得超过建设用地使用权的剩余期限。

第一百四十五条　建设用地使用权转让、互换、出资或者赠与的，应当向登记机构申请变更登记。

第一百四十六条　建设用地使用权转让、互换、出资或者赠与的，附着于该土地上的建筑物、构筑物及其附属设施一并处分。

第一百四十七条　建筑物、构筑物及其附属设施转让、互换、出资或者赠与的，该建筑物、构筑物及其附属设施占用范围内的建设用地使用权一并处分。

第一百四十八条　建设用地使用权期间届满前，因公共利益需要提前收回该土地的，应当依照本法第四十二条的规定对该土地上的房屋及其他不动产给予补偿，并退还相应的出让金。

第一百四十九条　住宅建设用地使用权期间届满的，自动续期。

非住宅建设用地使用权期间届满后的续期，依照法律规定办理。该土地上的房屋及其他不动产的归属，有约定的，按照约定；没有约定或者约定不明确的，依照法律、行政法规的规定办理。

第一百五十条　建设用地使用权消灭的，出让人应当及时办理注销登记。登记机构应当收回建设用地使用权证书。

第一百五十一条　集体所有的土地作为建设用地的，应当依照土地管理法等法律规定办理。

第十三章　宅基地使用权

第一百五十二条　宅基地使用权人依法对集体所有的土地享有占有和使用的权利，有权依法利用该土地建造住宅及其附属设施。

第一百五十三条　宅基地使用权的取得、行使和转让，适用土地管理法等法律和国家有关规定。

第一百五十四条　宅基地因自然灾害等原因灭失的，宅基地使用权消灭。对失去宅基地的村民，应当重新分配宅基地。

第一百五十五条　已经登记的宅基地使用权转让或者消灭的，应当及时办理变更登记或者注销登记。

第十四章　地役权

第一百五十六条　地役权人有权按照合同约定，利用他人的不动产，以提高自己的不动产的效益。

前款所称他人的不动产为供役地，自己的不动产为需役地。

第一百五十七条　设立地役权，当事人应当采取书面形式订立地役权合同。

地役权合同一般包括下列条款：

（一）当事人的姓名或者名称和住所；

（二）供役地和需役地的位置；

（三）利用目的和方法；

（四）利用期限；

（五）费用及其支付方式；

（六）解决争议的方法。

第一百五十八条　地役权自地役权合同生效时设立。当事人要求登记的，可以向登记机构申请地役权登记；未经登记，不得对抗善意第三人。

第一百五十九条　供役地权利人应当按照合同约定，允许地役权人利用其土地，不得妨害地役权人行使权利。

第一百六十条　地役权人应当按照合同约定的利用目的和方法利用供役地，尽量减少对供役地权利人物权的限制。

第一百六十一条　地役权的期限由当事人约定，但不得超过土地承包经营权、建设用地使用权等用益物权的剩余期限。

第一百六十二条　土地所有权人享有地役权或者负担地役权的，设立土地承包经营权、宅基地使用权时，该土地承包经营权人、宅基地使用权人继续享有或者负担已设立的地役权。

第一百六十三条　土地上已设立土地承包经营权、建设用地使用权、宅基地使用权等权利的，未经用益物权人同意，土地所有权人不得设立地役权。

第一百六十四条　地役权不得单独转让。土地承包经营权、建设用地使用权等转让的，地役权一并转让，但合同另有约定的除外。

第一百六十五条　地役权不得单独抵押。土地承包经营权、建设用地使用权等抵押的，在实现抵押权时，地役权一并转让。

第一百六十六条　需役地以及需役地上的土地承包经营权、建设用地使用权部分转让时，转让部分涉及地役权的，受让人同时享有地役权。

第一百六十七条　供役地以及供役地上的土地承包经营权、建设用地使用权部分转让时，转让部分涉及地役权的，地役权对受让人具有约束力。

第一百六十八条　地役权人有下列情形之一的，供役地权利人有权解除地役权合同，地役权消灭：

（一）违反法律规定或者合同约定，滥用地役权；

（二）有偿利用供役地，约定的付款期间届满后在合理期限内经两次催告未支付费用。

第一百六十九条　已经登记的地役权变更、转让或者消灭的，应当及时办理变更登记或者注销登记。

第四编　担保物权

第十五章　一般规定

第一百七十条　担保物权人在债务人不履行到期债务或者发生当事人约定的实现担保物权的情形，依法享有就担保财产优先受偿的权利，但法律另有规定的除外。

第一百七十一条　债权人在借贷、买卖等民事活动中，为保障实现其债权，需要担保的，可以依照本法和其他法律的规定设立担保物权。

第三人为债务人向债权人提供担保的，可以要求债务人提供反担保。反担保适用本法和其他法律的规定。

第一百七十二条　设立担保物权，应当依照本法和其他法律的规定订立担保合同。担保合同是主债权债务合同的从合同。主债权债务合同无效，担保合同无效，但法律另有规定的除外。

担保合同被确认无效后，债务人、担保人、债权人有过错的，应当根据其过错各自承担相应的民事责任。

第一百七十三条　担保物权的担保范围包括主债权及其利息、违约金、损害赔偿金、保管担保财产和实现担保物权的费用。当事人另有约定的，按照约定。

第一百七十四条　担保期间，担保财产毁损、灭失或者被征收等，担保物权人可以就获得的保险金、赔偿金或者补偿金等优先受偿。被担保债权的履行期未届满的，也可以提存该保险金、赔偿金或者补偿金等。

第一百七十五条　第三人提供担保，未经其书面同意，债权人允许债务人转移全部或者部分债务的，担保人不再承担相应的担保责任。

第一百七十六条　被担保的债权既有物的担保又有人的担保的，债务人不履行到期债务或者发生当事人约定的实现担保物权的情形，债权人应当按照约定实现债权；没有约定或者约定不明确，债务人自己提供物的担保的，债权人应当先就该物的担保实现债权；第三人提供物的担保的，债权人可以就物的担保实现债权，也可以要求保证人承担保证责任。提供担保的第三人承担担保责任后，有权向债务人追偿。

第一百七十七条　有下列情形之一的，担保物权消灭：

（一）主债权消灭；

（二）担保物权实现；

（三）债权人放弃担保物权；

（四）法律规定担保物权消灭的其他情形。

第一百七十八条　担保法与本法的规定不一致的，适用本法。

第十六章　抵押权

第一节 一般抵押权

第一百七十九条　为担保债务的履行，债务人或者第三人不转移财产的占有，将该财产抵押给债权人的，债务人不履行到期债务或者发生当事人约定的实现抵押权的情形，债权人有权就该财产优先受偿。

前款规定的债务人或者第三人为抵押人，债权人为抵押权人，提供担保的财产为抵押财产。

第一百八十条　债务人或者第三人有权处分的下列财产可以抵押：

（一）建筑物和其他土地附着物；

（二）建设用地使用权；

（三）以招标、拍卖、公开协商等方式取得的荒地等土地承包经营权；

（四）生产设备、原材料、半成品、产品；

（五）正在建造的建筑物、船舶、航空器；

（六）交通运输工具；

（七）法律、行政法规未禁止抵押的其他财产。

抵押人可以将前款所列财产一并抵押。

第一百八十一条　经当事人书面协议，企业、个体工商户、农业生产经营者可以将现有的以及将有的生产设备、原材料、半成品、产品抵押，债务人不履行到期债务或者发生当事人约定的实现抵押权的情形，债权人有权就实现抵押权时的动产优先受偿。

第一百八十二条　以建筑物抵押的，该建筑物占用范围内的建设用地使用权一并抵押。以建设用地使用权抵押的，该土地上的建筑物一并抵押。

抵押人未依照前款规定一并抵押的，未抵押的财产视为一并抵押。

第一百八十三条　乡镇、村企业的建设用地使用权不得单独抵押。以乡镇、村企业的厂房等建筑物抵押的，其占用范围内的建设用地使用权一并抵押。

第一百八十四条　下列财产不得抵押：

（一）土地所有权；

（二）耕地、宅基地、自留地、自留山等集体所有的土地使用权，但法律规定可以抵押的除外；

（三）学校、幼儿园、医院等以公益为目的的事业单位、社会团体的教育设施、医疗卫生设施和其他社会公益设施；

（四）所有权、使用权不明或者有争议的财产；

（五）依法被查封、扣押、监管的财产；

（六）法律、行政法规规定不得抵押的其他财产。

第一百八十五条　设立抵押权，当事人应当采取书面形式订立抵押合同。

抵押合同一般包括下列条款：

（一）被担保债权的种类和数额；

（二）债务人履行债务的期限；

（三）抵押财产的名称、数量、质量、状况、所在地、所有权归属或者使用权归属；

（四）担保的范围。

第一百八十六条　抵押权人在债务履行期届满前，不得与抵押人约定债务人不履行到期债务时抵押财产归债权人所有。

第一百八十七条　以本法第一百八十条第一款第一项至第三项规定的财

产或者第五项规定的正在建造的建筑物抵押的，应当办理抵押登记。抵押权自登记时设立。

第一百八十八条　以本法第一百八十条第一款第四项、第六项规定的财产或者第五项规定的正在建造的船舶、航空器抵押的，抵押权自抵押合同生效时设立；未经登记，不得对抗善意第三人。

第一百八十九条　企业、个体工商户、农业生产经营者以本法第一百八十一条规定的动产抵押的，应当向抵押人住所地的工商行政管理部门办理登记。抵押权自抵押合同生效时设立；未经登记，不得对抗善意第三人。

依照本法第一百八十一条规定抵押的，不得对抗正常经营活动中已支付合理价款并取得抵押财产的买受人。

第一百九十条　订立抵押合同前抵押财产已出租的，原租赁关系不受该抵押权的影响。抵押权设立后抵押财产出租的，该租赁关系不得对抗已登记的抵押权。

第一百九十一条　抵押期间，抵押人经抵押权人同意转让抵押财产的，应当将转让所得的价款向抵押权人提前清偿债务或者提存。转让的价款超过债权数额的部分归抵押人所有，不足部分由债务人清偿。

抵押期间，抵押人未经抵押权人同意，不得转让抵押财产，但受让人代为清偿债务消灭抵押权的除外。

第一百九十二条　抵押权不得与债权分离而单独转让或者作为其他债权的担保。债权转让的，担保该债权的抵押权一并转让，但法律另有规定或者当事人另有约定的除外。

第一百九十三条　抵押人的行为足以使抵押财产价值减少的，抵押权人有权要求抵押人停止其行为。抵押财产价值减少的，抵押权人有权要求恢复抵押财产的价值，或者提供与减少的价值相应的担保。抵押人不恢复抵押财产的价值也不提供担保的，抵押权人有权要求债务人提前清偿债务。

第一百九十四条　抵押权人可以放弃抵押权或者抵押权的顺位。抵押权人与抵押人可以协议变更抵押权顺位以及被担保的债权数额等内容，但抵押权的变更，未经其他抵押权人书面同意，不得对其他抵押权人产生不利影响。

债务人以自己的财产设定抵押，抵押权人放弃该抵押权、抵押权顺位或者变更抵押权的，其他担保人在抵押权人丧失优先受偿权益的范围内免除担保责任，但其他担保人承诺仍然提供担保的除外。

第一百九十五条　债务人不履行到期债务或者发生当事人约定的实现抵

押权的情形，抵押权人可以与抵押人协议以抵押财产折价或者以拍卖、变卖该抵押财产所得的价款优先受偿。协议损害其他债权人利益的，其他债权人可以在知道或者应当知道撤销事由之日起一年内请求人民法院撤销该协议。

抵押权人与抵押人未就抵押权实现方式达成协议的，抵押权人可以请求人民法院拍卖、变卖抵押财产。

抵押财产折价或者变卖的，应当参照市场价格。

第一百九十六条　依照本法第一百八十一条规定设定抵押的，抵押财产自下列情形之一发生时确定：

（一）债务履行期届满，债权未实现；

（二）抵押人被宣告破产或者被撤销；

（三）当事人约定的实现抵押权的情形；

（四）严重影响债权实现的其他情形。

第一百九十七条　债务人不履行到期债务或者发生当事人约定的实现抵押权的情形，致使抵押财产被人民法院依法扣押的，自扣押之日起抵押权人有权收取该抵押财产的天然孳息或者法定孳息，但抵押权人未通知应当清偿法定孳息的义务人的除外。

前款规定的孳息应当先充抵收取孳息的费用。

第一百九十八条　抵押财产折价或者拍卖、变卖后，其价款超过债权数额的部分归抵押人所有，不足部分由债务人清偿。

第一百九十九条　同一财产向两个以上债权人抵押的，拍卖、变卖抵押财产所得的价款依照下列规定清偿：

（一）抵押权已登记的，按照登记的先后顺序清偿；顺序相同的，按照债权比例清偿；

（二）抵押权已登记的先于未登记的受偿；

（三）抵押权未登记的，按照债权比例清偿。

第二百条　建设用地使用权抵押后，该土地上新增的建筑物不属于抵押财产。该建设用地使用权实现抵押权时，应当将该土地上新增的建筑物与建设用地使用权一并处分，但新增建筑物所得的价款，抵押权人无权优先受偿。

第二百零一条　依照本法第一百八十条第一款第三项规定的土地承包经营权抵押的，或者依照本法第一百八十三条规定以乡镇、村企业的厂房等建筑物占用范围内的建设用地使用权一并抵押的，实现抵押权后，未经法定程序，不得改变土地所有权的性质和土地用途。

第二百零二条　抵押权人应当在主债权诉讼时效期间行使抵押权；未行使的，人民法院不予保护。

第二节 最高额抵押权

第二百零三条　为担保债务的履行，债务人或者第三人对一定期间内将要连续发生的债权提供担保财产的，债务人不履行到期债务或者发生当事人约定的实现抵押权的情形，抵押权人有权在最高债权额限度内就该担保财产优先受偿。

最高额抵押权设立前已经存在的债权，经当事人同意，可以转入最高额抵押担保的债权范围。

第二百零四条　最高额抵押担保的债权确定前，部分债权转让的，最高额抵押权不得转让，但当事人另有约定的除外。

第二百零五条　最高额抵押担保的债权确定前，抵押权人与抵押人可以通过协议变更债权确定的期间、债权范围以及最高债权额，但变更的内容不得对其他抵押权人产生不利影响。

第二百零六条　有下列情形之一的，抵押权人的债权确定：

（一）约定的债权确定期间届满；

（二）没有约定债权确定期间或者约定不明确，抵押权人或者抵押人自最高额抵押权设立之日起满二年后请求确定债权；

（三）新的债权不可能发生；

（四）抵押财产被查封、扣押；

（五）债务人、抵押人被宣告破产或者被撤销；

（六）法律规定债权确定的其他情形。

第二百零七条　最高额抵押权除适用本节规定外，适用本章第一节一般抵押权的规定。

第十七章　质权

第一节 动产质权

第二百零八条　为担保债务的履行，债务人或者第三人将其动产出质给债权人占有的，债务人不履行到期债务或者发生当事人约定的实现质权的情形，债权人有权就该动产优先受偿。

前款规定的债务人或者第三人为出质人，债权人为质权人，交付的动产为质押财产。

第二百零九条　法律、行政法规禁止转让的动产不得出质。

第二百一十条　设立质权，当事人应当采取书面形式订立质权合同。

质权合同一般包括下列条款：

（一）被担保债权的种类和数额；

（二）债务人履行债务的期限；

（三）质押财产的名称、数量、质量、状况；

（四）担保的范围；

（五）质押财产交付的时间。

第二百一十一条　质权人在债务履行期届满前，不得与出质人约定债务人不履行到期债务时质押财产归债权人所有。

第二百一十二条　质权自出质人交付质押财产时设立。

第二百一十三条　质权人有权收取质押财产的孳息，但合同另有约定的除外。

前款规定的孳息应当先充抵收取孳息的费用。

第二百一十四条　质权人在质权存续期间，未经出质人同意，擅自使用、处分质押财产，给出质人造成损害的，应当承担赔偿责任。

第二百一十五条　质权人负有妥善保管质押财产的义务；因保管不善致使质押财产毁损、灭失的，应当承担赔偿责任。

质权人的行为可能使质押财产毁损、灭失的，出质人可以要求质权人将质押财产提存，或者要求提前清偿债务并返还质押财产。

第二百一十六条　因不能归责于质权人的事由可能使质押财产毁损或者价值明显减少，足以危害质权人权利的，质权人有权要求出质人提供相应的担保；出质人不提供的，质权人可以拍卖、变卖质押财产，并与出质人通过协议将拍卖、变卖所得的价款提前清偿债务或者提存。

第二百一十七条　质权人在质权存续期间，未经出质人同意转质，造成质押财产毁损、灭失的，应当向出质人承担赔偿责任。

第二百一十八条　质权人可以放弃质权。债务人以自己的财产出质，质权人放弃该质权的，其他担保人在质权人丧失优先受偿权益的范围内免除担保责任，但其他担保人承诺仍然提供担保的除外。

第二百一十九条　债务人履行债务或者出质人提前清偿所担保的债权的，质权人应当返还质押财产。

债务人不履行到期债务或者发生当事人约定的实现质权的情形，质权人可以与出质人协议以质押财产折价，也可以就拍卖、变卖质押财产所得的价款优先受偿。

质押财产折价或者变卖的，应当参照市场价格。

第二百二十条　出质人可以请求质权人在债务履行期届满后及时行使质权；质权人不行使的，出质人可以请求人民法院拍卖、变卖质押财产。

出质人请求质权人及时行使质权，因质权人怠于行使权利造成损害的，由质权人承担赔偿责任。

第二百二十一条　质押财产折价或者拍卖、变卖后，其价款超过债权数额的部分归出质人所有，不足部分由债务人清偿。

第二百二十二条　出质人与质权人可以协议设立最高额质权。

最高额质权除适用本节有关规定外，参照本法第十六章第二节最高额抵押权的规定。

第二节 权利质权

第二百二十三条　债务人或者第三人有权处分的下列权利可以出质：

（一）汇票、支票、本票；

（二）债券、存款单；

（三）仓单、提单；

（四）可以转让的基金份额、股权；

（五）可以转让的注册商标专用权、专利权、著作权等知识产权中的财产权；

（六）应收账款；

（七）法律、行政法规规定可以出质的其他财产权利。

第二百二十四条　以汇票、支票、本票、债券、存款单、仓单、提单出质的，当事人应当订立书面合同。质权自权利凭证交付质权人时设立；没有权利凭证的，质权自有关部门办理出质登记时设立。

第二百二十五条　汇票、支票、本票、债券、存款单、仓单、提单的兑现日期或者提货日期先于主债权到期的，质权人可以兑现或者提货，并与出质人协议将兑现的价款或者提取的货物提前清偿债务或者提存。

第二百二十六条　以基金份额、股权出质的，当事人应当订立书面合同。以基金份额、证券登记结算机构登记的股权出质的，质权自证券登记结算机构办理出质登记时设立；以其他股权出质的，质权自工商行政管理部门办理出质登记时设立。

基金份额、股权出质后，不得转让，但经出质人与质权人协商同意的除外。出质人转让基金份额、股权所得的价款，应当向质权人提前清偿债务或者提存。

第二百二十七条　以注册商标专用权、专利权、著作权等知识产权中的财产权出质的，当事人应当订立书面合同。质权自有关主管部门办理出质登记时设立。

知识产权中的财产权出质后，出质人不得转让或者许可他人使用，但经出质人与质权人协商同意的除外。出质人转让或者许可他人使用出质的知识产权中的财产权所得的价款，应当向质权人提前清偿债务或者提存。

第二百二十八条　以应收账款出质的，当事人应当订立书面合同。质权自信贷征信机构办理出质登记时设立。

应收账款出质后，不得转让，但经出质人与质权人协商同意的除外。出质人转让应收账款所得的价款，应当向质权人提前清偿债务或者提存。

第二百二十九条　权利质权除适用本节规定外，适用本章第一节动产质权的规定。

第十八章　留置权

第二百三十条　债务人不履行到期债务，债权人可以留置已经合法占有的债务人的动产，并有权就该动产优先受偿。

前款规定的债权人为留置权人，占有的动产为留置财产。

第二百三十一条　债权人留置的动产，应当与债权属于同一法律关系，但企业之间留置的除外。

第二百三十二条　法律规定或者当事人约定不得留置的动产，不得留置。

第二百三十三条　留置财产为可分物的，留置财产的价值应当相当于债务的金额。

第二百三十四条　留置权人负有妥善保管留置财产的义务；因保管不善致使留置财产毁损、灭失的，应当承担赔偿责任。

第二百三十五条　留置权人有权收取留置财产的孳息。

前款规定的孳息应当先充抵收取孳息的费用。

第二百三十六条　留置权人与债务人应当约定留置财产后的债务履行期间；没有约定或者约定不明确的，留置权人应当给债务人两个月以上履行债务的期间，但鲜活易腐等不易保管的动产除外。债务人逾期未履行的，留置权人可以与债务人协议以留置财产折价，也可以就拍卖、变卖留置财产所得的价款优先受偿。

留置财产折价或者变卖的，应当参照市场价格。

第二百三十七条　债务人可以请求留置权人在债务履行期届满后行使留置权；留置权人不行使的，债务人可以请求人民法院拍卖、变卖留置财产。

第二百三十八条　留置财产折价或者拍卖、变卖后，其价款超过债权数额的部分归债务人所有，不足部分由债务人清偿。

第二百三十九条　同一动产上已设立抵押权或者质权，该动产又被留置的，留置权人优先受偿。

第二百四十条　留置权人对留置财产丧失占有或者留置权人接受债务人另行提供担保的，留置权消灭。

第五编　占有

第十九章　占有

第二百四十一条　基于合同关系等产生的占有，有关不动产或者动产的使用、收益、违约责任等，按照合同约定；合同没有约定或者约定不明确的，依照有关法律规定。

第二百四十二条　占有人因使用占有的不动产或者动产，致使该不动产或者动产受到损害的，恶意占有人应当承担赔偿责任。

第二百四十三条　不动产或者动产被占有人占有的，权利人可以请求返还原物及其孳息，但应当支付善意占有人因维护该不动产或者动产支出的必要费用。

第二百四十四条　占有的不动产或者动产毁损、灭失，该不动产或者动产的权利人请求赔偿的，占有人应当将因毁损、灭失取得的保险金、赔偿金或者补偿金等返还给权利人；权利人的损害未得到足够弥补的，恶意占有人还应当赔偿损失。

第二百四十五条　占有的不动产或者动产被侵占的，占有人有权请求返还原物；对妨害占有的行为，占有人有权请求排除妨害或者消除危险；因侵占或者妨害造成损害的，占有人有权请求损害赔偿。

占有人返还原物的请求权，自侵占发生之日起一年内未行使的，该请求权消灭。

第六编　附则

第二百四十六条　法律、行政法规对不动产统一登记的范围、登记机构和登记办法做出规定前，地方性法规可以依照本法有关规定做出规定。

第二百四十七条　本法自 2007 年 10 月 1 日起施行。

四、《中华人民共和国民法通则》

第五章 民事权利

第一节 财产所有权和与财产所有权有关的财产权

第七十一条 财产所有权是指所有人依法对自己的财产享有占有、使用、收益和处分的权利。

第七十二条 财产所有权的取得，不得违反法律规定。按照合同或者其他合法方式取得财产的，财产所有权从财产交付时起转移，法律另有规定或者当事人另有约定的除外。

第七十五条 公民的个人财产，包括公民的合法收入、房屋、储蓄、生活用品、文物、图书资料、林木、牲畜和法律允许公民所有的生产资料以及其他合法财产。

公民的合法财产受法律保护，禁止任何组织或者个人侵占、哄抢、破坏或者非法查封、扣押、冻结、没收。

第七十六条 公民依法享有财产继承权。

五、《中华人民共和国婚姻法》

第十七条 夫妻在婚姻关系存续期间所得的下列财产，归夫妻共同所有：

（一）工资、奖金；

（二）生产、经营的收益；

（三）知识产权的收益；

（四）继承或赠与所得的财产，但本法第十八条第三项规定的除外；

（五）其他应当归共同所有的财产。

夫妻对共同所有的财产，有平等的处理权。

第十八条 有下列情形之一的，为夫妻一方的财产：

（一）一方的婚前财产；

（二）一方因身体受到伤害获得的医疗费、残疾人生活补助费等费用；

（三）遗嘱或赠与合同中确定只归夫或妻一方的财产；

（四）一方专用的生活用品；

（五）其他应当归一方的财产。

第十九条 夫妻可以约定婚姻关系存续期间所得的财产以及婚前财产归各自所有、共同所有或部分各自所有、部分共同所有。约定应当采用书面形式。没有约定或约定不明确的，适用本法第十七条、第十八条的规定。

夫妻对婚姻关系存续期间所得的财产以及婚前财产的约定，对双方具有约束力。

夫妻对婚姻关系存续期间所得的财产约定归各自所有的，夫或妻一方对外所负的债务，第三人知道该约定的，以夫或妻一方所有的财产清偿。

第二十四条　夫妻有相互继承遗产的权利。

父母和子女有相互继承遗产的权利。

第三十九条　离婚时，夫妻的共同财产由双方协议处理；协议不成时，由人民法院根据财产的具体情况，照顾子女和女方权益的原则判决。

夫或妻在家庭土地承包经营中享有的权益等，应当依法予以保护。

第四十条　夫妻书面约定婚姻关系存续期间所得的财产归各自所有，一方因抚育子女、照料老人、协助另一方工作等付出较多义务的，离婚时有权向另一方请求补偿，另一方应当予以补偿。

第四十一条　离婚时，原为夫妻共同生活所负的债务，应当共同偿还。共同财产不足清偿的，或财产归各自所有的，由双方协议清偿；协议不成时，由人民法院判决。

第四十二条　离婚时，如一方生活困难，另一方应从其住房等个人财产中给予适当帮助。具体办法由双方协议；协议不成时，由人民法院判决。

第四十七条　离婚时，一方隐藏、转移、变卖、毁损夫妻共同财产，或伪造债务企图侵占另一方财产的，分割夫妻共同财产时，对隐藏、转移、变卖、毁损夫妻共同财产或伪造债务的一方，可以少分或不分。离婚后，另一方发现有上述行为的，可以向人民法院提起诉讼，请求再次分割夫妻共同财产。

人民法院对前款规定的妨害民事诉讼的行为，依照民事诉讼法的规定予以制裁。

六、《最高人民法院关于适用〈中华人民共和国婚姻法〉若干问题的解释（三）》

（2011年7月4日最高人民法院审判委员会第1525次会议通过，法释〔2001〕18号）

第四条　婚姻关系存续期间，夫妻一方请求分割共同财产的，人民法院不予支持，但有下列重大理由且不损害债权人利益的除外：

（一）一方有隐藏、转移、变卖、毁损、挥霍夫妻共同财产或者伪造夫妻共同债务等严重损害夫妻共同财产利益行为的；

（二）一方负有法定扶养义务的人患重大疾病需要医治，另一方不同意支付相关医疗费用的。

第五条　夫妻一方个人财产在婚后产生的收益，除孳息和自然增值外，应认定为夫妻共同财产。

第六条　婚前或者婚姻关系存续期间，当事人约定将一方所有的房产赠与另一方，赠与方在赠与房产变更登记之前撤销赠与，另一方请求判令继续履行的，人民法院可以按照合同法第一百八十六条的规定处理。

第七条　婚后由一方父母出资为子女购买的不动产，产权登记在出资人子女名下的，可按照婚姻法第十八条第（三）项的规定，视为只对自己子女一方的赠与，该不动产应认定为夫妻一方的个人财产。

由双方父母出资购买的不动产，产权登记在一方子女名下的，该不动产可认定为双方按照各自父母的出资份额按份共有，但当事人另有约定的除外。

第十条　夫妻一方婚前签订不动产买卖合同，以个人财产支付首付款并在银行贷款，婚后用夫妻共同财产还贷，不动产登记于首付款支付方名下的，离婚时该不动产由双方协议处理。

依前款规定不能达成协议的，人民法院可以判决该不动产归产权登记一方，尚未归还的贷款为产权登记一方的个人债务。双方婚后共同还贷支付的款项及其相对应财产增值部分，离婚时应根据婚姻法第三十九条第一款规定的原则，由产权登记一方对另一方进行补偿。

第十一条　一方未经另一方同意出售夫妻共同共有的房屋，第三人善意购买、支付合理对价并办理产权登记手续，另一方主张追回该房屋的，人民法院不予支持。

夫妻一方擅自处分共同共有的房屋造成另一方损失，离婚时另一方请求赔偿损失的，人民法院应予支持。

第十二条　婚姻关系存续期间，双方用夫妻共同财产出资购买以一方父母名义参加房改的房屋，产权登记在一方父母名下，离婚时另一方主张按照夫妻共同财产对该房屋进行分割的，人民法院不予支持。购买该房屋时的出资，可以作为债权处理。

第十三条　离婚时夫妻一方尚未退休、不符合领取养老保险金条件，另一方请求按照夫妻共同财产分割养老保险金的，人民法院不予支持；婚后以夫妻共同财产缴付养老保险费，离婚时一方主张将养老金账户中婚姻关系存续期间个人实际缴付部分作为夫妻共同财产分割的，人民法院应予支持。

第十四条　当事人达成的以登记离婚或者到人民法院协议离婚为条件的财产分割协议，如果双方协议离婚未成，一方在离婚诉讼中反悔的，人民法院应当认定该财产分割协议没有生效，并根据实际情况依法对夫妻共同财产进行分割。

第十五条　婚姻关系存续期间，夫妻一方作为继承人依法可以继承的遗产，在继承人之间尚未实际分割，起诉离婚时另一方请求分割的，人民法院应当告知当事人在继承人之间实际分割遗产后另行起诉。

第十六条　夫妻之间订立借款协议，以夫妻共同财产出借给一方从事个人经营活动或用于其他个人事务的，应视为双方约定处分夫妻共同财产的行为，离婚时可按照借款协议的约定处理。

第十七条　夫妻双方均有婚姻法第四十六条规定的过错情形，一方或者双方向对方提出离婚损害赔偿请求的，人民法院不予支持。

第十八条　离婚后，一方以尚有夫妻共同财产未处理为由向人民法院起诉请求分割的，经审查该财产确属离婚时未涉及的夫妻共同财产，人民法院应当依法予以分割。

第十九条　本解释施行后，最高人民法院此前做出的相关司法解释与本解释相抵触的，以本解释为准。

七、《最高人民法院印发〈关于人民法院审理离婚案件处理财产分割问题的若干具体意见〉的通知》

（法发〔1993〕32号，1993年11月3日发布）

人民法院审理离婚案件对夫妻共同财产的处理，应当依照《中华人民共和国婚姻法》《中华人民共和国妇女权益保障法》及有关法律规定，分清个人财产、夫妻共同财产和家庭共同财产，坚持男女平等，保护妇女、儿童的合法权益，照顾无过错方，尊重当事人意愿，有利生产、方便生活的原则，合情合理地予以解决。根据上述原则，结合审判实践，提出如下具体意见：

1. 夫妻双方对财产归谁所有以书面形式约定的，或以口头形式约定，双方无争议的，离婚时应按约定处理。但规避法律的约定无效。

2. 夫妻双方在婚姻关系存续期间所得的财产，为夫妻共同财产，包括：

（1）一方或双方劳动所得的收入和购置的财产；

（2）一方或双方继承、受赠的财产；

（3）一方或双方由知识产权取得的经济利益；

（4）一方或双方从事承包、租赁等生产、经营活动的收益；

（5）一方或双方取得的债权；

（6）一方或双方的其他合法所得。

3. 在婚姻关系存续期间，复员、转业军人所得的复员费、转业费，结婚时间10年以上的，应按夫妻共同财产进行分割。复员军人从部队带回的医药补助费和回乡生产补助费，应归本人所有。

4. 夫妻分居两地分别管理、使用的婚后所得财产，应认定为夫妻共同财产。在分割财产时，各自分别管理、使用的财产归各自所有。双方所分财产相差悬殊的，差额部分，由多得财产的一方以与差额相当的财产抵偿另一方。

5. 已登记结婚，尚未共同生活，一方或双方受赠的礼金、礼物应认定为夫妻共同财产，具体处理时应考虑财产来源、数量等情况合理分割。各自出资购置、各自使用的财物，原则上归各自所有。

6. 一方婚前个人所有的财产，婚后由双方共同使用、经营、管理的，房屋和其他价值较大的生产资料经过8年，贵重的生活资料经过4年，可视为夫妻共同财产。

7. 对个人财产还是夫妻共同财产难以确定的，主张权利的一方有责任举证。当事人举不出有力证据，人民法院又无法查实的，按夫妻共同财产处理。

8. 夫妻共同财产，原则上均等分割。根据生产、生活的实际需要和财产的来源等情况，具体处理时也可以有所差别。属于个人专用的物品，一般归个人所有。

9. 一方以夫妻共同财产与他人合伙经营的，入伙的财产可分给一方所有，分得入伙财产的一方对另一方应给予相当于入伙财产一半价值的补偿。

10. 属于夫妻共同财产的生产资料，可分给有经营条件和能力的一方。分得该生产资料的一方对另一方应给予相当于该财产一半价值的补偿。

11. 对夫妻共同经营的当年无收益的养殖、种植业等，离婚时应从有利于发展生产、有利于经营管理考虑，予以合理分割或折价处理。

12. 婚后8年内双方对婚前一方所有的房屋进行过修缮、装修、原拆原建，离婚时未变更产权的，房屋仍归产权人所有，增值部分中属于另一方应得的份额，由房屋所有权人折价补偿另一方；进行过扩建的，扩建部分的房屋应按夫妻共同财产处理。

13. 对不宜分割使用的夫妻共有的房屋，应根据双方住房情况和照顾抚养子女方或无过错方等原则分给一方所有。分得房屋的一方对另一方应给予相当于该房屋一半价值的补偿。在双方条件等同的情况下，应照顾女方。

14. 婚姻存续期间居住的房屋属于一方所有，另一方以离婚后无房居住为由，要求暂住的，经查实可据情予以支持，但一般不超过两年。无房一方租房居住经济上确有困难的，享有房屋产权的一方可给予一次性经济帮助。

15. 离婚时一方尚未取得经济利益的知识产权，归一方所有。在分割夫妻共同财产时，可根据具体情况，对另一方予以适当的照顾。

16. 婚前个人财产在婚后共同生活中自然毁损、消耗、灭失，离婚时一方要求以夫妻共同财产抵偿的，不予支持。

17. 夫妻为共同生活或为履行抚养、赡养义务等所负债务，应认定为夫妻共同债务，离婚时应当以夫妻共同财产清偿。下列债务不能认定为夫妻共同债务，应由一方以个人财产清偿：

（1）夫妻双方约定由个人负担的债务，但以逃避债务为目的的除外。

（2）一方未经对方同意，擅自资助与其没有抚养义务的亲朋所负的债务。

（3）一方未经对方同意，独自筹资从事经营活动，其收入确未用于共同生活所负的债务。

（4）其他应由个人承担的债务。

18. 婚前一方借款购置的房屋等财物已转化为夫妻共同财产的，为购置财物借款所负债务，视为夫妻共同债务。

19. 借婚姻关系索取的财物，离婚时，如结婚时间不长，或者因索要财物造成对方生活困难的，可酌情返还。对取得财物的性质是索取还是赠与难以认定的，可按赠与处理。

20. 离婚时夫妻共同财产未从家庭共同财产中析出，一方要求析产的，可先就离婚和已查清的财产问题进行处理，对一时确实难以查清的财产的分割问题可告知当事人另案处理；或者中止离婚诉讼，待析产案件审结后再恢复离婚诉讼。

21. 一方将夫妻共同财产非法隐藏、转移拒不交出的，或非法变卖、毁损的，分割财产时，对隐藏、转移、变卖、毁损财产的一方，应予以少分或不分。具体处理时，应把隐藏、转移、变卖、毁损的财产作为隐藏、转移、变卖、毁损财产的一方分得的财产份额，对另一方的应得的份额应以其他夫妻共同财产折抵，不足折抵的，差额部分由隐藏、转移、变卖、毁损财产的一方折价补偿对方。对非法隐藏、转移、变卖、毁损夫妻共同财产的一方，人民法院可依照《中华人民共和国民事诉讼法》第一百零二条的规定进行处理。

22. 属于事实婚姻的，其财产分割适用本意见。属于非法同居的，其财产分割按最高人民法院《关于人民法院审理未办结婚登记而以夫妻名义同居生活案件的若干意见》的有关规定处理。

八、《中华人民共和国继承法》

（1985年4月10日第六届全国人民代表大会第三次会议通过，1985年4月10日中华人民共和国主席令第二十四号公布，自1985年10月1日起施行）（以下同）

第一章　总则

第一条　根据《中华人民共和国宪法》规定，为保护公民的私有财产的继承权，制定本法。

第二条　继承从被继承人死亡时开始。

第三条　遗产是公民死亡时遗留的个人合法财产，包括：

（一）公民的收入；

（二）公民的房屋、储蓄和生活用品；

（三）公民的林木、牲畜和家禽；

（四）公民的文物、图书资料；

（五）法律允许公民所有的生产资料；

（六）公民的著作权、专利权中的财产权利；

（七）公民的其他合法财产。

第四条　个人承包应得的个人收益，依照本法规定继承。个人承包，依照法律允许由继承人继续承包的，按照承包合同办理。

第五条　继承开始后，按照法定继承办理；有遗嘱的，按照遗嘱继承或者遗赠办理；有遗赠扶养协议的，按照协议办理。

第十条　遗产按照下列顺序继承：

第一顺序：配偶、子女、父母。

第二顺序：兄弟姐妹、祖父母、外祖父母。

继承开始后，由第一顺序继承人继承，第二顺序继承人不继承。没有第一顺序继承人继承的，由第二顺序继承人继承。

本法所说的子女，包括婚生子女、非婚生子女、养子女和有扶养关系的继子女。

本法所说的父母，包括生父母、养父母和有扶养关系的继父母。

本法所说的兄弟姐妹，包括同父母的兄弟姐妹、同父异母或者同母异父的兄弟姐妹、养兄弟姐妹、有扶养关系的继兄弟姐妹。

第十一条　被继承人的子女先于被继承人死亡的，由被继承人的子女的晚辈直系血亲代位继承。代位继承人一般只能继承他的父亲或者母亲有权继承的遗产份额。

第十二条　丧偶儿媳对公、婆，丧偶女婿对岳父、岳母，尽了主要赡养义务的，作为第一顺序继承人。

第十三条　同一顺序继承人继承遗产的份额，一般应当均等。

对生活有特殊困难的缺乏劳动能力的继承人，分配遗产时，应当予以照顾。

对被继承人尽了主要扶养义务或者与被继承人共同生活的继承人，分配遗产时，可以多分。

有扶养能力和有扶养条件的继承人，不尽扶养义务的，分配遗产时，应当不分或者少分。

继承人协商同意的，也可以不均等。

第十四条　对继承人以外的依靠被继承人扶养的缺乏劳动能力又没有生活来源的人，或者继承人以外的对被继承人扶养较多的人，可以分给他们适当的遗产。

第十五条　继承人应当本着互谅互让、和睦团结的精神，协商处理继承问题。遗产分割的时间、办法和份额，由继承人协商确定。协商不成的，可以由人民调解委员会调解或者向人民法院提起诉讼。

第三章　遗嘱继承和遗赠

第十六条　公民可以依照本法规定立遗嘱处分个人财产，并可以指定遗嘱执行人。

公民可以立遗嘱将个人财产指定由法定继承人的一人或者数人继承。

公民可以立遗嘱将个人财产赠给国家、集体或者法定继承人以外的人。

第十七条　公证遗嘱由遗嘱人经公证机关办理。

自书遗嘱由遗嘱人亲笔书写，签名，注明年、月、日。

代书遗嘱应当有两个以上见证人在场见证，由其中一人代书，注明年、月、日，并由代书人、其他见证人和遗嘱人签名。

以录音形式立的遗嘱，应当有两个以上见证人在场见证。

遗嘱人在危急情况下，可以立口头遗嘱。口头遗嘱应当有两个以上见证人在场见证。危急情况解除后，遗嘱人能够用书面或者录音形式立遗嘱的，所立的口头遗嘱无效。

第十八条 下列人员不能作为遗嘱见证人：

（一）无行为能力人、限制行为能力人；

（二）继承人、受遗赠人；

（三）与继承人、受遗赠人有利害关系的人。

第十九条 遗嘱应当对缺乏劳动能力又没有生活来源的继承人保留必要的遗产份额。

第二十条 遗嘱人可以撤销、变更自己所立的遗嘱。

立有数份遗嘱，内容相抵触的，以最后的遗嘱为准。

自书、代书、录音、口头遗嘱，不得撤销、变更公证遗嘱。

第二十一条 遗嘱继承或者遗赠附有义务的，继承人或者受遗赠人应当履行义务。没有正当理由不履行义务的，经有关单位或者个人请求，人民法院可以取消他接受遗产的权利。

第二十二条 无行为能力人或者限制行为能力人所立的遗嘱无效。

遗嘱必须表示遗嘱人的真实意思，受胁迫、欺骗所立的遗嘱无效。

伪造的遗嘱无效。

遗嘱被篡改的，篡改的内容无效。

第四章 遗产的处理

第二十三条 继承开始后，知道被继承人死亡的继承人应当及时通知其他继承人和遗嘱执行人。继承人中无人知道被继承人死亡或者知道被继承人死亡而不能通知的，由被继承人生前所在单位或者住所地的居民委员会、村民委员会负责通知。

第二十四条 存有遗产的人，应当妥善保管遗产，任何人不得侵吞或者争抢。

第二十五条 继承开始后，继承人放弃继承的，应当在遗产处理前，做出放弃继承的表示。没有表示的，视为接受继承。

受遗赠人应当在知道受遗赠后两个月内，做出接受或者放弃受遗赠的表示。到期没有表示的，视为放弃受遗赠。

第二十六条 夫妻在婚姻关系存续期间所得的共同所有的财产，除有约定的以外，如果分割遗产，应当先将共同所有的财产的一半分出为配偶所有，其余的为被继承人的遗产。

遗产在家庭共有财产之中的，遗产分割时，应当先分出他人的财产。

第二十七条　有下列情形之一的，遗产中的有关部分按照法定继承办理：

（一）遗嘱继承人放弃继承或者受遗赠人放弃受遗赠的；

（二）遗嘱继承人丧失继承权的；

（三）遗嘱继承人、受遗赠人先于遗嘱人死亡的；

（四）遗嘱无效部分所涉及的遗产；

（五）遗嘱未处分的遗产。

第二十八条　遗产分割时，应当保留胎儿的继承份额。胎儿出生时是死体的，保留的份额按照法定继承办理。

第二十九条　遗产分割应当有利于生产和生活需要，不损害遗产的效用。

不宜分割的遗产，可以采取折价、适当补偿或者共有等方法处理。

第三十条　夫妻一方死亡后另一方再婚的，有权处分所继承的财产，任何人不得干涉。

第三十一条　公民可以与扶养人签订遗赠扶养协议。按照协议，扶养人承担该公民生养死葬的义务，享有受遗赠的权利。

公民可以与集体所有制组织签订遗赠扶养协议。按照协议，集体所有制组织承担该公民生养死葬的义务，享有受遗赠的权利。

第三十二条　无人继承又无人受遗赠的遗产，归国家所有；死者生前是集体所有制组织成员的，归所在集体所有制组织所有。

第三十三条　继承遗产应当清偿被继承人依法应当缴纳的税款和债务，缴纳税款和清偿债务以他的遗产实际价值为限。超过遗产实际价值部分，继承人自愿偿还的不在此限。

继承人放弃继承的，对被继承人依法应当缴纳的税款和债务可以不负偿还责任。

第三十四条　执行遗赠不得妨碍清偿遗赠人依法应当缴纳的税款和债务。

第五章　附则

第三十五条　民族自治地方的人民代表大会可以根据本法的原则，结合当地民族财产继承的具体情况，制定变通的或者补充的规定。自治区的规定，报全国人民代表大会常务委员会备案。自治州、自治县的规定，报省或者自治区的人民代表大会常务委员会批准后生效，并报全国人民代表大会常务委员会备案。

第三十六条　中国公民继承在中华人民共和国境外的遗产或者继承在中华人民共和国境内的外国人的遗产，动产适用被继承人住所地法律，不动产适用不动产所在地法律。

外国人继承在中华人民共和国境内的遗产或者继承在中华人民共和国境外的中国公民的遗产，动产适用被继承人住所地法律，不动产适用不动产所在地法律。

中华人民共和国与外国订有条约、协定的，按照条约、协定办理。

九、《最高人民法院关于贯彻执行〈中华人民共和国继承法〉若干问题的意见》

（1985年9月11日公布，法（民）发〔1985〕22号）（以下同）

第六届全国人民代表大会第三次会议通过的《中华人民共和国继承法》，是我国公民处理继承问题的准则，是人民法院正确、及时审理继承案件的依据。人民法院贯彻执行继承法，要根据社会主义的法制原则，坚持继承权男女平等，贯彻互相扶助和权利义务相一致的精神，依法保护公民的私有财产的继承权。

为了正确贯彻执行继承法，我们根据继承法的有关规定和审判实践经验，对审理继承案件中具体适用继承法的一些问题，提出以下意见，供各级人民法院在审理继承案件时试行。

一、关于总则部分

1. 继承从被继承人生理死亡或被宣告死亡时开始。

失踪人被宣告死亡的，以法院判决中确定的失踪人的死亡日期，为继承开始的时间。

2. 相互有继承关系的几个人在同一事件中死亡，如不能确定死亡先后时间的，推定没有继承人的人先死亡。死亡人各自都有继承人的，如几个死亡人辈分不同，推定长辈先死亡；几个死亡人辈分相同，推定同时死亡，彼此不发生继承，由他们各自的继承人分别继承。

3. 公民可继承的其他合法财产包括有价证券和履行标的为财物的债权等。

4. 承包人死亡时尚未取得承包收益的，可把死者生前对承包所投入的资金和所付出的劳动及其增值和孳息，由发包单位或者接续承包合同的人合理折价、补偿，其价额作为遗产。

5. 被继承人生前与他人订有遗赠扶养协议，同时又立有遗嘱的，继承开始后，如果遗赠扶养协议与遗嘱没有抵触，遗产分别按协议和遗嘱处理；如果有抵触，按协议处理，与协议抵触的遗嘱全部或部分无效。

6. 遗嘱继承人依遗嘱取得遗产后，仍有权依继承法第十三条的规定取得遗嘱未处分的遗产。

7. 不满六周岁的儿童、精神病患者，可以认定其为无行为能力人。已满六周岁，不满十八周岁的未成年人，应当认定其为限制行为能力人。

8. 法定代理人代理被代理人行使继承权、受遗赠权，不得损害被代理人的利益。法定代理人一般不能代理被代理人放弃继承权、受遗赠权。明显损害被代理人利益的，应认定其代理行为无效。

9. 在遗产继承中，继承人之间因是否丧失继承权发生纠纷，诉讼到人民法院的，由人民法院根据继承法第七条的规定，判决确认其是否丧失继承权。

10. 继承人虐待被继承人情节是否严重，可以从实施虐待行为的时间、手段、后果和社会影响等方面认定。虐待被继承人情节严重的，不论是否追究刑事责任，均可确认其丧失继承权。

11. 继承人故意杀害被继承人的，不论是既遂还是未遂，均应确认其丧失继承权。

12. 继承人有继承法第七条第（一）项或第（二）项所列之行为，而被继承人以遗嘱将遗产指定由该继承人继承的，可确认遗嘱无效，并按继承法第七条的规定处理。

13. 继承人虐待被继承人情节严重的，或者遗弃被继承人的，如以后确有悔改表现，而且被虐待人、被遗弃人生前又表示宽恕，可不确认其丧失继承权。

14. 继承人伪造、篡改或者销毁遗嘱，侵害了缺乏劳动能力又无生活来源的继承人的利益，并造成其生活困难的，应认定其行为情节严重。

15. 在诉讼时效期间内，因不可抗拒的事由致继承人无法主张继承权利的，人民法院可按中止诉讼时效处理。

16. 继承人在知道自己的权利受到侵犯之日起的二年之内，其遗产继承权纠纷确在人民调解委员会进行调解期间，可按中止诉讼时效处理。

17. 继承人因遗产继承纠纷向人民法院提起诉讼，诉讼时效即为中断。

18. 自继承开始之日起的第 18 年后至第 20 年期间内，继承人才知道自己的权利被侵犯的，其提起诉讼的权利，应当在继承开始之日起的 20 年之内行使，超过20年的，不得再行提起诉讼。

二、关于法定继承部分

19. 被收养人对养父母尽了赡养义务，同时又对生父母扶养较多的，除可依继承法第十条的规定继承养父母的遗产外，还可依继承法第十四条的规定分得生父母的适当的遗产。

20. 在旧社会形成的一夫多妻家庭中，子女与生母以外的父亲的其他配偶之间形成扶养关系的，互有继承权。

21. 继子女继承了继父母遗产的，不影响其继承生父母的遗产。继父母继承了继子女遗产的，不影响其继承生子女的遗产。

22. 收养他人为养孙子女，视为养父母与养子女的关系的，可互为第一顺序继承人。

23. 养子女与生子女之间、养子女与养子女之间，系养兄弟姐妹，可互为第二顺序继承人。被收养人与其亲兄弟姐妹之间的权利义务关系，因收养关系的成立而消除，不能互为第二顺序继承人。

24. 继兄弟姐妹之间的继承权，因继兄弟姐妹之间的扶养关系而发生。没有扶养关系的，不能互为第二顺序继承人。继兄弟姐妹之间相互继承了遗产的，不影响其继承亲兄弟姐妹的遗产。

25. 被继承人的孙子女、外孙子女、曾孙子女、外曾孙子女都可以代位继承，代位继承人不受辈数的限制。

26. 被继承人的养子女、已形成扶养关系的继子女的生子女可代位继承；被继承人亲生子女的养子女可代位继承；被继承人养子女的养子女可代位继承；与被继承人已形成扶养关系的继子女的养子女也可以代位继承。

27. 代位继承人缺乏劳动能力又没有生活来源，或者对被继承人尽过主要赡养义务的，分配遗产时，可以多分。

28. 继承人丧失继承权的，其晚辈直系血亲不得代位继承。如该代位继承人缺乏劳动能力又没有生活来源，或对被继承人尽赡养义务较多的，可适当分给遗产。

29. 丧偶儿媳对公婆、丧偶女婿对岳父、岳母，无论其是否再婚，依继承法第十二条规定作为第一顺序继承人时，不影响其子女代位继承。

30. 对被继承人生活提供了主要经济来源，或在劳务等方面给予了主要扶助的，应当认定其尽了主要赡养义务或主要扶养义务。

31. 依继承法第十四条规定可以分给适当遗产的人，分给他们遗产时，按具体情况可多于或少于继承人。

32. 依继承法第十四条规定可以分给适当遗产的人，在其依法取得被继承人遗产的权利受到侵犯时，本人有权以独立的诉讼主体的资格向人民法院提起诉讼。但在遗产分割时，明知而未提出请求的，一般不予受理；不知而未提出请求，在二年以内起诉的，应予受理。

33. 继承人有扶养能力和扶养条件，愿意尽扶养义务，但被继承人因有固定收入和劳动能力，明确表示不要求扶养的，分配遗产时，一般不应因此而影响其继承份额。

34. 有扶养能力和扶养条件的继承人虽然与被继承人共同生活，但对需要抚养的被继承人不尽扶养义务，分配遗产时，可以少分或者不分。

……

三、关于遗产的处理部分

44. 人民法院在审理继承案件时，如果知道有继承人而无法通知的，分割遗产时，要保留其应继承的遗产，并确定该遗产的保管人或保管单位。

45. 应当为胎儿保留的遗产份额没有保留的应从继承人所继承的遗产中扣回。

为胎儿保留的遗产份额，如胎儿出生后死亡的，由其继承人继承；如胎儿出生时就是死体的，由被继承人的继承人继承。

46. 继承人因放弃继承权，致其不能履行法定义务的，放弃继承权的行为无效。

47. 继承人放弃继承应当以书面形式向其他继承人表示。用口头方式表示放弃继承，本人承认，或有其他充分证据证明的，也应当认定其有效。

48. 在诉讼中，继承人向人民法院以口头方式表示放弃继承的，要制作笔录，由放弃继承的人签名。

49. 继承人放弃继承的意思表示，应当在继承开始后、遗产分割前做出。遗产分割后表示放弃的不再是继承权，而是所有权。

50. 遗产处理前或在诉讼进行中，继承人对放弃继承翻悔的，由人民法院根据其提出的具体理由，决定是否承认。遗产处理后，继承人对放弃继承翻悔的，不予承认。

51. 放弃继承的效力，追溯到继承开始的时间。

52. 继承开始后，继承人没有表示放弃继承，并于遗产分割前死亡的，其继承遗产的权利转移给他的合法继承人。

53. 继承开始后，受遗赠人表示接受遗赠，并于遗产分割前死亡的，其接受遗赠的权利转移给他的继承人。

54. 由国家或集体组织供给生活费用的烈属和享受社会救济的城市居民，其遗产仍应准许合法继承人继承。

55. 集体组织对“五保户”实行“五保”时，双方有扶养协议的，按协议处理；没有扶养协议，死者有遗嘱继承人或法定继承人要求继承的，按遗嘱继承或法定继承处理，但集体组织有权要求扣回“五保”费用。

56. 扶养人或集体组织与公民订有遗赠扶养协议，扶养人或集体组织无正当理由不履行，致协议解除的，不能享有受遗赠的权利，其支付的供养费用一般不予补偿；遗赠人无正当理由不履行，致协议解除的，则应偿还扶养人或集体组织已支付的供养费用。

57. 遗产因无人继承收归国家或集体组织所有时，按继承法第十四条规定可以分给遗产的人提出取得遗产的要求，人民法院应视情况适当分给遗产。

58. 人民法院在分割遗产中的房屋、生产资料和特定职业所需要的财产时，应依据有利于发挥其使用效益和继承人的实际需要，兼顾各继承人的利益进行处理。

59. 人民法院对故意隐匿、侵吞或争抢遗产的继承人，可以酌情减少其应继承的遗产。

60. 继承诉讼开始后，如继承人、受遗赠人中有既不愿参加诉讼，又不表示放弃实体权利的，应追加为共同原告；已明确表示放弃继承的，不再列为当事人。

61. 继承人中有缺乏劳动能力又没有生活来源的人，即使遗产不足清偿债务，也应为其保留适当遗产，然后再按继承法第三十三条和民事诉讼法第一百八十条的规定清偿债务。

62. 遗产已被分割而未清偿债务时，如有法定继承又有遗嘱继承和遗赠的，首先由法定继承人用其所得遗产清偿债务；不足清偿时，剩余的债务由遗嘱继承人和受遗赠人按比例用所得遗产偿还；如果只有遗嘱继承和遗赠的，由遗嘱继承人和受遗赠人按比例用所得遗产偿还。

四、关于附则部分

63. 涉外继承，遗产为动产的，适用被继承人住所地法律，即适用被继承人生前最后住所地国家的法律。

64. 继承法施行前，人民法院已经审结的继承案件，继承法施行后，按审判监督程序提起再审的，适用审结时的有关政策、法律。人民法院对继承法生效前已经受理、生效时尚未审结的继承案件，适用继承法，但不得再以超过诉讼时效为由驳回起诉。

第二编　老年人安全需求法律保障

安全需求，是基本生理需求的延伸。根据马斯洛的需求理论，人在生理需求获得适当满足之后，就会产生保护自己的肉体和精神，使之不受威胁、免于伤害以及保证安全的欲求。这包括生命和财产的安全不受侵害、人格和名誉权有保障、生活条件安全稳定等方面的需求。当法律肯定了老年人的基本需求之后，如何满足老年人对安全感的渴求成为下一个重要的问题。以下部分，笔者将从人身安全需求、财产安全需求和消费安全需求几个方面入手，围绕与老年人相关的法律法规等进行汇编。

第一章　人身安全

一、《中华人民共和国老年人权益保障法》

第二十五条　禁止对老年人实施家庭暴力。

第七十五条　干涉老年人婚姻自由，对老年人负有赡养义务、扶养义务而拒绝赡养、扶养，虐待老年人或者对老年人实施家庭暴力的，由有关单位给予批评教育；构成违反治安管理行为的，依法给予治安管理处罚；构成犯罪的，依法追究刑事责任。

二、《中华人民共和国刑法》

（1979 年 7 月 1 日第五届全国人民代表大会第二次会议通过；1997 年 3 月 14 日第八届全国人民代表大会第五次会议修订）

（本刑法内容已经根据 1999 年 12 月 25 日中华人民共和国刑法修正案、2001 年 8 月 31 日中华人民共和国刑法修正案（二）、2001 年 12 月 29 日中华人民共和国刑法修正案（三）、2002 年 12 月 28 日中华人民共和国刑法修正案（四）、2005 年 2 月 28 日中华人民共和国刑法修正案（五）、2006 年 6 月 29 日中华人民共和国刑法修正案（六）、2009 年 2 月 28 日中华人民共和国刑法修正案（七）、2011 年 2 月 25 日中华人民共和国刑法修正案（八）修正）（以下同）

第九十八条　本法所称告诉才处理，是指被害人告诉才处理。如果被害人因受强制、威吓无法告诉的，人民检察院和被害人的近亲属也可以告诉。

第二百三十二条　故意杀人的，处死刑、无期徒刑或者十年以上有期徒刑；情节较轻的，处三年以上十年以下有期徒刑。

第二百三十三条　过失致人死亡的，处三年以上七年以下有期徒刑；情节较轻的，处三年以下有期徒刑。本法另有规定的，依照规定。

第二百三十四条　故意伤害他人身体的，处三年以下有期徒刑、拘役或者管制。

犯前款罪，致人重伤的，处三年以上十年以下有期徒刑；致人死亡或者以特别残忍手段致人重伤造成严重残疾的，处十年以上有期徒刑、无期徒刑或者死刑。本法另有规定的，依照规定。

组织他人出卖人体器官的，处五年以下有期徒刑，并处罚金；情节严重的，处五年以上有期徒刑，并处罚金或者没收财产。

未经本人同意摘取其器官，或者摘取不满十八周岁的人的器官，或者强迫、欺骗他人捐献器官的，依照本法第二百三十四条、第二百三十二条的规定定罪处罚。

违背本人生前意愿摘取其尸体器官，或者本人生前未表示同意，违反国家规定，违背其近亲属意愿摘取其尸体器官的，依照本法第三百零二条的规定定罪处罚。

第二百三十五条　过失伤害他人致人重伤的，处三年以下有期徒刑或者拘役。本法另有规定的，依照规定。

第二百三十八条　非法拘禁他人或者以其他方法非法剥夺他人人身自由的，处三年以下有期徒刑、拘役、管制或者剥夺政治权利。具有殴打、侮辱情节的，从重处罚。

犯前款罪，致人重伤的，处三年以上十年以下有期徒刑；致人死亡的，处十年以上有期徒刑。使用暴力致人伤残、死亡的，依照本法第二百三十四条、第二百三十二条的规定定罪处罚。

为索取债务非法扣押、拘禁他人的，依照前两款的规定处罚。

国家机关工作人员利用职权犯前三款罪的，依照前三款的规定从重处罚。

第二百五十七条　以暴力干涉他人婚姻自由的，处二年以下有期徒刑或者拘役。

犯前款罪，致使被害人死亡的，处二年以上七年以下有期徒刑。

第一款罪，告诉的才处理。

第二百五十八条　有配偶而重婚的，或者明知他人有配偶而与之结婚的，处二年以下有期徒刑或者拘役。

第二百五十九条　明知是现役军人的配偶而与之同居或者结婚的，处三年以下有期徒刑或者拘役。

利用职权、从属关系，以胁迫手段奸淫现役军人的妻子的，依照本法第二百三十六条的规定定罪处罚。

第二百六十条　虐待家庭成员，情节恶劣的，处二年以下有期徒刑、拘役或者管制。

犯前款罪，致使被害人重伤、死亡的，处二年以上七年以下有期徒刑。

第一款罪，告诉的才处理。

第二百六十一条　对于年老、年幼、患病或者其他没有独立生活能力的人，负有扶养义务而拒绝扶养，情节恶劣的，处五年以下有期徒刑、拘役或者管制。

第三百零二条　盗窃、侮辱尸体的，处三年以下有期徒刑、拘役或者管制。

三、《中华人民共和国刑事诉讼法》

（1979年7月1日第五届全国人民代表大会第二次会议通过；根据1996年3月17日第八届全国人民代表大会第四次会议《关于修改〈中华人民共和国刑事诉讼法〉的决定》第一次修正，根据2012年3月14日第十一届全国人民代表大会第五次会议《关于修改〈中华人民共和国刑事诉讼法〉的决定》第二次修正）

第二百零四条　自诉案件包括下列案件：

（一）告诉才处理的案件；

（二）被害人有证据证明的轻微刑事案件；

（三）被害人有证据证明对被告人侵犯自己人身、财产权利的行为应当依法追究刑事责任，而公安机关或者人民检察院不予追究被告人刑事责任的案件。

第二百零五条　人民法院对于自诉案件进行审查后，按照下列情形分别处理：

（一）犯罪事实清楚，有足够证据的案件，应当开庭审判；

（二）缺乏罪证的自诉案件，如果自诉人提不出补充证据，应当说服自诉人撤回自诉，或者裁定驳回。

自诉人经两次依法传唤，无正当理由拒不到庭的，或者未经法庭许可中途退庭的，按撤诉处理。

法庭审理过程中，审判人员对证据有疑问，需要调查核实的，适用本法第一百九十一条的规定。

第二百零六条　人民法院对自诉案件，可以进行调解；自诉人在宣告判决前，可以同被告人自行和解或者撤回自诉。本法第二百零四条第三项规定的案件不适用调解。

人民法院审理自诉案件的期限，被告人被羁押的，适用本法第二百零二条第一款、第二款的规定；未被羁押的，应当在受理后六个月以内宣判。

第二百零七条　自诉案件的被告人在诉讼过程中，可以对自诉人提起反诉。反诉适用自诉的规定。

四、《中华人民共和国婚姻法》

第四十三条　对正在实施的家庭暴力，受害人有权提出请求，居民委员会、村民委员会应当予以劝阻；公安机关应当予以制止。

实施家庭暴力或虐待家庭成员，受害人提出请求的，公安机关应当依照治安管理处罚的法律规定予以行政处罚。

第四十四条　对遗弃家庭成员，受害人有权提出请求，居民委员会、村民委员会以及所在单位应当予以劝阻、调解。

对遗弃家庭成员，受害人提出请求的，人民法院应当依法做出支付扶养费、抚养费、赡养费的判决。

第四十五条　对重婚的，对实施家庭暴力或虐待、遗弃家庭成员构成犯罪的，依法追究刑事责任。受害人可以依照刑事诉讼法的有关规定，向人民法院自诉；公安机关应当依法侦查，人民检察院应当依法提起公诉。

第四十六条　有下列情形之一，导致离婚的，无过错方有权请求损害赔偿：

（一）重婚的；

（二）有配偶者与他人同居的；

（三）实施家庭暴力的；

（四）虐待、遗弃家庭成员的。

五、《中华人民共和国治安管理处罚法》

（2005年8月28日第十届全国人民代表大会常务委员会第十七次会议通过，自2006年3月1日起施行）（以下同）

第四十五条　有下列行为之一的，处五日以下拘留或者警告：

（一）虐待家庭成员，被虐待人要求处理的；

（二）遗弃没有独立生活能力的被扶养人的。

六、《最高人民法院关于审理人身损害赔偿案件适用法律若干问题的解释》

（2003年12月4日最高人民法院审判委员会第1299次会议通过，自2004年5月1日起施行）

第一条　因生命、健康、身体遭受侵害，赔偿权利人起诉请求赔偿义务人赔偿财产损失和精神损害的，人民法院应予受理。

本条所称“赔偿权利人”，是指因侵权行为或者其他致害原因直接遭受人身损害的受害人、依法由受害人承担扶养义务的被扶养人以及死亡受害人的近亲属。

本条所称“赔偿义务人”，是指因自己或者他人的侵权行为以及其他致害原因依法应当承担民事责任的自然人、法人或者其他组织。

第二条　受害人对同一损害的发生或者扩大有故意、过失的，依照民法通则第一百三十一条的规定，可以减轻或者免除赔偿义务人的赔偿责任。但侵权人因故意或者重大过失致人损害，受害人只有一般过失的，不减轻赔偿义务人的赔偿责任。

适用民法通则第一百零六条第三款规定确定赔偿义务人的赔偿责任时，受害人有重大过失的，可以减轻赔偿义务人的赔偿责任。

第三条　二人以上共同故意或者共同过失致人损害，或者虽无共同故意、共同过失，但其侵害行为直接结合发生同一损害后果的，构成共同侵权，应当依照民法通则第一百三十条规定承担连带责任。

二人以上没有共同故意或者共同过失，但其分别实施的数个行为间接结合发生同一损害后果的，应当根据过失大小或者原因力比例各自承担相应的赔偿责任。

第四条　二人以上共同实施危及他人人身安全的行为并造成损害后果，不能确定实际侵害行为人的，应当依照民法通则第一百三十条规定承担连带责任。共同危险行为人能够证明损害后果不是由其行为造成的，不承担赔偿责任。

第五条　赔偿权利人起诉部分共同侵权人的，人民法院应当追加其他共同侵权人作为共同被告。赔偿权利人在诉讼中放弃对部分共同侵权人的诉讼请求的，其他共同侵权人对被放弃诉讼请求的被告应当承担的赔偿份额不承担连带责任。责任范围难以确定的，推定各共同侵权人承担同等责任。

人民法院应当将放弃诉讼请求的法律后果告知赔偿权利人，并将放弃诉讼请求的情况在法律文书中叙明。

第六条　从事住宿、餐饮、娱乐等经营活动或者其他社会活动的自然人、法人、其他组织，未尽合理限度范围内的安全保障义务致使他人遭受人身损害，赔偿权利人请求其承担相应赔偿责任的，人民法院应予支持。

因第三人侵权导致损害结果发生的，由实施侵权行为的第三人承担赔偿责任。安全保障义务人有过错的，应当在其能够防止或者制止损害的范围内承担相应的补充赔偿责任。安全保障义务人承担责任后，可以向第三人追偿。赔偿权利人起诉安全保障义务人的，应当将第三人作为共同被告，但第三人不能确定的除外。

第七条　对未成年人依法负有教育、管理、保护义务的学校、幼儿园或者其他教育机构，未尽职责范围内的相关义务致使未成年人遭受人身损害，或者未成年人致他人人身损害的，应当承担与其过错相应的赔偿责任。

第三人侵权致未成年人遭受人身损害的，应当承担赔偿责任。学校、幼儿园等教育机构有过错的，应当承担相应的补充赔偿责任。

第八条　法人或者其他组织的法定代表人、负责人以及工作人员，在执行职务中致人损害的，依照民法通则第一百二十一条的规定，由该法人或者其他组织承担民事责任。上述人员实施与职务无关的行为致人损害的，应当由行为人承担赔偿责任。

属于《国家赔偿法》赔偿事由的，依照《国家赔偿法》的规定处理。

第九条　雇员在从事雇佣活动中致人损害的，雇主应当承担赔偿责任；雇员因故意或者重大过失致人损害的，应当与雇主承担连带赔偿责任。雇主承担连带赔偿责任的，可以向雇员追偿。

前款所称“从事雇佣活动”，是指从事雇主授权或者指示范围内的生产经营活动或者其他劳务活动。雇员的行为超出授权范围，但其表现形式是履行职务或者与履行职务有内在联系的，应当认定为“从事雇佣活动”。

第十条　承揽人在完成工作过程中对第三人造成损害或者造成自身损害的，定作人不承担赔偿责任。但定作人对定作、指示或者选任有过失的，应当承担相应的赔偿责任。

第十一条　雇员在从事雇佣活动中遭受人身损害，雇主应当承担赔偿责任。雇佣关系以外的第三人造成雇员人身损害的，赔偿权利人可以请求第三人承担赔偿责任，也可以请求雇主承担赔偿责任。雇主承担赔偿责任后，可以向第三人追偿。

雇员在从事雇佣活动中因安全生产事故遭受人身损害，发包人、分包人知道或者应当知道接受发包或者分包业务的雇主没有相应资质或者安全生产条件的，应当与雇主承担连带赔偿责任。

属于《工伤保险条例》调整的劳动关系和工伤保险范围的，不适用本条规定。

第十二条　依法应当参加工伤保险统筹的用人单位的劳动者，因工伤事故遭受人身损害，劳动者或者其近亲属向人民法院起诉请求用人单位承担民事赔偿责任的，告知其按《工伤保险条例》的规定处理。

因用人单位以外的第三人侵权造成劳动者人身损害，赔偿权利人请求第三人承担民事赔偿责任的，人民法院应予支持。

第十三条　为他人无偿提供劳务的帮工人，在从事帮工活动中致人损害的，被帮工人应当承担赔偿责任。被帮工人明确拒绝帮工的，不承担赔偿责任。帮工人存在故意或者重大过失，赔偿权利人请求帮工人和被帮工人承担连带责任的，人民法院应予支持。

第十四条　帮工人因帮工活动遭受人身损害的，被帮工人应当承担赔偿责任。被帮工人明确拒绝帮工的，不承担赔偿责任；但可以在受益范围内予以适当补偿。

帮工人因第三人侵权遭受人身损害的，由第三人承担赔偿责任。第三人不能确定或者没有赔偿能力的，可以由被帮工人予以适当补偿。

第十五条　为维护国家、集体或者他人的合法权益而使自己受到人身损害，因没有侵权人、不能确定侵权人或者侵权人没有赔偿能力，赔偿权利人请求受益人在受益范围内予以适当补偿的，人民法院应予支持。

第十六条　下列情形，适用民法通则第一百二十六条的规定，由所有人或者管理人承担赔偿责任，但能够证明自己没有过错的除外：

（一）道路、桥梁、隧道等人工建造的构筑物因维护、管理瑕疵致人损害的；

（二）堆放物品滚落、滑落或者堆放物倒塌致人损害的；

（三）树木倾倒、折断或者果实坠落致人损害的。

前款第（一）项情形，因设计、施工缺陷造成损害的，由所有人、管理人与设计、施工者承担连带责任。

第十七条　受害人遭受人身损害，因就医治疗支出的各项费用以及因误工减少的收入，包括医疗费、误工费、护理费、交通费、住宿费、住院伙食补助费、必要的营养费，赔偿义务人应当予以赔偿。

受害人因伤致残的，其因增加生活上需要所支出的必要费用以及因丧失劳动能力导致的收入损失，包括残疾赔偿金、残疾辅助器具费、被扶养人生活费，以及因康复护理、继续治疗实际发生的必要的康复费、护理费、后续治疗费，赔偿义务人也应当予以赔偿。

受害人死亡的，赔偿义务人除应当根据抢救治疗情况赔偿本条第一款规定的相关费用外，还应当赔偿丧葬费、被扶养人生活费、死亡补偿费以及受害人亲属办理丧葬事宜支出的交通费、住宿费和误工损失等其他合理费用。

第十八条　受害人或者死者近亲属遭受精神损害，赔偿权利人向人民法院请求赔偿精神损害抚慰金的，适用《最高人民法院关于确定民事侵权精神损害赔偿责任若干问题的解释》予以确定。

精神损害抚慰金的请求权，不得让与或者继承。但赔偿义务人已经以书面方式承诺给予金钱赔偿，或者赔偿权利人已经向人民法院起诉的除外。

第十九条　医疗费根据医疗机构出具的医药费、住院费等收款凭证，结合病历和诊断证明等相关证据确定。赔偿义务人对治疗的必要性和合理性有异议的，应当承担相应的举证责任。

医疗费的赔偿数额，按照一审法庭辩论终结前实际发生的数额确定。器官功能恢复训练所必要的康复费、适当的整容费以及其他后续治疗费，赔偿权利人可以待实际发生后另行起诉。但根据医疗证明或者鉴定结论确定必然发生的费用，可以与已经发生的医疗费一并予以赔偿。

第二十条　误工费根据受害人的误工时间和收入状况确定。

误工时间根据受害人接受治疗的医疗机构出具的证明确定。受害人因伤致残持续误工的，误工时间可以计算至定残日前一天。

受害人有固定收入的，误工费按照实际减少的收入计算。受害人无固定收入的，按照其最近三年的平均收入计算；受害人不能举证证明其最近三年的平均收入状况的，可以参照受诉法院所在地相同或者相近行业上一年度职工的平均工资计算。

第二十一条　护理费根据护理人员的收入状况和护理人数、护理期限确定。

护理人员有收入的，参照误工费的规定计算；护理人员没有收入或者雇佣护工的，参照当地护工从事同等级别护理的劳务报酬标准计算。护理人员原则上为一人，但医疗机构或者鉴定机构有明确意见的，可以参照确定护理人员人数。

护理期限应计算至受害人恢复生活自理能力时止。受害人因残疾不能恢复生活自理能力的，可以根据其年龄、健康状况等因素确定合理的护理期限，但最长不超过二十年。

受害人定残后的护理，应当根据其护理依赖程度并结合配制残疾辅助器具的情况确定护理级别。

第二十二条　交通费根据受害人及其必要的陪护人员因就医或者转院治疗实际发生的费用计算。交通费应当以正式票据为凭；有关凭据应当与就医地点、时间、人数、次数相符合。

第二十三条　住院伙食补助费可以参照当地国家机关一般工作人员的出差伙食补助标准予以确定。

受害人确有必要到外地治疗，因客观原因不能住院，受害人本人及其陪护人员实际发生的住宿费和伙食费，其合理部分应予赔偿。

第二十四条　营养费根据受害人伤残情况参照医疗机构的意见确定。

第二十五条　残疾赔偿金根据受害人丧失劳动能力程度或者伤残等级，按照受诉法院所在地上一年度城镇居民人均可支配收入或者农村居民人均纯收入标准，自定残之日起按二十年计算。但六十周岁以上的，年龄每增加一岁减少一年；七十五周岁以上的，按五年计算。

受害人因伤致残但实际收入没有减少，或者伤残等级较轻但造成职业妨害严重影响其劳动就业的，可以对残疾赔偿金作相应调整。

第二十六条　残疾辅助器具费按照普通适用器具的合理费用标准计算。伤情有特殊需要的，可以参照辅助器具配制机构的意见确定相应的合理费用标准。

辅助器具的更换周期和赔偿期限参照配制机构的意见确定。

第二十七条　丧葬费按照受诉法院所在地上一年度职工月平均工资标准，以六个月总额计算。

第二十八条　被扶养人生活费根据扶养人丧失劳动能力程度，按照受诉法院所在地上一年度城镇居民人均消费性支出和农村居民人均年生活消费支出标准计算。被扶养人为未成年人的，计算至十八周岁；被扶养人无劳动能力又无其他生活来源的，计算二十年。但六十周岁以上的，年龄每增加一岁减少一年；七十五周岁以上的，按五年计算。

被扶养人是指受害人依法应当承担扶养义务的未成年人或者丧失劳动能力又无其他生活来源的成年近亲属。被扶养人还有其他扶养人的，赔偿义务人只赔偿受害人依法应当负担的部分。被扶养人有数人的，年赔偿总额累计不超过上一年度城镇居民人均消费性支出额或者农村居民人均年生活消费支出额。

第二十九条　死亡赔偿金按照受诉法院所在地上一年度城镇居民人均可支配收入或者农村居民人均纯收入标准，按二十年计算。但六十周岁以上的，年龄每增加一岁减少一年；七十五周岁以上的，按五年计算。

第三十条　赔偿权利人举证证明其住所地或者经常居住地城镇居民人均

可支配收入或者农村居民人均纯收入高于受诉法院所在地标准的，残疾赔偿金或者死亡赔偿金可以按照其住所地或者经常居住地的相关标准计算。

被扶养人生活费的相关计算标准，依照前款原则确定。

第三十一条　人民法院应当按照民法通则第一百三十一条以及本解释第二条的规定，确定第十九条至第二十九条各项财产损失的实际赔偿金额。

前款确定的物质损害赔偿金与按照第十八条第一款规定确定的精神损害抚慰金，原则上应当一次性给付。

第三十二条　超过确定的护理期限、辅助器具费给付年限或者残疾赔偿金给付年限，赔偿权利人向人民法院起诉请求继续给付护理费、辅助器具费或者残疾赔偿金的，人民法院应予受理。赔偿权利人确需继续护理、配制辅助器具，或者没有劳动能力和生活来源的，人民法院应当判令赔偿义务人继续给付相关费用五至十年。

第三十三条　赔偿义务人请求以定期金方式给付残疾赔偿金、被扶养人生活费、残疾辅助器具费的，应当提供相应的担保。人民法院可以根据赔偿义务人的给付能力和提供担保的情况，确定以定期金方式给付相关费用。但一审法庭辩论终结前已经发生的费用、死亡赔偿金以及精神损害抚慰金，应当一次性给付。

第三十四条　人民法院应当在法律文书中明确定期金的给付时间、方式以及每期给付标准。执行期间有关统计数据发生变化的，给付金额应当适时进行相应调整。

定期金按照赔偿权利人的实际生存年限给付，不受本解释有关赔偿期限的限制。

第三十五条　本解释所称“城镇居民人均可支配收入”“农村居民人均纯收入”“城镇居民人均消费性支出”“农村居民人均年生活消费支出”“职工平均工资”，按照政府统计部门公布的各省、自治区、直辖市以及经济特区和计划单列市上一年度相关统计数据确定“上一年度”，是指一审法庭辩论终结时的上一统计年度。

第三十六条　本解释自2004年5月1日起施行。2004年5月1日后新受理的一审人身损害赔偿案件，适用本解释的规定。已经做出生效裁判的人身损害赔偿案件依法再审的，不适用本解释的规定。

在本解释公布施行之前已经生效施行的司法解释，其内容与本解释不一致的，以本解释为准。

第二章　财产安全

一、《中华人民共和国宪法》

第十三条　公民的合法的私有财产不受侵犯。

国家依照法律规定保护公民的私有财产权和继承权。

二、《中华人民共和国民法通则》

第七十一条　财产所有权是指所有人依法对自己的财产享有占有、使用、收益和处分的权利。

第七十五条　公民的个人财产，包括公民的合法收入、房屋、储蓄、生活用品、文物、图书资料、林木、牲畜和法律允许公民所有的生产资料以及其他合法财产。

公民的合法财产受法律保护，禁止任何组织或者个人侵占、哄抢、破坏或者非法查封、扣押、冻结、没收。

第七十六条　公民依法享有财产继承权。

第一百零六条　公民、法人违反合同或者不履行其他义务的，应当承担民事责任。

公民、法人由于过错侵害国家的、集体的财产，侵害他人财产、人身的，应当承担民事责任。

没有过错，但法律规定应当承担民事责任的，应当承担民事责任。

第一百零八条　债务应当清偿。暂时无力偿还的，经债权人同意或者人民法院裁决，可以由债务人分期偿还。有能力偿还拒不偿还的，由人民法院判决强制偿还。

第一百零九条　因防止、制止国家的、集体的财产或者他人的财产、人身遭受侵害而使自己受到损害的，由侵害人承担赔偿责任，受益人也可以给予适当的补偿。

第一百一十七条　侵占国家的、集体的财产或者他人财产的，应当返还财产，不能返还财产的，应当折价赔偿。

损坏国家的、集体的财产或者他人财产的，应当恢复原状或者折价赔偿。

受害人因此遭受其他重大损失的，侵害人并应当赔偿损失。

第一百二十二条　因产品质量不合格造成他人财产、人身损害的，产品制造者、销售者应当依法承担民事责任。运输者、仓储者对此负有责任的，产品制造者、销售者有权要求赔偿损失。

第一百三十四条　承担民事责任的方式主要有：

（一）停止侵害；

（二）排除妨碍；

（三）消除危险；

（四）返还财产；

（五）恢复原状；

（六）修理、重作、更换；

（七）赔偿损失；

（八）支付违约金；

（九）消除影响、恢复名誉；

（十）赔礼道歉。

以上承担民事责任的方式，可以单独适用，也可以合并适用。

人民法院审理民事案件，除适用上述规定外，还可以予以训诫、责令具结悔过、收缴进行非法活动的财物和非法所得，并可以依照法律规定处以罚款、拘留。

三、《中华人民共和国刑法》

第二百六十三条　以暴力、胁迫或者其他方法抢劫公私财物的，处三年以上十年以下有期徒刑，并处罚金；有下列情形之一的，处十年以上有期徒刑、无期徒刑或者死刑，并处罚金或者没收财产：

（一）入户抢劫的；

（二）在公共交通工具上抢劫的；

（三）抢劫银行或者其他金融机构的；

（四）多次抢劫或者抢劫数额巨大的；

（五）抢劫致人重伤、死亡的；

（六）冒充军警人员抢劫的；

（七）持枪抢劫的；

（八）抢劫军用物资或者抢险、救灾、救济物资的。

第二百六十四条　盗窃公私财物，数额较大的，或者多次盗窃、入户盗窃、携带凶器盗窃、扒窃的，处三年以下有期徒刑、拘役或者管制，并处或者单处罚金；数额巨大或者有其他严重情节的，处三年以上十年以下有期徒刑，并处罚金；数额特别巨大或者有其他特别严重情节的，处十年以上有期徒刑或者无期徒刑，并处罚金或者没收财产。

第二百六十五条　以牟利为目的，盗接他人通信线路、复制他人电信码号或者明知是盗接、复制的电信设备、设施而使用的，依照本法第二百六十四条的规定定罪处罚。

第二百六十六条　诈骗公私财物，数额较大的，处三年以下有期徒刑、拘役或者管制，并处或者单处罚金；数额巨大或者有其他严重情节的，处三年以上十年以下有期徒刑，并处罚金；数额特别巨大或者有其他特别严重情节的，处十年以上有期徒刑或者无期徒刑，并处罚金或者没收财产。本法另有规定的，依照规定。

第二百六十七条　抢夺公私财物，数额较大的，处三年以下有期徒刑、拘役或者管制，并处或者单处罚金；数额巨大或者有其他严重情节的，处三年以上十年以下有期徒刑，并处罚金；数额特别巨大或者有其他特别严重情节的，处十年以上有期徒刑或者无期徒刑，并处罚金或者没收财产。

携带凶器抢夺的，依照本法第二百六十三条的规定定罪处罚。

第二百六十八条　聚众哄抢公私财物，数额较大或者有其他严重情节的，对首要分子和积极参加的，处三年以下有期徒刑、拘役或者管制，并处罚金；数额巨大或者有其他特别严重情节的，处三年以上十年以下有期徒刑，并处罚金。

第二百六十九条　犯盗窃、诈骗、抢夺罪，为窝藏赃物、抗拒抓捕或者毁灭罪证而当场使用暴力或者以暴力相威胁的，依照本法第二百六十三条的规定定罪处罚。

第二百七十条　将代为保管的他人财物非法占为己有，数额较大，拒不退还的，处二年以下有期徒刑、拘役或者罚金；数额巨大或者有其他严重情节的，处二年以上五年以下有期徒刑，并处罚金。

将他人的遗忘物或者埋藏物非法占为己有，数额较大，拒不交出的，依照前款的规定处罚。

本条罪，告诉的才处理。

第二百七十四条　敲诈勒索公私财物，数额较大或者多次敲诈勒索的，处三年以下有期徒刑、拘役或者管制，并处或者单处罚金；数额巨大或者有其他严重情节的，处三年以上十年以下有期徒刑，并处罚金；数额特别巨大或者有其他特别严重情节的，处十年以上有期徒刑，并处罚金。

第二百七十五条　故意毁坏公私财物，数额较大或者有其他严重情节的，处三年以下有期徒刑、拘役或者罚金；数额巨大或者有其他特别严重情节的，处三年以上七年以下有期徒刑。

第三章　消费安全

《中华人民共和国消费者权益保护法》

（1993年10月31日第八届全国人民代表大会常务委员会第四次会议通过；根据2009年8月27日第十一届全国人民代表大会常务委员会第十次会议《关于修改部分法律的决定》第一次修正；根据2013年10月25日第十二届全国人民代表大会常务委员会第五次会议《关于修改<中华人民共和国消费者权益保护法>的决定》第二次修正，2014年3月15日开始施行）

第一章　总则

第一条　为保护消费者的合法权益，维护社会经济秩序，促进社会主义市场经济健康发展，制定本法。

第二条　消费者为生活消费需要购买、使用商品或者接受服务，其权益受本法保护；本法未作规定的，受其他有关法律、法规保护。

第三条　经营者为消费者提供其生产、销售的商品或者提供服务，应当遵守本法；本法未作规定的，应当遵守其他有关法律、法规。

第四条　经营者与消费者进行交易，应当遵循自愿、平等、公平、诚实信用的原则。

第五条　国家保护消费者的合法权益不受侵害。

国家采取措施，保障消费者依法行使权利，维护消费者的合法权益。

国家倡导文明、健康、节约资源和保护环境的消费方式，反对浪费。

第六条　保护消费者的合法权益是全社会的共同责任。

国家鼓励、支持一切组织和个人对损害消费者合法权益的行为进行社会监督。

大众传播媒介应当做好维护消费者合法权益的宣传，对损害消费者合法权益的行为进行舆论监督。

第二章　消费者的权利

第七条　消费者在购买、使用商品和接受服务时享有人身、财产安全不受损害的权利。

消费者有权要求经营者提供的商品和服务，符合保障人身、财产安全的要求。

第八条　消费者享有知悉其购买、使用的商品或者接受的服务的真实情况的权利。

消费者有权根据商品或者服务的不同情况，要求经营者提供商品的价格、产地、生产者、用途、性能、规格、等级、主要成分、生产日期、有效期限、检验合格证明、使用方法说明书、售后服务，或者服务的内容、规格、费用等有关情况。

第九条　消费者享有自主选择商品或者服务的权利。

消费者有权自主选择提供商品或者服务的经营者，自主选择商品品种或者服务方式，自主决定购买或者不购买任何一种商品、接受或者不接受任何一项服务。

消费者在自主选择商品或者服务时，有权进行比较、鉴别和挑选。

第十条　消费者享有公平交易的权利。

消费者在购买商品或者接受服务时，有权获得质量保障、价格合理、计量正确等公平交易条件，有权拒绝经营者的强制交易行为。

第十一条　消费者因购买、使用商品或者接受服务受到人身、财产损害的，享有依法获得赔偿的权利。

第十二条　消费者享有依法成立维护自身合法权益的社会组织的权利。

第十三条　消费者享有获得有关消费和消费者权益保护方面的知识的权利。

消费者应当努力掌握所需商品或者服务的知识和使用技能，正确使用商品，提高自我保护意识。

第十四条　消费者在购买、使用商品和接受服务时，享有人格尊严、民族风俗习惯得到尊重的权利，享有个人信息依法得到保护的权利。

第十五条　消费者享有对商品和服务以及保护消费者权益工作进行监督的权利。

消费者有权检举、控告侵害消费者权益的行为和国家机关及其工作人员在保护消费者权益工作中的违法失职行为，有权对保护消费者权益工作提出批评、建议。

第三章　经营者的义务

第十六条　经营者向消费者提供商品或者服务，应当依照本法和其他有关法律、法规的规定履行义务。

经营者和消费者有约定的，应当按照约定履行义务，但双方的约定不得违背法律、法规的规定。

经营者向消费者提供商品或者服务，应当恪守社会公德，诚信经营，保障消费者的合法权益；不得设定不公平、不合理的交易条件，不得强制交易。

第十七条　经营者应当听取消费者对其提供的商品或者服务的意见，接受消费者的监督。

第十八条　经营者应当保证其提供的商品或者服务符合保障人身、财产安全的要求。对可能危及人身、财产安全的商品和服务，应当向消费者做出真实的说明和明确的警示，并说明和标明正确使用商品或者接受服务的方法以及防止危害发生的方法。

宾馆、商场、餐馆、银行、机场、车站、港口、影剧院等经营场所的经营者，应当对消费者尽到安全保障义务。

第十九条　经营者发现其提供的商品或者服务存在缺陷，有危及人身、财产安全危险的，应当立即向有关行政部门报告和告知消费者，并采取停止销售、警示、召回、无害化处理、销毁、停止生产或者服务等措施。采取召回措施的，经营者应当承担消费者因商品被召回支出的必要费用。

第二十条　经营者向消费者提供有关商品或者服务的质量、性能、用途、有效期限等信息，应当真实、全面，不得作虚假或者引人误解的宣传。

经营者对消费者就其提供的商品或者服务的质量和使用方法等问题提出的询问，应当做出真实、明确的答复。

经营者提供商品或者服务应当明码标价。

第二十一条　经营者应当标明其真实名称和标记。

租赁他人柜台或者场地的经营者，应当标明其真实名称和标记。

第二十二条　经营者提供商品或者服务，应当按照国家有关规定或者商业惯例向消费者出具发票等购货凭证或者服务单据；消费者索要发票等购货凭证或者服务单据的，经营者必须出具。

第二十三条　经营者应当保证在正常使用商品或者接受服务的情况下其提供的商品或者服务应当具有的质量、性能、用途和有效期限；但消费者在购买该商品或者接受该服务前已经知道其存在瑕疵，且存在该瑕疵不违反法律强制性规定的除外。

经营者以广告、产品说明、实物样品或者其他方式表明商品或者服务的质量状况的，应当保证其提供的商品或者服务的实际质量与表明的质量状况相符。

经营者提供的机动车、计算机、电视机、电冰箱、空调器、洗衣机等耐用商品或者装饰装修等服务，消费者自接受商品或者服务之日起六个月内发现瑕疵，发生争议的，由经营者承担有关瑕疵的举证责任。

第二十四条　经营者提供的商品或者服务不符合质量要求的，消费者可以依照国家规定、当事人约定退货，或者要求经营者履行更换、修理等义务。没有国家规定和当事人约定的，消费者可以自收到商品之日起七日内退货；七日后符合法定解除合同条件的，消费者可以及时退货，不符合法定解除合同条件的，可以要求经营者履行更换、修理等义务。

依照前款规定进行退货、更换、修理的，经营者应当承担运输等必要费用。

第二十五条　经营者采用网络、电视、电话、邮购等方式销售商品，消费者有权自收到商品之日起七日内退货，且无需说明理由，但下列商品除外：

（一）消费者定作的；

（二）鲜活易腐的；

（三）在线下载或者消费者拆封的音像制品、计算机软件等数字化商品；

（四）交付的报纸、期刊。

除前款所列商品外，其他根据商品性质并经消费者在购买时确认不宜退货的商品，不适用无理由退货。

消费者退货的商品应当完好。经营者应当自收到退回商品之日起七日内返还消费者支付的商品价款。退回商品的运费由消费者承担；经营者和消费者另有约定的，按照约定。

第二十六条　经营者在经营活动中使用格式条款的，应当以显著方式提请消费者注意商品或者服务的数量和质量、价款或者费用、履行期限和方式、安全注意事项和风险警示、售后服务、民事责任等与消费者有重大利害关系的内容，并按照消费者的要求予以说明。

经营者不得以格式条款、通知、声明、店堂告示等方式，做出排除或者限制消费者权利、减轻或者免除经营者责任、加重消费者责任等对消费者不公平、不合理的规定，不得利用格式条款并借助技术手段强制交易。

格式条款、通知、声明、店堂告示等含有前款所列内容的，其内容无效。

第二十七条　经营者不得对消费者进行侮辱、诽谤，不得搜查消费者的身体及其携带的物品，不得侵犯消费者的人身自由。

第二十八条　采用网络、电视、电话、邮购等方式提供商品或者服务的经营者，以及提供证券、保险、银行等金融服务的经营者，应当向消费者提供经营地址、联系方式、商品或者服务的数量和质量、价款或者费用、履行期限和方式、安全注意事项和风险警示、售后服务、民事责任等信息。

第二十九条　经营者收集、使用消费者个人信息，应当遵循合法、正当、必要的原则，明示收集、使用信息的目的、方式和范围，并经消费者同意。经营者收集、使用消费者个人信息，应当公开其收集、使用规则，不得违反法律、法规的规定和双方的约定收集、使用信息。

经营者及其工作人员对收集的消费者个人信息必须严格保密，不得泄露、出售或者非法向他人提供。经营者应当采取技术措施和其他必要措施，确保信息安全，防止消费者个人信息泄露、丢失。在发生或者可能发生信息泄露、丢失的情况时，应当立即采取补救措施。

经营者未经消费者同意或者请求，或者消费者明确表示拒绝的，不得向其发送商业性信息。

第四章　国家对消费者合法权益的保护

第三十条　国家制定有关消费者权益的法律、法规、规章和强制性标准，应当听取消费者和消费者协会等组织的意见。

第三十一条　各级人民政府应当加强领导，组织、协调、督促有关行政部门做好保护消费者合法权益的工作，落实保护消费者合法权益的职责。

各级人民政府应当加强监督，预防危害消费者人身、财产安全行为的发生，及时制止危害消费者人身、财产安全的行为。

第三十二条　各级人民政府工商行政管理部门和其他有关行政部门应当依照法律、法规的规定，在各自的职责范围内，采取措施，保护消费者的合法权益。

有关行政部门应当听取消费者和消费者协会等组织对经营者交易行为、商品和服务质量问题的意见，及时调查处理。

第三十三条　有关行政部门在各自的职责范围内，应当定期或者不定期对经营者提供的商品和服务进行抽查检验，并及时向社会公布抽查检验结果。

有关行政部门发现并认定经营者提供的商品或者服务存在缺陷，有危及人身、财产安全危险的，应当立即责令经营者采取停止销售、警示、召回、无害化处理、销毁、停止生产或者服务等措施。

第三十四条　有关国家机关应当依照法律、法规的规定，惩处经营者在提供商品和服务中侵害消费者合法权益的违法犯罪行为。

第三十五条　人民法院应当采取措施，方便消费者提起诉讼。对符合《中华人民共和国民事诉讼法》起诉条件的消费者权益争议，必须受理，及时审理。

第五章　消费者组织

第三十六条　消费者协会和其他消费者组织是依法成立的对商品和服务进行社会监督的保护消费者合法权益的社会组织。

第三十七条　消费者协会履行下列公益性职责：

（一）向消费者提供消费信息和咨询服务，提高消费者维护自身合法权益的能力，引导文明、健康、节约资源和保护环境的消费方式；

（二）参与制定有关消费者权益的法律、法规、规章和强制性标准；

（三）参与有关行政部门对商品和服务的监督、检查；

（四）就有关消费者合法权益的问题，向有关部门反映、查询，提出建议；

（五）受理消费者的投诉，并对投诉事项进行调查、调解；

（六）投诉事项涉及商品和服务质量问题的，可以委托具备资格的鉴定人鉴定，鉴定人应当告知鉴定意见；

（七）就损害消费者合法权益的行为，支持受损害的消费者提起诉讼或者依照本法提起诉讼；

（八）对损害消费者合法权益的行为，通过大众传播媒介予以揭露、批评。

各级人民政府对消费者协会履行职责应当予以必要的经费等支持。

消费者协会应当认真履行保护消费者合法权益的职责，听取消费者的意见和建议，接受社会监督。

依法成立的其他消费者组织依照法律、法规及其章程的规定，开展保护消费者合法权益的活动。

第三十八条　消费者组织不得从事商品经营和营利性服务，不得以收取费用或者其他牟取利益的方式向消费者推荐商品和服务。

第六章　争议的解决

第三十九条　消费者和经营者发生消费者权益争议的，可以通过下列途径解决：

（一）与经营者协商和解；

（二）请求消费者协会或者依法成立的其他调解组织调解；

（三）向有关行政部门投诉；

（四）根据与经营者达成的仲裁协议提请仲裁机构仲裁；

（五）向人民法院提起诉讼。

第四十条　消费者在购买、使用商品时，其合法权益受到损害的，可以向销售者要求赔偿。销售者赔偿后，属于生产者的责任或者属于向销售者提供商品的其他销售者的责任的，销售者有权向生产者或者其他销售者追偿。

消费者或者其他受害人因商品缺陷造成人身、财产损害的，可以向销售者要求赔偿，也可以向生产者要求赔偿。属于生产者责任的，销售者赔偿后，有权向生产者追偿。属于销售者责任的，生产者赔偿后，有权向销售者追偿。

消费者在接受服务时，其合法权益受到损害的，可以向服务者要求赔偿。

第四十一条　消费者在购买、使用商品或者接受服务时，其合法权益受到损害，因原企业分立、合并的，可以向变更后承受其权利义务的企业要求赔偿。

第四十二条　使用他人营业执照的违法经营者提供商品或者服务，损害消费者合法权益的，消费者可以向其要求赔偿，也可以向营业执照的持有人要求赔偿。

第四十三条　消费者在展销会、租赁柜台购买商品或者接受服务，其合法权益受到损害的，可以向销售者或者服务者要求赔偿。展销会结束或者柜台租赁期满后，也可以向展销会的举办者、柜台的出租者要求赔偿。展销会的举办者、柜台的出租者赔偿后，有权向销售者或者服务者追偿。

第四十四条　消费者通过网络交易平台购买商品或者接受服务，其合法权益受到损害的，可以向销售者或者服务者要求赔偿。网络交易平台提供者不能提供销售者或者服务者的真实名称、地址和有效联系方式的，消费者也可以向网络交易平台提供者要求赔偿；网络交易平台提供者做出更有利于消费者的承诺的，应当履行承诺。网络交易平台提供者赔偿后，有权向销售者或者服务者追偿。

网络交易平台提供者明知或者应知销售者或者服务者利用其平台侵害消费者合法权益，未采取必要措施的，依法与该销售者或者服务者承担连带责任。

第四十五条　消费者因经营者利用虚假广告或者其他虚假宣传方式提供商品或者服务，其合法权益受到损害的，可以向经营者要求赔偿。广告经营者、发布者发布虚假广告的，消费者可以请求行政主管部门予以惩处。广告经营者、发布者不能提供经营者的真实名称、地址和有效联系方式的，应当承担赔偿责任。

广告经营者、发布者设计、制作、发布关系消费者生命健康商品或者服务的虚假广告，造成消费者损害的，应当与提供该商品或者服务的经营者承担连带责任。

社会团体或者其他组织、个人在关系消费者生命健康商品或者服务的虚假广告或者其他虚假宣传中向消费者推荐商品或者服务，造成消费者损害的，应当与提供该商品或者服务的经营者承担连带责任。

第四十六条　消费者向有关行政部门投诉的，该部门应当自收到投诉之日起七个工作日内，予以处理并告知消费者。

第四十七条　对侵害众多消费者合法权益的行为，中国消费者协会以及在省、自治区、直辖市设立的消费者协会，可以向人民法院提起诉讼。

第七章　法律责任

第四十八条　经营者提供商品或者服务有下列情形之一的，除本法另有规定外，应当依照其他有关法律、法规的规定，承担民事责任：

（一）商品或者服务存在缺陷的；

（二）不具备商品应当具备的使用性能而出售时未作说明的；

（三）不符合在商品或者其包装上注明采用的商品标准的；

（四）不符合商品说明、实物样品等方式表明的质量状况的；

（五）生产国家明令淘汰的商品或者销售失效、变质的商品的；

（六）销售的商品数量不足的；

（七）服务的内容和费用违反约定的；

（八）对消费者提出的修理、重作、更换、退货、补足商品数量、退还货款和服务费用或者赔偿损失的要求，故意拖延或者无理拒绝的；

（九）法律、法规规定的其他损害消费者权益的情形。

经营者对消费者未尽到安全保障义务，造成消费者损害的，应当承担侵权责任。

第四十九条　经营者提供商品或者服务，造成消费者或者其他受害人人身伤害的，应当赔偿医疗费、护理费、交通费等为治疗和康复支出的合理费用，以及因误工减少的收入。造成残疾的，还应当赔偿残疾生活辅助具费和残疾赔偿金。造成死亡的，还应当赔偿丧葬费和死亡赔偿金。

第五十条　经营者侵害消费者的人格尊严、侵犯消费者人身自由或者侵害消费者个人信息依法得到保护的权利的，应当停止侵害、恢复名誉、消除影响、赔礼道歉，并赔偿损失。

第五十一条　经营者有侮辱诽谤、搜查身体、侵犯人身自由等侵害消费者或者其他受害人人身权益的行为，造成严重精神损害的，受害人可以要求精神损害赔偿。

第五十二条　经营者提供商品或者服务，造成消费者财产损害的，应当依照法律规定或者当事人约定承担修理、重作、更换、退货、补足商品数量、退还货款和服务费用或者赔偿损失等民事责任。

第五十三条　经营者以预收款方式提供商品或者服务的，应当按照约定提供。未按照约定提供的，应当按照消费者的要求履行约定或者退回预付款；并应当承担预付款的利息、消费者必须支付的合理费用。

第五十四条　依法经有关行政部门认定为不合格的商品，消费者要求退货的，经营者应当负责退货。

第五十五条　经营者提供商品或者服务有欺诈行为的，应当按照消费者的要求增加赔偿其受到的损失，增加赔偿的金额为消费者购买商品的价款或者接受服务的费用的三倍；增加赔偿的金额不足五百元的，为五百元。法律另有规定的，依照其规定。

经营者明知商品或者服务存在缺陷，仍然向消费者提供，造成消费者或者其他受害人死亡或者健康严重损害的，受害人有权要求经营者依照本法第四十九条、第五十一条等法律规定赔偿损失，并有权要求所受损失二倍以下的惩罚性赔偿。

第五十六条　经营者有下列情形之一，除承担相应的民事责任外，其他有关法律、法规对处罚机关和处罚方式有规定的，依照法律、法规的规定执行；法律、法规未作规定的，由工商行政管理部门或者其他有关行政部门责令改正，可以根据情节单处或者并处警告、没收违法所得、处以违法所得一倍以上十倍以下的罚款，没有违法所得的，处以五十万元以下的罚款；情节严重的，责令停业整顿、吊销营业执照：

（一）提供的商品或者服务不符合保障人身、财产安全要求的；

（二）在商品中掺杂、掺假，以假充真，以次充好，或者以不合格商品冒充合格商品的；

（三）生产国家明令淘汰的商品或者销售失效、变质的商品的；

（四）伪造商品的产地，伪造或者冒用他人的厂名、厂址，篡改生产日期，伪造或者冒用认证标志等质量标志的；

（五）销售的商品应当检验、检疫而未检验、检疫或者伪造检验、检疫结果的；

（六）对商品或者服务作虚假或者引人误解的宣传的；

（七）拒绝或者拖延有关行政部门责令对缺陷商品或者服务采取停止销售、警示、召回、无害化处理、销毁、停止生产或者服务等措施的；

（八）对消费者提出的修理、重作、更换、退货、补足商品数量、退还货款和服务费用或者赔偿损失的要求，故意拖延或者无理拒绝的；

（九）侵害消费者人格尊严、侵犯消费者人身自由或者侵害消费者个人信息依法得到保护的权利的；

（十）法律、法规规定的对损害消费者权益应当予以处罚的其他情形。

经营者有前款规定情形的，除依照法律、法规规定予以处罚外，处罚机关应当记入信用档案，向社会公布。

第五十七条　经营者违反本法规定提供商品或者服务，侵害消费者合法权益，构成犯罪的，依法追究刑事责任。

第五十八条　经营者违反本法规定，应当承担民事赔偿责任和缴纳罚款、罚金，其财产不足以同时支付的，先承担民事赔偿责任。

第五十九条　经营者对行政处罚决定不服的，可以依法申请行政复议或者提起行政诉讼。

第六十条　以暴力、威胁等方法阻碍有关行政部门工作人员依法执行职务的，依法追究刑事责任；拒绝、阻碍有关行政部门工作人员依法执行职务，未使用暴力、威胁方法的，由公安机关依照《中华人民共和国治安管理处罚法》的规定处罚。

第六十一条　国家机关工作人员玩忽职守或者包庇经营者侵害消费者合法权益的行为的，由其所在单位或者上级机关给予行政处分；情节严重，构成犯罪的，依法追究刑事责任。

第八章　附则

第六十二条　农民购买、使用直接用于农业生产的生产资料，参照本法执行。

第三编　老年人尊重需求（社会优待）法律保障

人人都希望自己有稳定的社会地位，要求个人的能力和成就得到社会的承认。马斯洛认为，尊重需求得到满足，能使人对自己充满信心，对社会满腔热情，体验到自己活着的用处和价值。老年人辛勤耕耘、无私奉献，他们是历史的财富、社会的功臣。前人栽树，后人乘凉，今天国家和民族的繁荣昌盛，都是以上一代人的劳动作为根基。中华民族历来崇尚尊老、敬老、养老，“老吾老以及人之老”，在今天社会经济迅速发展、物质财富极大丰富的时代，老年人更应该得到充分的尊重，更应该享受社会发展所带来的物质和精神成果。对老年人的尊重体现在很多方面，包括对老年人的人格权和名誉权的维护，充分尊重老年人的婚姻自主权，保障老年人维护和自主处分财产的权利，从社会的层面对老年人施行优待政策，等等。本编围绕上述问题，选择相关法律法规和政策进行汇编，除了介绍全国性的法律法规之外，还专门对北京市优待老年人的政策法规进行了汇编。

第一章　人格权和名誉权

一、《中华人民共和国老年人权益保障法》

第七十七条　侮辱、诽谤老年人，构成违反治安管理行为的，依法给予治安管理处罚；构成犯罪的，依法追究刑事责任。

二、《中华人民共和国刑法》

第二百四十六条　以暴力或者其他方法公然侮辱他人或者捏造事实诽谤他人，情节严重的，处三年以下有期徒刑、拘役、管制或者剥夺政治权利。

前款罪，告诉的才处理，但是严重危害社会秩序和国家利益的除外。

三、《中华人民共和国治安管理处罚法》

第四十二条　有下列行为之一的，处五日以下拘留或者五百元以下罚款；情节较重的，处五日以上十日以下拘留，可以并处五百元以下罚款：

（一）写恐吓信或者以其他方法威胁他人人身安全的；

（二）公然侮辱他人或者捏造事实诽谤他人的；

（三）捏造事实诬告陷害他人，企图使他人受到刑事追究或者受到治安管理处罚的；

（四）对证人及其近亲属进行威胁、侮辱、殴打或者打击报复的；

（五）多次发送淫秽、侮辱、恐吓或者其他信息，干扰他人正常生活的；

（六）偷窥、偷拍、窃听、散布他人隐私的。

四、《中华人民共和国民法通则》

第一百条　公民享有肖像权，未经本人同意，不得以营利为目的使用公民的肖像。

第一百零一条　公民、法人享有名誉权，公民的人格尊严受法律保护，禁止用侮辱、诽谤等方式损害公民、法人的名誉。

第一百零二条　公民、法人享有荣誉权，禁止非法剥夺公民、法人的荣誉称号。

第一百零三条　公民享有婚姻自主权，禁止买卖、包办婚姻和其他干涉婚姻自由的行为。

第一百零四条　婚姻、家庭、老人、母亲和儿童受法律保护。

第一百二十条　公民的姓名权、肖像权、名誉权、荣誉权受到侵害的，有权要求停止侵害，恢复名誉，消除影响，赔礼道歉，并可以要求赔偿损失。

五、《最高人民法院关于审理名誉权案件若干问题的解答》

（1993年8月7日发布，法发〔1993〕15号）

各地人民法院在审理名誉权案件中，提出一些如何适用法律的问题，现解答如下：

一、问：人民法院对当事人关于名誉权纠纷的起诉应如何进行审查？

答：人民法院收到有关名誉权纠纷的起诉时，应按照《中华人民共和国民事诉讼法》（以下简称民事诉讼法）第一百零八条的规定进行审查，符合条件的，应予受理。对不符合起诉条件的，应裁定不予受理；对缺乏侵权事实坚持起诉的，应裁定驳回起诉。

二、问：当事人在公共场所受到侮辱、诽谤，经公安机关依照《中华人民共和国治安管理处罚条例》（以下简称治安管理处罚条例）处理后，又向人民法院提起民事诉讼的，人民法院是否受理？

答：当事人在公共场所受到侮辱、诽谤，以名誉权受侵害为由提起民事诉讼的，无论是否经公安机关依照治安管理处罚条例处理，人民法院均应依法审查，符合受理条件的，应予受理。

三、问：当事人提起名誉权诉讼后，以同一事实和理由又要求追究被告人的刑事责任的，应如何处理？

答：当事人提起名誉权诉讼后，以同一事实和理由又要求追究被告刑事责任的，应中止民事诉讼，待刑事案件审结后，根据不同情况分别处理：对于犯罪情节轻微，没有给予被告人刑事处罚的，或者刑事自诉已由原告撤回或者被驳回的，应恢复民事诉讼；对于民事诉讼请求已在刑事附带民事诉讼中解决的，应终结民事案件的审理。

四、问：名誉权案件如何确定管辖？

答：名誉权案件，适用民事诉讼法第二十九条的规定，由侵权行为地或者被告住所地人民法院管辖。侵权行为地包括侵权行为实施地和侵权结果发生地。

五、问：死者名誉受到损害，哪些人可以作为原告提起民事诉讼？

答：死者名誉受到损害的，其近亲属有权向人民法院起诉。近亲属包括：配偶、父母、子女、兄弟姐妹、祖父母、外祖父母、孙子女、外孙子女。

六、问：因新闻报道或者其他作品引起的名誉权纠纷，如何确定被告？

答：因新闻报道或其他作品发生的名誉权纠纷，应根据原告的起诉确定被告。只诉作者的，列作者为被告；只诉新闻出版单位的，列新闻出版单位为被告；对作者和新闻出版单位都提起诉讼的，将作者和新闻出版单位均列为被告，但作者与新闻出版单位为隶属关系，作品系作者履行职务所形成的，只列单位为被告。

七、问：侵害名誉权责任应如何认定？

答：是否构成侵害名誉权的责任，应当根据受害人确有名誉被损害的事实、行为人行为违法、违法行为与损害后果之间有因果关系、行为人主观上有过错来认定。

以书面或者口头形式侮辱或者诽谤他人，损害他人名誉的，应认定为侵害他人名誉权。

对未经他人同意，擅自公布他人的隐私材料或者以书面、口头形式宣扬他人隐私，致他人名誉受到损害的，按照侵害他人名誉权处理。

因新闻报道严重失实，致他人名誉受到损害的，应按照侵害他人名誉权处理。

八、问：因撰写、发表批评文章引起的名誉权纠纷，应如何认定是否构成侵权？

答：因撰写、发表批评文章引起的名誉权纠纷，人民法院应根据不同情况处理：

文章反映的问题基本真实，没有侮辱他人人格的内容的，不应认定为侵害他人名誉权。

文章反映的问题虽基本属实，但有侮辱他人人格的内容，使他人名誉受到侵害的，应认定为侵害他人名誉权。

文章的基本内容失实，使他人名誉受到损害的，应认定为侵害他人名誉权。

九、问：因文学作品引起的名誉权纠纷，应如何认定是否构成侵权？

答：撰写、发表文学作品，不是以生活中特定的人为描写对象，仅是作品的情节与生活中某人的情况相似，不应认定为侵害他人名誉权。

描写真人真事的文学作品，对特定人进行侮辱、诽谤或者披露隐私损害其名誉的；或者虽未写明真实姓名和住址，但事实是以特定人或者特定人的特定事实为描写对象，文中有侮辱、诽谤或者披露隐私的内容，致其名誉受到损害的，应认定为侵害他人名誉权。

编辑出版单位在作品已被认定为侵害他人名誉权或者被告知明显属于侵害他人名誉权后，应刊登声明消除影响或者采取其他补救措施；拒不刊登声明，不采取其他补救措施，或者继续刊登、出版侵权作品的，应认定为侵权。

十、问：侵害名誉权的责任承担形式如何掌握？

答：人民法院依照《中华人民共和国民法通则》第一百二十条和第一百三十四条的规定，可以责令侵权人停止侵害、恢复名誉、消除影响、赔礼道歉、赔偿损失。

恢复名誉、消除影响、赔礼道歉可以书面或者口头的方式进行，内容须事先经人民法院审查。

恢复名誉、消除影响的范围，一般应与侵权所造成不良影响的范围相当。

公民、法人因名誉权受到侵害要求赔偿的，侵权人应赔偿侵权行为造成的经济损失；公民并提出精神损害赔偿要求的，人民法院可根据侵权人的过错程度、侵权行为的具体情节、给受害人造成精神损害的后果等情况酌定。

十一、问：侵权人不执行生效判决，不为对方恢复名誉、消除影响、赔礼道歉的，应如何处理？

答：侵权人拒不执行生效判决，不为对方恢复名誉、消除影响的，人民法院可以采取公告、登报等方式，将判决的主要内容和有关情况公布于众，费用由被执行人负担，并可依照民事诉讼法第一百零二条第六项的规定处理。

六、《最高人民法院关于审理名誉权案件若干问题的解释》

（1998 年 7 月 14 日最高人民法院审判委员会第 1002 次会议通过，法释〔1998〕26 号）

1993 年我院印发《关于审理名誉权案件若干问题的解答》以来，各地人民法院在审理名誉权案件中，又提出一些如何适用法律的问题，现解释如下：

一、问：名誉权案件如何确定侵权结果发生地？

答：人民法院受理这类案件时，受侵权的公民、法人和其他组织的住所地，可以认定为侵权结果发生地。

二、问：有关机关和组织编印的仅供领导部门内部参阅的刊物、资料等刊登来信或者文章引起的名誉权纠纷，以及机关、社会团体、学术机构、企事业单位分发本单位、本系统或者其他一定范围内的一般内部刊物和内部资料所载内容引起的名誉权纠纷，人民法院是否受理?

答：有关机关和组织编印的仅供领导部门内部参阅的刊物、资料等刊登的来信或者文章，当事人以其内容侵害名誉权向人民法院提起诉讼的，人民法院不予受理。

机关、社会团体、学术机构、企事业单位分发本单位、本系统或者其他一定范围内的内部刊物和内部资料，所载内容引起名誉权纠纷的，人民法院应当受理。

三、问：新闻媒介和出版机构转载作品引起的名誉纠纷，人民法院是否受理?

答：新闻媒介和出版机构转载作品，当事人以转载者侵害其名誉权向人民法院提起诉讼的，人民法院应当受理。

四、问：国家机关、社会团体、企事业单位等部门依职权对其管理的人员做出的结论引起的名誉权纠纷，人民法院是否受理?

答：国家机关、社会团体、企事业单位等部门对其管理的人员做出的结论或者处理决定，当事人以其侵害名誉权向人民法院提起诉讼的，人民法院不予受理。

五、问：因检举、控告引起的名誉权纠纷，人民法院是否受理?

答：公民依法向有关部门检举、控告他人的违法违纪行为，他人以检举、控告侵害其名誉权向人民法院提起诉讼的，人民法院不予受理。如果借检举、控告之名侮辱、诽谤他人，造成他人名誉损害，当事人以其名誉权受到侵害向人民法院提起诉讼的，人民法院应当受理。

六、问：新闻单位报道国家机关的公开的文书和职权行为引起的名誉权纠纷，是否认定为构成侵权?

答：新闻单位根据国家机关依职权制作的公开的文书和实施的公开的职权行为所作的报道，其报道客观准确的，不应当认定为侵害他人名誉权；其报道失实，或者前述文书和职权行为已公开纠正而拒绝更正报道，致使他人名誉受到损害的，应当认定为侵害他人名誉权。

七、问：因提供新闻材料引起的名誉权纠纷，如何认定是否构成侵权?

答：因提供新闻材料引起的名誉权纠纷，认定是否构成侵权，应区分以下两种情况：

（一）主动提供新闻材料，致使他人名誉受到损害的，应当认定为侵害他人名誉权。

（二）因被动采访而提供新闻材料，且未经提供者同意公开，新闻单位擅自发表，致使他人名誉受到损害的，对提供者一般不应当认定为侵害名誉权；虽系被动提供新闻材料，但发表时得到提供者同意或者默许，致使他人名誉受到损害的，应当认定为侵害名誉权。

八、问：因医疗卫生单位公开患者患有淋病、梅毒、麻风病、艾滋病等病情引起的名誉权纠纷，如何认定是否构成侵权？

答：医疗卫生单位的工作人员擅自公开患者患有淋病、麻风病、梅毒、艾滋病等病情，致使患者名誉受到损害的，应当认定为侵害患者名誉权。

医疗卫生单位向患者或其家属通报病情，不应当认定为侵害患者名誉权。

九、问：对产品质量、服务质量进行批评、评论引起的名誉权纠纷，如何认定是否构成侵权？

答：消费者对生产者、经营者、销售者的产品质量或者服务质量进行批评、评论，不应当认定为侵害他人名誉权。但借机诽谤、诋毁，损害其名誉的，应当认定为侵害名誉权。

新闻单位对生产者、经营者、销售者的产品质量或者服务质量进行批评、评论，内容基本属实，没有侮辱内容的，不应当认定为侵害其名誉权；主要内容失实，损害其名誉的，应当认定为侵害名誉权。

十、问：因名誉权受到侵害使生产、经营、销售遭受损失予以赔偿的范围和数额如何确定？

答：因名誉权受到侵害使生产、经营、销售遭受损失予以赔偿的范围和数额，可以按照确因侵权而造成客户退货、解除合同等损失程度来适当确定。

十一、问：名誉权纠纷与其他民事纠纷交织在一起的，人民法院应如何审理？

答：名誉权纠纷与其他民事纠纷交织在一起的，人民法院应当按当事人自己选择的请求予以审理。发生适用数种请求的，人民法院应当根据《中华人民共和国民事诉讼法》的有关规定和案件的实际情况，可以合并审理的合并审理；不能合并审理的，可以告知当事人另行起诉。

七、《最高人民法院关于确定民事侵权精神损害赔偿责任若干问题的解释》

（2001年2月26日最高人民法院审判委员会第1161次会议通过，法释〔2001〕7号）

为在审理民事侵权案件中正确确定精神损害赔偿责任，根据《中华人民共和国民法通则》等有关法律规定，结合审判实践经验，对有关问题作如下解释：

第一条　自然人因下列人格权利遭受非法侵害，向人民法院起诉请求赔偿精神损害的，人民法院应当依法予以受理：

（一）生命权、健康权、身体权；

（二）姓名权、肖像权、名誉权、荣誉权；

（三）人格尊严权、人身自由权。

违反社会公共利益、社会公德侵害他人隐私或者其他人格利益，受害人以侵权为由向人民法院起诉请求赔偿精神损害的，人民法院应当依法予以受理。

第二条　非法使被监护人脱离监护，导致亲子关系或者近亲属间的亲属关系遭受严重损害，监护人向人民法院起诉请求赔偿精神损害的，人民法院应当依法予以受理。

第三条　自然人死亡后，其近亲属因下列侵权行为遭受精神痛苦，向人民法院起诉请求赔偿精神损害的，人民法院应当依法予以受理：

（一）以侮辱、诽谤、贬损、丑化或者违反社会公共利益、社会公德的其他方式，侵害死者姓名、肖像、名誉、荣誉；

（二）非法披露、利用死者隐私，或者以违反社会公共利益、社会公德的其他方式侵害死者隐私；

（三）非法利用、损害遗体、遗骨，或者以违反社会公共利益、社会公德的其他方式侵害遗体、遗骨。

第四条　具有人格象征意义的特定纪念物品，因侵权行为而永久性灭失或者毁损，物品所有人以侵权为由，向人民法院起诉请求赔偿精神损害的，人民法院应当依法予以受理。

第五条　法人或者其他组织以人格权利遭受侵害为由，向人民法院起诉请求赔偿精神损害的，人民法院不予受理。

第六条　当事人在侵权诉讼中没有提出赔偿精神损害的诉讼请求，诉讼终结后又基于同一侵权事实另行起诉请求赔偿精神损害的，人民法院不予受理。

第七条　自然人因侵权行为致死，或者自然人死亡后其人格或者遗体遭受侵害，死者的配偶、父母和子女向人民法院起诉请求赔偿精神损害的，列其配偶、父母和子女为原告；没有配偶、父母和子女的，可以由其他近亲属提起诉讼，列其他近亲属为原告。

第八条　因侵权致人精神损害，但未造成严重后果，受害人请求赔偿精神损害的，一般不予支持，人民法院可以根据情形判令侵权人停止侵害、恢复名誉、消除影响、赔礼道歉。

因侵权致人精神损害，造成严重后果的，人民法院除判令侵权人承担停止侵害、恢复名誉、消除影响、赔礼道歉等民事责任外，可以根据受害人一方的请求判令其赔偿相应的精神损害抚慰金。

第九条　精神损害抚慰金包括以下方式：

（一）致人残疾的，为残疾赔偿金；

（二）致人死亡的，为死亡赔偿金；

（三）其他损害情形的精神抚慰金。

第十条　精神损害的赔偿数额根据以下因素确定：

（一）侵权人的过错程度，法律另有规定的除外；

（二）侵害的手段、场合、行为方式等具体情节；

（三）侵权行为所造成的后果；

（四）侵权人的获利情况；

（五）侵权人承担责任的经济能力；

（六）受诉法院所在地平均生活水平。

法律、行政法规对残疾赔偿金、死亡赔偿金等有明确规定的，适用法律、行政法规的规定。

第十一条　受害人对损害事实和损害后果的发生有过错的，可以根据其过错程度减轻或者免除侵权人的精神损害赔偿责任。

第十二条　在本解释公布施行之前已经生效施行的司法解释，其内容有与本解释不一致的，以本解释为准。

第二章　婚姻自主权

一、《中华人民共和国老年人权益保障法》

第二十一条　老年人的婚姻自由受法律保护。子女或者其他亲属不得干涉老年人离婚、再婚及婚后的生活。

二、《中华人民共和国婚姻法》

第二条　实行婚姻自由、一夫一妻、男女平等的婚姻制度。

保护妇女、儿童和老人的合法权益。

实行计划生育。

第三条　禁止包办、买卖婚姻和其他干涉婚姻自由的行为。禁止借婚姻索取财物。

禁止重婚。禁止有配偶者与他人同居。禁止家庭暴力。禁止家庭成员间的虐待和遗弃。

第三十条　子女应当尊重父母的婚姻权利，不得干涉父母再婚以及婚后的生活。子女对父母的赡养义务，不因父母的婚姻关系变化而终止。

三、《北京市老年人权益保障条例》

第十四条　老年人的婚姻自由受法律保护。子女或者其他亲属对老年人再婚不得阻止和歧视，不得干涉老年人再婚后的家庭生活和对自有财产的处置。

第三章　自主处分财产权

一、《中华人民共和国继承法》

第一章　总则

第一条　根据《中华人民共和国宪法》规定，为保护公民的私有财产的继承权，制定本法。

第二条　继承从被继承人死亡时开始。

第三条　遗产是公民死亡时遗留的个人合法财产，包括：

（一）公民的收入；

（二）公民的房屋、储蓄和生活用品；

（三）公民的林木、牲畜和家禽；

（四）公民的文物、图书资料；

（五）法律允许公民所有的生产资料；

（六）公民的著作权、专利权中的财产权利；

（七）公民的其他合法财产。

第四条　个人承包应得的个人收益，依照本法规定继承。个人承包，依照法律允许由继承人继续承包的，按照承包合同办理。

第五条　继承开始后，按照法定继承办理；有遗嘱的，按照遗嘱继承或者遗赠办理；有遗赠扶养协议的，按照协议办理。

第三章　遗嘱继承和遗赠

第十六条　公民可以依照本法规定立遗嘱处分个人财产，并可以指定遗嘱执行人。

公民可以立遗嘱将个人财产指定由法定继承人的一人或者数人继承。

公民可以立遗嘱将个人财产赠给国家、集体或者法定继承人以外的人。

第十七条　公证遗嘱由遗嘱人经公证机关办理。

自书遗嘱由遗嘱人亲笔书写，签名，注明年、月、日。

代书遗嘱应当有两个以上见证人在场见证，由其中一人代书，注明年、月、日，并由代书人、其他见证人和遗嘱人签名。

以录音形式立的遗嘱，应当有两个以上见证人在场见证。

遗嘱人在危急情况下，可以立口头遗嘱。口头遗嘱应当有两个以上见证人在场见证。危急情况解除后，遗嘱人能够用书面或者录音形式立遗嘱的，所立的口头遗嘱无效。

第十八条　下列人员不能作为遗嘱见证人：

（一）无行为能力人、限制行为能力人；

（二）继承人、受遗赠人；

（三）与继承人、受遗赠人有利害关系的人。

第十九条　遗嘱应当对缺乏劳动能力又没有生活来源的继承人保留必要的遗产份额。

第二十条　遗嘱人可以撤销、变更自己所立的遗嘱。

立有数份遗嘱，内容相抵触的，以最后的遗嘱为准。

自书、代书、录音、口头遗嘱，不得撤销、变更公证遗嘱。

第二十一条　遗嘱继承或者遗赠附有义务的，继承人或者受遗赠人应当履行义务。没有正当理由不履行义务的，经有关单位或者个人请求，人民法院可以取消他接受遗产的权利。

第二十二条　无行为能力人或者限制行为能力人所立的遗嘱无效。

遗嘱必须表示遗嘱人的真实意思，受胁迫、欺骗所立的遗嘱无效。

伪造的遗嘱无效。

遗嘱被篡改的，篡改的内容无效。

第四章　遗产的处理

第二十三条　继承开始后，知道被继承人死亡的继承人应当及时通知其他继承人和遗嘱执行人。继承人中无人知道被继承人死亡或者知道被继承人死亡而不能通知的，由被继承人生前所在单位或者住所地的居民委员会、村民委员会负责通知。

第二十四条　存有遗产的人，应当妥善保管遗产，任何人不得侵吞或者争抢。

第二十五条　继承开始后，继承人放弃继承的，应当在遗产处理前，做出放弃继承的表示。没有表示的，视为接受继承。

受遗赠人应当在知道受遗赠后两个月内，做出接受或者放弃受遗赠的表示。到期没有表示的，视为放弃受遗赠。

第二十六条　夫妻在婚姻关系存续期间所得的共同所有的财产，除有约定的以外，如果分割遗产，应当先将共同所有的财产的一半分出为配偶所有，其余的为被继承人的遗产。

遗产在家庭共有财产之中的，遗产分割时，应当先分出他人的财产。

第二十七条　有下列情形之一的，遗产中的有关部分按照法定继承办理：

（一）遗嘱继承人放弃继承或者受遗赠人放弃受遗赠的；

（二）遗嘱继承人丧失继承权的；

（三）遗嘱继承人、受遗赠人先于遗嘱人死亡的；

（四）遗嘱无效部分所涉及的遗产；

（五）遗嘱未处分的遗产。

第二十八条　遗产分割时，应当保留胎儿的继承份额。胎儿出生时是死体的，保留的份额按照法定继承办理。

第二十九条　遗产分割应当有利于生产和生活需要，不损害遗产的效用。

不宜分割的遗产，可以采取折价、适当补偿或者共有等方法处理。

第三十条　夫妻一方死亡后另一方再婚的，有权处分所继承的财产，任何人不得干涉。

第三十一条　公民可以与扶养人签订遗赠扶养协议。按照协议，扶养人承担该公民生养死葬的义务，享有受遗赠的权利。

公民可以与集体所有制组织签订遗赠扶养协议。按照协议，集体所有制组织承担该公民生养死葬的义务，享有受遗赠的权利。

第三十二条　无人继承又无人受遗赠的遗产，归国家所有；死者生前是集体所有制组织成员的，归所在集体所有制组织所有。

第三十三条　继承遗产应当清偿被继承人依法应当缴纳的税款和债务，缴纳税款和清偿债务以他的遗产实际价值为限。超过遗产实际价值部分，继承人自愿偿还的不在此限。

继承人放弃继承的，对被继承人依法应当缴纳的税款和债务可以不负偿还责任。

第三十四条　执行遗赠不得妨碍清偿遗赠人依法应当缴纳的税款和债务。

二、《最高人民法院关于贯彻执行〈中华人民共和国继承法〉若干问题的意见》

5. 被继承人生前与他人订有遗赠扶养协议，同时又立有遗嘱的，继承开始后，如果遗赠扶养协议与遗嘱没有抵触，遗产分别按协议和遗嘱处理；如果有抵触，按协议处理，与协议抵触的遗嘱全部或部分无效。

6. 遗嘱继承人依遗嘱取得遗产后，仍有权依继承法第十三条的规定取得遗嘱未处分的遗产。

35. 继承法实施前订立的，形式上稍有欠缺的遗嘱，如内容合法，又有充分证据证明确为遗嘱人真实意思表示的，可以认定遗嘱有效。

36. 继承人、受遗赠人的债权人、债务人，共同经营的合伙人，也应当视为与继承人、受遗赠人有利害关系，不能作为遗嘱的见证人。

37. 遗嘱人未保留缺乏劳动能力又没有生活来源的继承人的遗产份额，遗产处理时，应当为该继承人留下必要的遗产，所剩余的部分，才可参照遗嘱确定的分配原则处理。继承人是否缺乏劳动能力又没有生活来源，应按遗嘱生效时该继承人的具体情况确定。

38. 遗嘱人以遗嘱处分了属于国家、集体或他人所有的财产，遗嘱的这部分，应认定无效。

39. 遗嘱人生前的行为与遗嘱的意思表示相反，而使遗嘱处分的财产在继承开始前灭失、部分灭失或所有权转移、部分转移的，遗嘱视为被撤销或部分被撤销。

40. 公民在遗书中涉及死后个人财产处分的内容，确为死者真实意思的表示，有本人签名并注明了年、月、日，又无相反证据的，可按自书遗嘱对待。

41. 遗嘱人立遗嘱时必须有行为能力。无行为能力人所立的遗嘱，即使其本人后来有了行为能力，仍属无效遗嘱。遗嘱人立遗嘱时有行为能力，后来丧失了行为能力，不影响遗嘱的效力。

42. 遗嘱人以不同形式立有数份内容相抵触的遗嘱，其中有公证遗嘱的，以最后所立公证遗嘱为准；没有公证遗嘱的，以最后所立的遗嘱为准。

43. 附义务的遗嘱继承或遗赠，如义务能够履行，而继承人、受遗赠人无正当理由不履行，经受益人或其他继承人请求，人民法院可以取消他接受附义务那部分遗产的权利，由提出请示的继承人或受益人负责按遗嘱人的意愿履行义务，接受遗产。

三、《遗嘱公证细则》

（中华人民共和国司法部令第57号，2000年3月1日通过，2000年3月24日发布）

第一条　为规范遗嘱公证程序，根据《中华人民共和国继承法》、《中华人民共和国公证暂行条例》等有关规定，制定本细则。

第二条　遗嘱是遗嘱人生前在法律允许的范围内，按照法律规定的方式处分其个人财产或者处理其他事务，并在其死亡时发生效力的单方法律行为。

第三条　遗嘱公证是公证处按照法定程序证明遗嘱人设立遗嘱行为真实、合法的活动。经公证证明的遗嘱为公证遗嘱。

第四条　遗嘱公证由遗嘱人住所地或者遗嘱行为发生地公证处管辖。

第五条　遗嘱人申办遗嘱公证应当亲自到公证处提出申请。

遗嘱人亲自到公证处有困难的，可以书面或者口头形式请求有管辖权的公证处指派公证人员到其住所或者临时处所办理。

第六条　遗嘱公证应当由两名公证人员共同办理，由其中一名公证员在公证书上署名。因特殊情况由一名公证员办理时，应当有一名见证人在场，见证人应当在遗嘱和笔录上签名。见证人、遗嘱代书人适用《中华人民共和国继承法》第十八条的规定。

第七条　申办遗嘱公证，遗嘱人应当填写公证申请表，并提交下列证件和材料：

（一）居民身份证或者其他身份证件；

（二）遗嘱涉及的不动产、交通工具或者其他有产权凭证的财产的产权证明；

（三）公证人员认为应当提交的其他材料。

遗嘱人填写申请表确有困难的，可由公证人员代为填写，遗嘱人应当在申请表上签名。

第八条　对于属于本公证处管辖，并符合前条规定的申请，公证处应当受理。对于不符合前款规定的申请，公证处应当在三日内做出不予受理的决定，并通知申请人。

第九条　公证人员具有《公证程序规则（试行）》第十条规定情形的，应当自行回避，遗嘱人有权申请公证人员回避。

第十条　公证人员应当向遗嘱人讲解我国《民法通则》、《继承法》中有关遗嘱和公民财产处分权利的规定，以及公证遗嘱的意义和法律后果。

第十一条　公证处应当按照《公证程序规则（试行）》第二十三条的规定进行审查，并着重审查遗嘱人的身份及意思表示是否真实、有无受胁迫或者受欺骗等情况。

第十二条　公证人员询问遗嘱人，除见证人、翻译人员外，其他人员一般不得在场。公证人员应当按照《公证程序规则（试行）》第二十四条的规定制作谈话笔录。谈话笔录应当着重记录下列内容：

（一）遗嘱人的身体状况、精神状况；遗嘱人系老年人、间歇性精神病人、危重伤病人的，还应当记录其对事物的识别、反应能力；

（二）遗嘱人家庭成员情况，包括其配偶、子女、父母及与其共同生活人员的基本情况；

（三）遗嘱所处分财产的情况，是否属于遗嘱人个人所有，以前是否曾以遗嘱或者遗赠扶养协议等方式进行过处分，有无已设立担保、已被查封、扣押等限制所有权的情况；

（四）遗嘱人所提供的遗嘱或者遗嘱草稿的形成时间、地点和过程，是自书还是代书，是否本人的真实意愿，有无修改、补充，对遗产的处分是否附有条件；代书人的情况，遗嘱或者遗嘱草稿上的签名、盖章或者手印是否其本人所为；

（五）遗嘱人未提供遗嘱或者遗嘱草稿的，应当详细记录其处分遗产的意思表示；

（六）是否指定遗嘱执行人及遗嘱执行人的基本情况；

（七）公证人员认为应当询问的其他内容。

谈话笔录应当当场向遗嘱人宣读或者由遗嘱人阅读，遗嘱人无异议后，遗嘱人、公证人员、见证人应当在笔录上签名。

第十三条　遗嘱应当包括以下内容：

（一）遗嘱人的姓名、性别、出生日期、住址；

（二）遗嘱处分的财产状况（名称、数量、所在地点以及是否共有、抵押等）；

（三）对财产和其他事务的具体处理意见；

（四）有遗嘱执行人的，应当写明执行人的姓名、性别、年龄、住址等；

（五）遗嘱制作的日期以及遗嘱人的签名。

遗嘱中一般不得包括与处分财产及处理死亡后事宜无关的其他内容。

第十四条　遗嘱人提供的遗嘱，无修改、补充的，遗嘱人应当在公证人员面前确认遗嘱内容、签名及签署日期属实。

遗嘱人提供的遗嘱或者遗嘱草稿，有修改、补充的，经整理誊清后，应当交遗嘱人核对，并由其签名。

遗嘱人未提供遗嘱或者遗嘱草稿的，公证人员可以根据遗嘱人的意思表示代为起草遗嘱。公证人员代拟的遗嘱，应当交遗嘱人核对，并由其签名。

以上情况应当记入谈话笔录。

第十五条　两个以上的遗嘱人申请办理共同遗嘱公证的，公证处应当引导他们分别设立遗嘱。

遗嘱人坚持申请办理共同遗嘱公证的，共同遗嘱中应当明确遗嘱变更、撤销及生效的条件。

第十六条　公证人员发现有下列情形之一的，公证人员在与遗嘱人谈话时应当录音或者录像：

（一）遗嘱人年老体弱；

（二）遗嘱人为危重伤病人；

（三）遗嘱人为聋、哑、盲人；

（四）遗嘱人为间歇性精神病患者、弱智者。

第十七条　对于符合下列条件的，公证处应当出具公证书：

（一）遗嘱人身份属实，具有完全民事行为能力；

（二）遗嘱人意思表示真实；

（三）遗嘱人证明或者保证所处分的财产是其个人财产；

（四）遗嘱内容不违反法律规定和社会公共利益，内容完备，文字表述准确，签名、制作日期齐全；

（五）办证程序符合规定。

不符合前款规定条件的，应当拒绝公证。

第十八条　公证遗嘱采用打印形式。遗嘱人根据遗属原稿核对后，应当在打印的公证遗嘱上签名。

遗嘱人不会签名或者签名有困难的，可以盖章方式代替在申请表、笔录和遗嘱上的签名；遗嘱人既不能签字又无印章的，应当以按手印方式代替签名或者盖章。

有前款规定情形的，公证人员应当在笔录中注明。以按手印代替签名或者盖章的，公证人员应当提取遗嘱人全部的指纹存档。

第十九条　公证处审批人批准遗嘱公证书之前，遗嘱人死亡或者丧失行为能力的，公证处应当终止办理遗嘱公证。

遗嘱人提供或者公证人员代书、录制的遗嘱，符合代书遗嘱条件或者经承办公证人员见证符合自书、录音、口头遗嘱条件的，公证处可以将该遗嘱发给遗嘱受益人，并将其复印件存入终止公证的档案。

公证处审批人批准之后，遗嘱人死亡或者丧失行为能力的，公证处应当完成公证遗嘱的制作。遗嘱人无法在打印的公证遗嘱上签名的，可依符合第十七条规定的遗嘱原稿的复印件制作公证遗嘱，遗嘱原稿留公证处存档。

第二十条　公证处可根据《中华人民共和国公证暂行条例》规定保管公证遗嘱或者自书遗嘱、代书遗嘱、录音遗嘱；也可根据国际惯例保管密封遗嘱。

第二十一条　遗嘱公证卷应当列为密卷保存。遗嘱人死亡后，转为普通卷保存。

公证遗嘱生效前，遗嘱卷宗不得对外借阅，公证人员亦不得对外透露遗嘱内容。

第二十二条　公证遗嘱生效前，非经遗嘱人申请并履行公证程序，不得撤销或者变更公证遗嘱。

遗嘱人申请撤销或者变更公证遗嘱的程序适用本规定。

第二十三条　公证遗嘱生效后，与继承权益相关的人员有确凿证据证明公证遗嘱部分违法的，公证处应当予以调查核实；经调查核实，公证遗嘱部分内容确属违法的，公证处应当撤销对公证遗嘱中违法部分的公证证明。

四、《遗赠扶养协议公证细则》

（1991 年 4 月 3 日司法部发布，司发〔1991〕047 号，1991 年 5 月 1 日生效）

第一条　为规范遗赠扶养协议公证程序，根据《中华人民共和国民法通则》、《中华人民共和国继承法》、《中华人民共和国公证暂行条例》、《公证程序规则（试行）》，制订本细则。

第二条　遗赠扶养协议是遗赠人和扶养人为明确相互间遗赠和扶养的权利义务关系所订立的协议。

需要他人扶养，并愿将自己的合法财产全部或部分遗赠给扶养人的为遗赠人；对遗赠人尽扶养义务并接受遗赠的人为扶养人。

第三条　遗赠扶养协议公证是公证处依法证明当事人签订遗赠扶养协议真实、合法的行为。

第四条　遗赠人必须是具有完全民事行为能力、有一定的可遗赠的财产并需要他人扶养的公民。

第五条　扶养人必须是遗赠人法定继承人以外的公民或组织，并具有完全民事行为能力，能履行扶养义务。

第六条　遗赠扶养协议公证，由遗赠人或扶养人的住所地公证处受理。

第七条　办理遗赠扶养协议公证，当事人双方应亲自到公证处提出申请，遗赠人确有困难，公证人员可到其居住地办理。

第八条　申办遗赠扶养协议公证，当事人应向公证处提交以下证件和材料：

（一）当事人遗赠扶养协议公证申请表；

（二）当事人的居民身份证或其他身份证明；

（三）扶养人为组织的，应提交资格证明、法定代表人身份证明，代理人应提交授权委托书；

（四）村民委员会、居民委员会或所在单位出具的遗赠人的家庭成员情况证明；

（五）遗赠财产清单和所有权证明；

（六）村民委员会、居民委员会或所在单位出具的扶养人的经济情况和家庭成员情况证明；

（七）扶养人有配偶的，应提交其配偶同意订立遗赠扶养协议的书面意见；

（八）遗赠扶养协议；

（九）公证人员认为应当提交的其他材料。

第九条　符合下列条件的申请，公证处应予受理：

（一）当事人身份明确，具有完全民事行为能力；

（二）当事人就遗赠扶养协议事宜已达成协议；

（三）当事人提交了本细则第八条规定的证件和材料；

（四）该公证事项属于本公证处管辖。

对不符合前款规定条件的申请，公证处应做出不予受理的决定，并通知当事人。

第十条　公证人员接待当事人，应按《公证程序规则（试行）》第二十四条规定制作笔录，并着重记录下列内容：

（一）遗赠人和扶养人的近亲情况、经济状况；

（二）订立遗赠扶养协议的原因；

（三）遗赠人遗赠财产的名称、种类、数量、质量、价值、坐落或存放地点，产权有无争议，有无债权债务及处理意见；

（四）扶养人的扶养条件、扶养能力、扶养方式，及应尽的义务；

（五）与当事人共同生活的家庭成员意见；

（六）遗赠财产的使用保管方法；

（七）争议的解决方法；

（八）违约责任；

（九）公证人员认为应当记录的其他内容。

公证人员接待当事人，须根据民法通则和继承法等有关法律，向当事人说明签订遗赠扶养协议的法律依据，协议双方应承担的义务和享有的权利，以及不履行义务应承担的法律责任。

第十一条　遗赠扶养协议应包括下列主要内容：

（一）当事人的姓名、性别、出生日期、住址，扶养人为组织的应写明单位名称、住址、法定代表人及代理人的姓名；

（二）当事人自愿达成协议的意思表示；

（三）遗赠人受扶养的权利和遗赠的义务；扶养人受遗赠的权利和扶养义务，包括照顾遗赠人的衣、食、住、行、病、葬的具体措施及责任田、口粮田、自留地的耕、种、管、收和遗赠财产的名称、种类、数量、质量、价值、坐落或存放地点、产权归属等；

（四）遗赠财产的保护措施或担保人同意担保的意思表示；

（五）协议变更、解除的条件和争议的解决方法；

（六）违约责任。

第十二条　遗赠扶养协议公证，除按《公证程序规则（试行）》第二十三条规定的内容审查外，应着重审查下列内容：

（一）当事人之间有共同生活的感情基础，一般居住在同一地；

（二）当事人的意思表示真实、协商一致，协议条款完备，权利义务明确、具体、可行；

（三）遗赠的财产属遗赠人所有，产权明确无争议；财产为特定的、不易灭失；

（四）遗赠人的债权债务有明确的处理意见；

（五）遗赠人有配偶并同居的，应以夫妻共同为一方签订协议；

（六）扶养人有配偶的，必须征得配偶的同意；

（七）担保人同意担保的意思表示及担保财产；

（八）公证人员认为应当查明的其他情况。

第十三条　符合下列条件的遗赠扶养协议，公证处应出具公证书：

（一）遗赠人和扶养人具有完全民事行为能力；

（二）当事人意思表示真实、自愿；

（三）协议内容真实、合法，条款完备，协议内容明确、具体、可行，文字表述准确；

（四）办证程序符合规定。

不符合前款规定条件的，应当拒绝公证，并在办证期限内将拒绝的理由通知当事人。

第十四条　订立遗赠扶养协议公证后，未征得扶养人的同意，遗赠人不得另行处分遗赠的财产，扶养人也不得干涉遗赠人处分未遗赠的财产。

第十五条　无遗赠财产的扶养协议公证，参照本细则办理。

第十六条　本细则由司法部负责解释。

第十七条　本细则自一九九一年五月一日起施行。

五、《北京市老年人权益保障条例》

第十六条　老年人的财产依法由老年人自主支配，子女或者其他亲属不得向老年人强行索取。

第四章　社会优待权

一、《中华人民共和国老年人权益保障法》

第五条　国家建立多层次的社会保障体系，逐步提高对老年人的保障水平。

国家建立和完善以居家为基础、社区为依托、机构为支撑的社会养老服务体系。

倡导全社会优待老年人。

第十二条　每年农历九月初九为老年节。

第五十二条　县级以上人民政府及其有关部门根据经济社会发展情况和老年人的特殊需要，制定优待老年人的办法，逐步提高优待水平。

对常住在本行政区域内的外埠老年人给予同等优待。

第五十三条　各级人民政府和有关部门应当为老年人及时、便利地领取养老金、结算医疗费和享受其他物质帮助提供条件。

第五十四条　各级人民政府和有关部门办理房屋权属关系变更、户口迁移等涉及老年人权益的重大事项时，应当就办理事项是否为老年人的真实意思表示进行询问，并依法优先办理。

第五十六条　医疗机构应当为老年人就医提供方便，对老年人就医予以优先。有条件的地方，可以为老年人设立家庭病床，开展巡回医疗、护理、康复、免费体检等服务。

提倡为老年人义诊。

第五十七条　提倡与老年人日常生活密切相关的服务行业为老年人提供优先、优惠服务。

城市公共交通、公路、铁路、水路和航空客运，应当为老年人提供优待和照顾。

第五十八条　博物馆、美术馆、科技馆、纪念馆、公共图书馆、文化馆、影剧院、体育场馆、公园、旅游景点等场所，应当对老年人免费或者优惠开放。

第五十九条　农村老年人不承担兴办公益事业的筹劳义务。

二、《关于进一步加强老年人优待工作的意见》

（全国老龄办发〔2013〕97号）

二、优待项目和范围

优待的基本对象为60周岁以上的老年人。各地可因地制宜，在本意见基础上合理确定优待对象和优待标准，率先在卫生保健、交通出行、商业服务、文体休闲等方面，对常住本行政区域内的老年人给予同等优待，并根据本地实际情况，逐步拓展同等优待范围。

（一）政务服务优待

1. 各地在落实和完善社会保障制度和公共服务政策时，应对老年人予以适度倾斜。

2. 鼓励地方建立80周岁以上低收入老年人高龄津贴制度。

3. 政府投资兴办的养老机构，要在保障“三无”老年人、“五保”老年人服务需求的基础上，优先照顾经济困难的孤寡、失能、高龄老年人。

4. 各地对经济困难的老年人要逐步给予养老服务补贴。对生活长期不能自理、经济困难的老年人，要根据其失能程度等情况给予护理补贴。

5. 各地在实施廉租住房、公共租赁住房等住房保障制度时，要照顾符合条件的老年人，优先配租配售保障性住房；进行危旧房屋改造时，优先帮助符合条件的老年人进行危房改造。

6. 政府有关部门要为老年人及时、便利地领取养老金、结算医疗费和享受其他物质帮助创造条件，提供便利。鼓励和引导公共服务机构、社会志愿服务组织优先为老年人提供服务。

7. 政府有关部门在办理房屋权属关系变更等涉及老年人权益的重大事项时，应依法优先办理，并就办理事项是否为老年人的真实意愿进行询问，有代理人的要严格审查代理资格。

8. 免除农村老年人兴办公益事业的筹劳任务。经农村集体经济组织全体成员同意，将未承包的集体所有的部分土地、山林、水面、滩涂等作为养老基地，收益供老年人养老，纳入国家和地方湿地保护体系及其自然保护区的重要湿地除外。

9. 政府有关部门要完善老年人社会参与方面的支持政策，充分发挥老年人参与社会发展的积极性和创造性。

10. 对有老年人去世的城乡生活困难家庭，减免其基本殡葬服务费用，或者为其提供基本殡葬服务补贴。对有老年人去世的家庭，选择生态安葬方式的，或者在土葬改革区自愿实行火葬的，要给予补贴或奖励。

（二）卫生保健优待

11. 医疗卫生机构要优先为辖区内65周岁以上常住老年人免费建立健康档案，每年至少提供1次免费体格检查和健康指导，开展健康管理服务。定期对老年人进行健康状况评估，及时发现健康风险因素，促进老年疾病早发现、早诊断、早治疗。积极开展老年疾病防控的知识宣传，开展老年慢性病和老年期精神障碍的预防控制工作。为行动不便的老年人提供上门服务。

12. 鼓励设立老年病医院，加强老年护理院、老年康复医院建设，有条件的二级以上综合医院应设立老年病科。

13. 医疗卫生机构应为老年人就医提供方便和优先优惠服务。通过完善挂号、诊疗系统管理，开设专用窗口或快速通道、提供导医服务等方式，为老年人特别是高龄、重病、失能老年人挂号（退换号）、就诊、转诊、综合诊疗提供便利条件。

14. 鼓励各地医疗机构减免老年人普通门诊挂号费和贫困老年人诊疗费。提倡为老年人义诊。

15. 倡导医疗卫生机构与养老机构之间建立业务协作机制，开通预约就诊绿色通道，协同做好老年人慢性病管理和康复护理，加快推进面向养老机构的远程医疗服务试点，为老年人提供便捷、优先、优惠的医疗服务。

16. 支持符合条件的养老机构内设医疗机构，申请纳入城镇职工（居民）基本医疗保险和新型农村合作医疗定点范围。

（三）交通出行优待

17. 城市公共交通、公路、铁路、水路和航空客运，要为老年人提供便利服务。

18. 交通场所和站点应设置老年人优先标志，设立等候专区，根据需要配备升降电梯、无障碍通道、无障碍洗手间等设施。对于无人陪同、行动不便的老年人给予特别关照。

19. 城市公共交通工具应为老年人提供票价优惠，鼓励对65周岁以上老年人实行免费，有条件的地方可逐步覆盖全体老年人。各地可根据实际情况制定具体的优惠办法，对落实老年优待任务的公交企业要给予相应经济补偿。

20. 倡导老年人投保意外伤害保险，保险公司对参保老年人应给予保险费、保险金额等方面的优惠。

21. 公共交通工具要设立不低于坐席数10%的“老幼病残孕”专座。铁路部门要为列车配备无障碍车厢和座位，对有特殊需要的老年人订票和选座位提供便利服务。

22. 严格执行《无障碍环境建设条例》、《社区老年人日间照料中心建设标准》和《养老设施建筑设计规范》等建设标准，重点做好居住区、城市道路、商业网点、文化体育场馆、旅游景点等场所的无障碍设施建设，优先推进坡道、电梯等与老年人日常生活密切相关的公共设施改造，适当配备老年人出行辅助器具，为老年人提供安全、便利、舒适的生活和出行环境。

23. 公厕应配备便于老年人使用的无障碍设施，并对老年人实行免费。

（四）商业服务优待

24. 各地要根据老年人口规模和消费需求，合理布局商业网点，有条件的商场、超市设立老年用品专柜。

25. 商业饮食服务网点、日常生活用品经销单位，以及水、电、暖气、燃气、通讯、电信、邮政等服务行业和网点，要为老年人提供优先、便利和优惠服务。

26. 金融机构应为老年人办理业务提供便捷服务，设置老年人取款优先窗口，并提供导银服务，对有特殊困难、行动不便的老年人提供特需服务或上门服务。鼓励对养老金客户实施减费让利，对异地领取养老金的客户减免手续费。对办理转账、汇款业务或购买金融产品的老年人，应提示相应风险。

（五）文体休闲优待

27. 各级各类博物馆、美术馆、科技馆、纪念馆、公共图书馆、文化馆等公共文化服务设施，向老年人免费开放。减免老年人参观文物建筑及遗址类博物馆的门票。

28. 公共文化体育部门应对老年人优惠开放，免费为老年人提供影视放映、文艺演出、体育赛事、图片展览、科技宣传等公益性流动文化体育服务。关注农村老年人文化体育需求，适当安排面向农村老年人的专题专场公益性文化体育服务。

29. 公共文化体育场所应为老年人健身活动提供方便和优惠服务，安排一定时段向老年人减免费用开放，有条件的可适当增加面向老年人的特色文化体育服务项目。提倡体育机构每年为老年人进行体质测定，为老年人体育健身提供咨询、服务和指导，提高老年人科学健身水平。

30. 提倡经营性文化体育单位对老年人提供优待。鼓励影剧院、体育场馆为老年人提供优惠票价，为老年文艺体育团体优惠提供场地。

31. 公园、旅游景点应对老年人实行门票减免，鼓励景区内的观光车、缆车等代步工具对老年人给予优惠。

32. 老年活动场所、老年教育资源要对城乡老年人公平开放，公共教育资源应为老年人学习提供指导和帮助。贫困老年人进入老年大学（学校）学习的，给予学费减免。

（六）维权服务优待

33. 各级人民法院对侵犯老年人合法权益的案件，要依法及时立案受理、及时审判和执行。

34. 司法机关应开通电话和网络服务、上门服务等形式，为高龄、失能等行动不便的老年人报案、参与诉讼等提供便利。

35. 老年人因其合法权益受到侵害提起诉讼，需要律师帮助但无力支付律师费用的，可依法获得法律援助。对老年人提出的法律援助申请，要简化程序，优先受理、优先审查和指派。各地可根据经济社会发展水平，适度放宽老年人经济困难标准，将更多与老年人权益保护密切相关的事项纳入法律援助补充事项范围，扩大老年人法律援助覆盖面。

36. 要健全完善老年人法律援助体系，不断拓展老年人申请法律援助的渠道，科学设置基层法律援助站点，简化程序和手续，为老年人就近申请和获得法律援助提供便利条件。

37. 老年人因追索赡养费、扶养费、养老金、退休金、抚恤金、医疗费、劳动报酬、人身伤害事故赔偿金等提起诉讼，交纳诉讼费确有困难的，可以申请司法救助，缓交、减交或者免交诉讼费。因情况紧急需要先予执行的，可依法裁定先予执行。

38. 鼓励律师事务所、公证处、司法鉴定机构、基层法律服务所等法律服务机构，为经济困难的老年人提供免费或优惠服务。

三、组织实施

（一）切实加强领导。各地要高度重视老年人优待工作，健全政府主导、老龄委组织协调、相关部门各司其职、企事业单位和社会团体以及志愿者积极参与的工作体制和运行机制。要保障老年人优待工作经费，进一步落实各项财税优惠政策，调动社会力量积极参与。加强对老年人优待工作年度目标责任考核，确保责任到位、任务落实。县级以上地方人民政府和相关部门要结合实际制定老年人优待政策和具体实施办法。

（二）协力推进实施。优待老年人是全社会的共同责任。国家机关、社会团体、企事业单位和其他组织，都要履行为老年人提供优待的职责义务，积极为老年人提供优待服务。各级涉老主管单位要规范服务，加强管理，督促各优待服务场所、设施和窗口设置优待标识，公布优待内容。有关部门要加强尊老敬老思想教育和道德宣传、老年维权法制教育活动，增强社会成员优待老年人的自觉性，提高老年人自我维权意识和能力。深入推进“敬老爱老助老”主题教育、“敬老文明号”和“老年人维权示范岗”活动，在全社会弘扬孝亲敬老传统美德，进一步营造尊重老年人的社会氛围。

（三）监督检查落实。各级老龄工作委员会负责老年人优待工作的组织协调和监督指导，各级老龄工作委员会办公室承担老年人优待工作的日常事务管理，要会同有关部门定期开展监督检查。要进一步发挥行政监督和社会监督的作用，建立健全信息反馈和监督机制，设立服务和监督热线，依法妥善解决好举报和投诉问题，对老年人优待工作中反映强烈的突出问题，要尽早发现、及时解决。对不按规定履行优待老年人义务的，由有关主管部门责令改正。

全国老龄办　最高人民法院　中央宣传部　国家发展改革委　科技部　公安部　民政部　司法部　财政部　人力资源社会保障部　住房城乡建设部　交通运输部　农业部　商务部　文化部　国家卫生计生委　新闻出版广电总局　体育总局　国家林业局　国家旅游局　国家铁路局　中国民航局　国家文物局　全国总工会

2013 年 12 月 30 日

三、《北京市老年人社会保障和社会优待办法》

（2013 年 7 月 1 日起施行）

为进一步完善北京市老年社会保障体系，促进老年人共享经济社会发展成果，提高老年人社会保障和社会优待水平，根据《中华人民共和国老年人权益保障法》，现就北京市老年人社会保障和社会优待工作提出以下办法：

一、指导原则

加强老年人社会保障和社会优待工作，要坚持从老年人的需求出发，解决老年人的实际困难；坚持可持续发展，使老年人保障和优待水平与首都经济社会发展水平相适应；坚持政府主导、社会参与，政府在政策制定和公共资金投入上发挥主导作用，同时注重引导社会力量承担老年人优待的义务；

坚持城乡统筹、分类实施，在优待对象上，分年龄、分层次优先考虑和保障特殊老年人群的需求；坚持社会福利适度普惠原则，既要照顾特殊的、困难的老年人群，也要考虑大多数老年人的需求。

二、社会保障内容

（一）建立高龄津贴制度，对北京市户籍 90 至 99 周岁的老年人每月发给 100 元的高龄津贴，对北京市户籍 100 周岁及以上老年人每月发给 200 元的高龄津贴。

（二）按照《北京市人民政府办公厅转发市民政局市残联关于北京市市民居家养老（助残）服务（“九养”）办法的通知》（京政办发〔2009〕104 号）有关规定，建立居家养老（助残）服务制度，向北京市户籍 80 周岁及以上的老年人每月发放 100 元养老（助残）券。

三、社会优待内容

北京市户籍老年人和常住外埠老年人持《北京市老年人优待卡》或《北京市老年人优待证》享受以下相应的优待内容：

（一）65 周岁及以上老年人免费乘坐市域内地面公交车。有条件的城市公交车站要设置无障碍等候专区，方便老年人乘车。城市公共交通车辆要设立不低于坐席数 10% 的老幼病残孕专座。

（二）市、区（县）级政府投资主办或控股的公园、风景名胜等旅游景区对 65 周岁及以上老年人免收门票费（大型活动期间除外）。60 至 64 周岁老年人优惠购买市属公园通用年票，每张 50 元。提倡社会组织投资主办或控股的公园、风景名胜等旅游景区，对老年人给予适当优惠。

（三）市、区（县）级财政支持的各类博物馆（院）、美术科技和纪念场馆、烈士纪念建筑物、名人故居、公共图书馆等公益性文化设施向老年人免费开放。提倡非财政支持的公益性文化设施为老年人提供优惠服务。

（四）市、区（县）级财政支持的公共体育场馆为老年人健身活动提供优惠服务。

（五）各级文化馆（站、宫、活动中心、室）对老年人免费开放。各区县电影公益放映机构每月为驻区老年人免费放映一场电影。

（六）市、区（县）、街道（乡镇）社区服务中心和老年活动中心（站、室）对老年人提供优惠服务。市老年心理咨询热线（96156）为老年人提供免费心理咨询服务。

（七）大、中型医疗机构对老年人就医提供“六优先”（挂号、就诊、化验、检查、交费、取药）服务。

（八）社区卫生服务机构对老年人实行“三优先”（就诊、出诊、建立家庭病床）服务，实行社区卫生服务首诊制。每年为无社会养老保障的老年人免费提供一次体检服务。实行收支两条线管理的社区卫生服务机构对老年人免收普通门诊挂号费，免费建立健康档案，对享受城乡居民最低生活保障待遇和生活困难补助的老年人免收家庭病床查床费。

（九）公证处、基层法律服务所和其他社会法律服务机构，应优先为老年人提供减免费法律咨询。

四、其他事项

（一）本办法贯彻实施中的具体问题由北京市老龄工作委员会办公室负责解释。

（二）本办法自2013年7月1日起施行，《北京市人民政府办公厅转发市老龄工作委员会办公室关于加强老年人优待工作办法的通知》（京政办发〔2008〕47号）同时废止。

（三）关于老年人的其他社会保障和社会优待内容，由北京市老龄工作委员会办公室等单位另行研究制定。

四、《关于贯彻落实〈北京市市民居家养老（助残）服务（“九养”）办法〉的意见》

（京民老龄发〔2009〕504号）

三、工作任务

（一）建立万名“孝星”评选表彰制度。为弘扬孝敬父母、关爱老人的传统美德，促进公民思想道德建设和社会主义精神文明建设，在全市开展万名“孝星”评选表彰活动。活动采取基层初选、逐级上报和两级表彰的方式，在全市范围内，推选出10000名尊老、敬老、爱老、助老、孝老的“孝星”，对既能弘扬孝亲敬老的传统美德，又能体现关爱老人、共建和谐时代精神的先进人物和典型事迹，组织新闻媒体进行广泛深入的宣传推广，积极营造良好的社会风尚。凡北京市辖区内，孝敬赡养家中老人、帮扶照顾孤寡老人、在为老服务工作岗位上有突出贡献、关心老年人精神生活、积极维护老年人合法权益、热心老年公益事业等方面事迹突出的社会各界人员，均可参加“孝星”评选。每年一、二季度进行城乡社区（村）推荐和街道（乡镇、地区办事处）初选，三季度完成区县评选、表彰、上报，四季度完成市级审定，并于重阳节期间进行全市表彰和奖励。

（二）建立居家养老（助残）券服务制度和百岁老人补助医疗制度。

为满足老年人和残疾人在生活照料、家政服务、康复护理、心理慰藉等方面的基本生活需求，向符合条件的老年人、残疾人发放养老（助残）券。具有本市户籍的80周岁及以上老年人、60至79周岁重度残疾人（持第二代《中华人民共和国残疾人证》，残疾程度为一级、二级的视力残疾人和肢体残疾人以及残疾程度为一级、二级、三级的智力残疾人和精神残疾人，下同）、16至59周岁无工作重度残疾人（由居委会、村委会提供未就业证明）均可在居住地申请每月100元的居家养老（助残）券，人户分离人员须提交未在户籍所在地享受居家养老（助残）服务补贴的证明。领取养老（助残）券后，居住地变更时，凭原居住地证明和养老（助残）券到现居住地街道（乡镇、地区办事处）主管部门进行变更登记。试点区已按《北京市民政局北京市财政局关于印发<北京市特殊老年人养老服务补贴办法（试行）>的通知》（京民福发〔2008〕335号）享受补贴的人员继续按原标准执行，补贴标准低于本办法的按本办法执行。居家养老（助残）券由市老龄办统一印制；由区县主管部门组织发放、回收，确定申请程序、使用范围和使用期限，并制定保管、存放的安保措施。80周岁及以上老年人的补贴经费由福利彩票公益金、区县财政按照1∶1的比例分担；16至79周岁残疾人的补贴经费由区县残疾人就业保障金承担。区县相关主管部门每季度分别向市老龄办、市残联申报和备案。

为进一步提高百岁老人的医疗福利待遇，由区县老龄办向具有本市户籍的100周岁及以上人员发放市老龄办统一印制的《北京市百岁老人津贴和医疗补助领取证》，老年人凭证享受百岁老人补助医疗待遇。凡享受本市基本医疗保险、公费医疗、城镇无医疗保障老年人大病医疗保险、新型农村合作医疗、征地超转人员医疗等报销待遇的百岁老人，在上述各项制度规定的定点医疗机构门诊及住院发生的符合医疗报销规定的医疗费用中的个人按比例负担部分，由政府给予补助。按相关医疗制度规定报销后，由负责报销的有关部门出具医药费分割单（结算单），个人持分割单到户籍所在地区县老龄办报销个人按比例负担的费用（不含起付线以下费用）。市老龄办每季度审核拨付补助经费，所需资金由市福利彩票公益金支出。

（三）建立城乡社区（村）养老（助残）餐桌。

为解决老年人、残疾人的用餐困难，利用城乡社区公益性用房、单位内部设施、居民空闲房屋等社会资源建立养老（助残）餐桌。由各级主管部门通过公开招标方式，选择餐饮企业承担服务，为老年人和残疾人提供安全的配餐、就餐服务，并为行动不便的老年人和残疾人提供家庭送餐服务。用3年左右时间将养老（助残）餐桌基本覆盖至全市具备条件的城乡社区（村）。市民政局和市残联将有计划地对街道（乡镇、地区办事处）和城乡社区（村）中的部分养老（助残）餐桌给予补贴。街道（乡镇、地区办事处）向区县主管部门提出补贴申请，区县审核合格后报市老龄办，市老龄办会同市残联每半年审批一次，补贴资金由福利彩票公益金与市残疾人就业保障金按2:1的比例分担。区县根据本地实际，制定养老（助残）餐桌运营补贴政策，对运营较好的餐饮企业给予必要的奖励。

（四）建立城乡社区（村）托老（残）所。

为解决老年人、残疾人日间生活照料困难，利用现有的社区服务中心、社区“星光老年之家”（老年活动站）、社区“残疾人温馨家园”、职业康复中心等服务场所和社会空闲房屋及家庭空间建立社区托老（残）所（使用面积不低于40平方米，总床位在5至29张之间，人均使用面积5平方米以上），利用社区居民家庭空间开办以生活互助、文体娱乐等为主要内容的互助点（参加人数在5人以上），提供老年人、残疾人的日间托管服务。争取用3年左右时间将托老（残）所基本覆盖至全市城乡社区（村）。对运营满半年的托老（残）所和互助点给予补贴：对月服务18天以上、服务满意率达到90%以上的托老所床位每月补贴100元；对月活动时间18天以上的互助点每月补贴100元。区县主管部门和区县残联分别受理补贴申请。已享受运行经费补贴的残疾人职业康复机构，不再重复享受社区托老（残）所床位补贴。市老龄办和区县残联每半年审批、拨付补贴经费。补贴资金由福利彩票公益金和区县残疾人就业保障金承担。

（五）招聘居家服务养老（助残）员。

为推进居家养老（助残）服务工作，区县根据实际需要，在全市各街道（乡镇、地区办事处）聘用5至7名养老（助残）员；每个城乡社区（村）至少聘用1名，高龄独居老年人和重度残疾人较多的城乡社区（村）可按30:1的比例增聘。养老（助残）员优先从“4050”人员和取得社会工作者资质且符合本市就业特困认定标准的人员中招聘，纳入公益性岗位。养老（助残）员负责宣传居家养老（助残）政策；对老年人、残疾人进行巡视探访，了解服务需求，收集、汇总、整理、反馈老年人和残疾人的需求信息及对服务质量的评价信息；组织、监督服务工作；负责养老（助残）券的发放、回收、结算，以及老年人优待卡、高龄津贴的发放。区县老龄办负责养老（助残）员的业务指导、培训、考核和日常管理、调度，社区公益性就业组织在街道（乡镇、地区办事处）的领导下负责劳动人事管理和经费保障。

（六）配备养老（助残）无障碍服务车。

为方便组织老年人和残疾人参加社会活动，统一为街道（乡镇、地区办事处）配发一辆具有无障碍功能、带有全市统一标识的养老（助残）无障碍服务车。区县制定管理和使用办法，做好与已配发车辆使用办法的衔接，主要用于社区托老（残）所、社区“星光老年之家”（老年活动站）、社区“残疾人温馨家园”、职业康复机构和扶贫助残基地开展活动。街道（乡镇、地区办事处）负责日常运营和管理。

（七）开展养老（助残）精神关怀服务。

为满足老年人、残疾人的精神慰藉需求，开展精神关怀服务。各级老龄工作部门负责整合和开发辖区心理咨询服务资源，依托“96156”社区服务热线，充分发挥各类心理咨询专业组织和社区市民学校、老年学校的作用，组织专业人员为老年人、残疾人及其家庭成员提供心理咨询服务和相关知识培训。动员和组织城乡社区（村）志愿者，特别是社会工作者，为老年人和残疾人提供聊天、读书（报）等志愿服务。

（八）实施家庭无障碍设施改造。

为给居家生活的老年残疾人提供在洗澡、如厕、做饭、户内活动等方面的便利，逐步对有需求的老年残疾人家庭实施无障碍设施改造。市残联和市老龄办负责设备、器具的招标采购。区县残联和区县老龄办负责组织施工和检查验收，一季度进行调查摸底，二、三季度完成施工，四季度组织检查验收。该项工作纳入市残疾人家庭无障碍改造实施工程，所需经费由市残疾人就业保障金承担。

（九）为老年人（残疾人）配备“小帮手”电子服务器。

为使老年人和残疾人享受生活、就医、交通、购物、社交等电子信息服务，在个人自愿申请、购买的基础上，采取政府前端价格适度补贴方式，由市老龄办负责统一招标采购，有计划地向具有北京市户籍、有使用需求并具备使用能力的65周岁以上老年人和16至64周岁重度残疾人提供便携式“小帮手”电子服务器。个人在户籍所在地社区（村）提出申请，并交纳自付费用。街道（乡镇、地区办事处）审核，区县老龄办、区县残联核准后分别报市老龄办、市残联审定，区县老龄办、区县残联组织发放。65周岁以上老年人由福利彩票公益金给予补贴，16至64周岁重度残疾人由市残疾人就业保障金给予补贴。

……

北京市民政局　北京市残疾人联合会　北京市老龄工作委员会办公室　北京市发展和改革委员会　北京市财政局　北京市人力资源和社会保障局　北京市规划委员会　北京市住房和城乡建设委员会　北京市卫生局　北京市社会建设工作办公室　北京市地方税务局　首都精神文明建设委员会办公室　中国共产主义青年团北京市委员会

2009年11月24日

五、北京市特殊老年人养老服务补贴办法（试行）

（北京市财政局、北京市民政局2008年7月29日发布，2008年10月1日执行，京民福发〔2008〕335号）

为加快居家养老服务事业发展，开展特殊老年人养老服务补贴试点，制定本办法。

一、补贴对象

试点区内，具有北京市正式户口、年满60周岁符合下列条件的老年人，享受养老服务补贴：

1. 年满90周岁的老年人。

2. 生活不能完全自理的以下几类老年人：

（1）分散供养的城镇“三无”老年人；

（2）分散供养的农村“五保”老年人；

（3）享受城乡最低生活保障待遇的老年人；

（4）民政部门公布的低收入家庭中的老年人；

（5）纯老年户及仅与残疾子女居住的老年人；

（6）80～89周岁的老年人。

享受政府护理费补贴的人员除外。

二、补贴标准

符合条件的人员按照年龄、自理能力、收入和居住状况享受不同补贴标准，具体见附件《北京市特殊老年人养老服务补贴标准（试行）》。

三、补贴方式

补贴资金以服务券形式发给符合条件的老年人。老年人向居家养老服务单位购买服务时，出具相应面值的服务券。服务券也可以折抵入住养老服务机构所需费用。服务券不得变现或用于其他用途，有效使用期为一个月。

四、服务内容

补贴资金购买的服务用于满足老年人居家养老需要或折抵入住养老服务机构费用。具体服务项目由街道、乡镇政府及民政部门根据老年人实际需求确定。

五、申请、审批与发放

（一）申请与初审。老年人（可委托居民委员会、村民委员会、相关人员或单位代理）向户籍所在地的街道办事处、乡镇人民政府指定的受理部门提出申请，接受初审。初审合格的，递交街道办事处、乡镇人民政府复审；初审不合格的，书面告知理由，退还申请材料。

（二）复审与评估。街道办事处、乡镇人民政府对申请人情况进行复审。复审合格的，转交评估站进行自理能力评估，并按照《北京市特殊老年人养老服务补贴标准（试行）》，提出资助标准意见。复审不合格的，出具书面理由，并转交受理部门告知申请人。

（三）审批与备案。区民政局根据申请材料和街道办事处、乡镇人民政府审查意见做出审批决定。审批合格的人员，编制名单后，转交街道办事处、乡镇人民政府发放服务券，并报市民政局备案。审批不合格的，出具书面理由，并转交街道办事处、乡镇人民政府告知申请人。

六、经费结算

用于居家养老服务的补贴按月结算，用于入住养老服务机构的补贴按季度结算。服务单位须提交服务券及服务记录，由区民政局审核后结算。

七、经费保障

特殊老年人养老服务补贴经费由市、区财政和福利彩票公益金按照1∶1∶2的比例分别负担，补贴经费和工作经费纳入市、区财政预算管理。

（一）各级民政部门将年度用款计划报同级财政部门，经审核后列入财政预算，并于年终根据实际支出情况编制决算。

（二）财政部门按审核后的用款计划，提前做出预算，纳入专账管理，专款专用。

八、施行时间

本办法自2008年10月1日起施行。

附件：北京市特殊老年人养老服务补贴标准（试行）

人员类型	年龄	身体状况	补贴标准
分散供养的农村“五保”老年人、享受农村最低生活保障待遇的老年人、民政部门公布的农村低收入家庭中的老年人	60～89周岁	不能完全自理	150元/月
	年满90周岁	全部	200元/月
分散供养的城市“三无”老年人、享受城镇最低生活保障待遇的老年人、民政部门公布的城镇低收入家庭中的老年人	60～89周岁	不能完全自理	200元/月
	年满90周岁	全部	250元/月
纯老年户及仅与残疾子女居住的老年人	60～79周岁	不能完全自理	50元/月
高龄老年人	80～89周岁	不能完全自理	50元/月
	90～99周岁	全部	50元/月
	年满100周岁	全部	100元/月

六、《北京市特殊老年人养老服务补贴办法（试行）实施细则》

为贯彻落实《北京市特殊老年人养老服务补贴办法（试行）》，制定本细则。

一、补贴对象

属于试点区内正式户口、年满60周岁且符合下列条件的老年人，可申请享受养老服务补贴：

（一）年满90周岁的老年人。

（二）生活不能完全自理的以下几类老年人：

1. 分散供养的城镇“三无”老年人；

2. 分散供养的农村“五保”老年人；

3. 享受城市居民最低生活保障待遇或者农村居民最低生活保障待遇的老年人；

4. 其他城乡低收入家庭中的老年人；

5. 纯老年户及仅与残疾子女居住的老年人；

6. 80 ~ 89 周岁的老年人。

享受政府护理费补贴的人员除外。

生活不能完全自理的老年人，是按照我市特殊老年人自理能力评估标准，评估为不能自理、半自理的老年人。

其他城乡低收入家庭中的老年人，是指市民政局确认的享受临时救助待遇家庭中的老年人。

纯老年户指共同居住成员均年满 60 周岁的家庭。

残疾子女指具有《中华人民共和国残疾人证》、与申请补贴的老年人共同居住的子女。

享受政府护理费补贴的人员，是指《中共北京市委组织部、市财政局、市劳动和社会保障局、市人事局、市老干部局关于调整我市离休干部护理费和护理补助费标准的通知》（京组通〔2005〕46 号）和《北京市民政局、北京市财政局、北京市人事局、北京市劳动和社会保障局关于提高一级至四级残疾军人护理费标准的通知》（京民优发〔2006〕380 号）中所列享受政府护理费的老年人。

二、补贴方式

补贴资金以服务券形式发给符合条件的老年人，只能用于购买经区民政局确认的养老服务单位的指定服务项目。服务券可以印制为代金票券样式，也可以印制为载明补贴金额的服务卡样式。

三、养老服务单位

养老服务单位包括居家养老服务单位和养老服务机构两类。

（一）居家养老服务单位通过民政部门、街道办事处、乡镇人民政府或其授权部门公开选择，由具备相应资质的企业、社会组织和其他服务单位担任，提供专业服务的人员必须持证上岗。

（二）本市依法成立，并能出具有效票据的养老服务机构均可接收服务券。

（三）居家养老服务单位的服务内容、收费标准、服务区域及其他相关信息，由服务单位和民政部门、街道办事处、乡镇人民政府或其授权部门共同商定，并在提供服务前予以明示。

（四）养老服务单位应建立符合要求的服务统计制度及财务报销制度。

四、审批程序

（一）申请

老年人（可委托居民委员会、村民委员会、相关人员或单位代理）向户籍所在地的街道办事处、乡镇人民政府指定的受理部门提出申请，并提交以下材料：

1. 北京市特殊老年人养老服务补贴申请表（见附件1）；

2. 居民户口簿、身份证原件及复印件；

3. 分散供养的城镇“三无”和农村“五保”老年人、享受城市居民最低生活保障待遇或农村居民最低生活保障的老年人、其他城乡低收入老年人应提供民政部门核发的相关证明材料；

4. 纯老年户及仅与残疾子女居住的老年人应提供家庭成员居住说明（格式见附件2）。

（二）初审

街道办事处、乡镇人民政府指定的受理部门负责补贴申请的初审工作，初审内容是：

1. 申请材料是否齐全；

2. 申请材料是否规范。

初审不合格的，一次性书面告知申请人应补齐的材料及行政复议、行政诉讼权利；初审合格的，报街道办事处、乡镇人民政府。

时限为1个工作日。

（三）复审

街道办事处、乡镇人民政府负责补贴申请的复审工作，复审内容是：

1. 申请材料是否齐全规范；

2. 申请材料是否真实有效；

3. 相关情况公示是否有异议。

街道办事处、乡镇人民政府接到申请材料后，应在申请人户籍所在地社区或村公示相关情况（公示格式见附件3），并复审申请材料。

复审不合格的，填写复审意见及行政复议、行政诉讼权利转受理部门告知申请人。复审合格、年满90周岁的申请人，直接拟定补贴意见，报区民政局；复审合格、未年满90岁的申请人，转交养老评估站进行自理能力评估。

时限为9个工作日（含7日公示时间）。

（四）评估

养老评估站出具老年人自理能力评估报告，转街道办事处、乡镇人民政府。

（五）拟定补贴意见

街道办事处、乡镇人民政府根据复审意见及申请补贴老年人的自理能力评估报告拟定资助意见，报区民政局。

时限为2个工作日。

（六）审批

区民政局负责补贴申请的审批工作，审批内容是：

1. 申请材料是否齐全规范；

2. 申请材料是否真实有效；

3. 评估报告抽查是否合格；

4. 审查程序是否符合规定；

5. 申请补贴标准是否准确。

区民政局接到复审材料后，应按比例抽查复审材料及评估报告。审批通过的，填写《特殊老年人养老服务补贴证》转街道办事处、乡镇人民政府发放。审批未通过的，填写书面理由并告知行政复议和行政诉讼权利，转街道办事处、乡镇人民政府办理相关事宜。

时限为4个工作日。

（七）备案

区民政局应于每月月底前，将本月所有审批通过人员名单（格式见附件4）报市民政局备案。

五、服务费的结算

（一）申请

居家养老服务单位每次提供服务时，须填写派工记录，注明服务对象姓名、补贴证编号、服务内容、时间、收费标准等情况，并有服务员及服务对象签字。派工记录应及时汇总整理，以备检查。

养老服务单位向指定部门提出结算申请，提交服务券、《北京市特殊老年人养老服务补贴结算表》（见附件5）及相关材料。

（二）审核

区民政局可直接受理结算申请，审核无误后，予以结算。也可由街道办事处、乡镇人民政府初审合格后，报区民政局审核，审核通过的，区民政局通知街道办事处、乡镇人民政府予以结算。

（三）备案

区民政局审核后，应在月底前，将本月结算情况（格式见附件6）报市民政局备案。

（四）结算时间

用于居家养老服务的补贴，按月结算，申请结算时间为每月第一周；用于入住养老服务机构的补贴，按季度结算，申请结算时间为每季度第一个月第一周。

六、补贴待遇的变更

（一）享受补贴的人员出现迁离试点区、死亡、自理能力变化等情况时，应办理停发、增发、减发手续。

（二）街道办事处、乡镇人民政府每半年复查一次享受补贴人员的情况，必要时可随时复审，做好记录。

（三）享受补贴的人员情况发生变化时，申请人或联系人应及时告知街道办事处、乡镇人民政府。

（四）享受补贴的人员补贴待遇发生变更的，区民政局应于月底前，填写本月变更备案表（见附件7）报市民政局备案。

七、补贴资金管理

（一）试点区民政局应将年度用款计划报财政部门审核，纳入本级财政预算，同时报市民政局申请市级补助。

（二）试点区民政局应根据实际支出情况编制年终决算，报本级财政部门和市民政局。

（三）严格管理补贴资金，做到专款专用，及时发放和准确记录。

（四）服务券用于非指定服务项目开支的，不予报销；结算审查中发现问题的，视情况予以整改，存在欺骗冒领现象的，不予结算，取消服务提供资格，并追究相关责任。

（五）相关部门应对服务单位的服务质量予以监控，出现重大责任事故的服务费不予报销。

八、其他管理要求

（一）养老服务补贴工作中形成的各项文件应按档案管理规定，妥善保管和使用。

（二）各区应制定规则，对本辖区使用的《北京市特殊老年人养老服务补贴申请表》进行统一编号。

（三）通过审批、取得补贴待遇的老年人，由各区统一设计制作《特殊老年人养老服务补贴证》，补贴证应记录老年人的补贴申请表编号和获得补贴的资格编号。

（四）老年人获得补贴的资格编号全市统一，编号由各区代码及从0000001至9999999的阿拉伯数字组成。各区代码如下：东城区DC，西城区XC，崇文区CW，宣武区XW，朝阳区CY，海淀区HD，丰台区FT，石景山区SJ，顺义区SY，房山区FS。如东城区第一位获得补贴的老年人编号为：DC0000001。

九、施行时间

本细则与《北京市特殊老年人养老服务补贴办法（试行）》同时施行。

附件1：北京市特殊老年人养老服务补贴申请表

附件2：家庭成员居住说明

附件3：公示

附件4：区养老服务补贴审批合格人员备案表

附件5：北京市特殊老年人养老服务补贴结算表

附件6：特殊老年人养老服务补贴结算备案表

附件7：北京市特殊老年人养老服务补贴变更备案表

附件 1：北京市特殊老年人养老服务补贴申请表

申请表编号：

区：　　　　　　　　　　　　　　　街道（乡镇）：

<table>
<tr><td>申请人姓名</td><td></td><td>性别</td><td></td><td>民族</td><td></td><td>年龄</td><td></td><td rowspan="4">（近期 1 寸免冠照片）</td></tr>
<tr><td>身份证号码</td><td colspan="4"></td><td>联系电话</td><td colspan="2"></td></tr>
<tr><td>现居住地址</td><td colspan="7"></td></tr>
<tr><td>户籍地址</td><td colspan="7"></td></tr>
<tr><td colspan="3">是否已经享受政府护理费补助</td><td colspan="6">□是　　　　□否</td></tr>
<tr><td>联系人姓名</td><td></td><td>与申请人关系</td><td colspan="2"></td><td>联系电话</td><td colspan="3"></td></tr>
<tr><td>代理申请人姓名</td><td></td><td>与申请人关系</td><td colspan="2"></td><td>联系电话</td><td colspan="3"></td></tr>
<tr><td colspan="9">本人自愿申请我市特殊老年人养老服务补贴，申请信息属实，申请材料如下：
□居民户口簿原件及复印件
□身份证原件及复印件
□民政局出具的（□三无□五保□低保□低收入）证明材料
□家庭成员居住说明
□共同居住的残疾子女残疾证原件与复印件
□其他材料，包括：

申请人签名：　　　　　代理申请人签字：
年　月　日</td></tr>
<tr><td colspan="2">受理部门
初审意见</td><td colspan="7">1. 受理时间为：　　　　年　月　日
2. 初审结果为：□合格
□不合格，因为：

（盖章）经办人签名：
年　月　日</td></tr>
</table>

续表

<table>
<tr>
<td>街道办事处
（乡镇人民政府）
复审意见</td>
<td>1. 公示结果为：□无异议　□有异议，是：
2. 自理能力评估结果为：□自理　□非完全自理
<table>
<tr><th>类别代码</th><th>身份特征</th><th>年龄</th><th>自理能力</th></tr>
<tr><td>A1</td><td>分散供养的农村</td><td>60－89 周岁</td><td>非完全自理</td></tr>
<tr><td>A2</td><td>“五保”</td><td>年满 90 周岁</td><td>全部</td></tr>
<tr><td>B1</td><td>农村低保</td><td>60－89 周岁</td><td>非完全自理</td></tr>
<tr><td>B2</td><td></td><td>年满 90 周岁</td><td>全部</td></tr>
<tr><td>C1</td><td>农村低收入家庭</td><td>60－89 周岁</td><td>非完全自理</td></tr>
<tr><td>C2</td><td></td><td>年满 90 周岁</td><td>全部</td></tr>
<tr><td>D1</td><td>分散供养的城市</td><td>60－89 周岁</td><td>非完全自理</td></tr>
<tr><td>D2</td><td>“三无”</td><td>年满 90 周岁</td><td>全部</td></tr>
<tr><td>E1</td><td>城镇低保</td><td>60－89 周岁</td><td>非完全自理</td></tr>
<tr><td>E2</td><td></td><td>年满 90 周岁</td><td>全部</td></tr>
<tr><td>F1</td><td>城镇低收入家庭</td><td>60－89 周岁</td><td>非完全自理</td></tr>
<tr><td>F2</td><td></td><td>年满 90 周岁</td><td>全部</td></tr>
<tr><td>G1</td><td>纯老年户</td><td>60－79 周岁</td><td>非完全自理</td></tr>
<tr><td>G2</td><td>与残疾子女居住</td><td></td><td></td></tr>
<tr><td>H1</td><td></td><td>80－89 周岁</td><td>非完全自理</td></tr>
<tr><td>H2</td><td>高龄</td><td>90－99 周岁</td><td>全部</td></tr>
<tr><td>H3</td><td></td><td>年满 100 周岁</td><td>全部</td></tr>
</table>
3. 复审意见为：
□合格，建议＿＿＿年＿＿＿月起享受补贴，对照上表，补贴类别代码为＿＿＿，补贴标准为＿＿＿元/月。
□不合格，因为：

（盖章）
年　月　日</td>
</tr>
<tr>
<td>区民政局
审批意见</td>
<td>（盖章）
年　月　日</td>
</tr>
</table>

注：1. 请在相应内容前的“□”内打“√”。

2. 此表原件由区民政局存档，复印件一份转街道办事处、乡镇人民政府。

附件2：家庭成员居住说明

北京市特殊老年人养老服务补贴申请人__________，居住地址为：__________，属于下列情况：

1. 纯老年户老年人

家庭成员姓名	双方关系	年龄	身份证号码

2. 仅与残疾子女共同居住

子女姓名	性别	年龄	残疾类型	残疾证编号

申请人（代理人）签字：

年　月　日

附件3：公示

已提交养老服务补贴申请，现将有关情况公示如下：

姓名		性别		年龄	
户籍地					
现居住地					
申请补贴类型					

公示时间自　月　日至　月　日，为期7天。如有异议，请以口头或书面方式反映情况。

联系电话：

联系地址：

邮政编码：

街道办事处（乡镇人民政府）

年　月　日

附件4：　　区养老服务补贴审批合格人员备案表

序号	街道（乡镇）	姓名	补贴类型	补贴标准	补贴证编号
				元/月	
				元/月	
				元/月	
				元/月	
				元/月	
				元/月	
				元/月	
				元/月	
				元/月	
				元/月	
				元/月	
				元/月	
				元/月	
				元/月	
				元/月	
				元/月	
				元/月	
				元/月	
				元/月	
				元/月	
				元/月	
				元/月	
				元/月	
				元/月	

注：补贴类型与《北京市特殊老年人养老服务补贴申请表》中的类别代码一致。

统计截止时间：　　　统计人：　　　联系电话：

区民政局（盖章）

年　月　日

附件5：　　　年　月北京市特殊老年人养老服务补贴结算表

（代金票券形式）

<table>
<tr><td>服务提供方</td><td></td><td>服务范围</td><td></td></tr>
<tr><td>负责人</td><td></td><td>联系电话</td><td></td></tr>
<tr><td>地址</td><td colspan="3"></td></tr>
<tr><td rowspan="5">申请结算服务券</td><td>10元券</td><td>张</td><td>元</td></tr>
<tr><td>5元券</td><td>张</td><td>元</td></tr>
<tr><td>2元券</td><td>张</td><td>元</td></tr>
<tr><td>1元券</td><td>张</td><td>元</td></tr>
<tr><td>合计（盖章）</td><td>张</td><td>元</td></tr>
<tr><td colspan="4">初审部门意见：
拟批准结算金额为　　元，回收服务券　　张。
盖章
年　月　日</td></tr>
<tr><td colspan="4">区民政局审核意见：
同意结算金额为　　元，回收服务券　　张。
盖章
年　月　日</td></tr>
</table>

结算明细见附表。

注：用于入住养老服务机构的补贴以有效票据为准，不需填写结算明细表。

年 月北京市特殊老年人养老服务补贴结算表

（服务卡形式）

<table>
<tr><td>服务提供方</td><td></td><td>服务范围</td><td></td></tr>
<tr><td>负责人</td><td></td><td>联系电话</td><td></td></tr>
<tr><td>地址</td><td></td><td></td><td></td></tr>
<tr><td colspan="4">申请结算服务补贴：　　　　　元。
服务提供方：　　　　签字（盖章）</td></tr>
<tr><td colspan="4">初审部门意见：
拟批准服务补贴结算金额为________元。
盖章
年　月　日</td></tr>
<tr><td colspan="4">区民政局审核意见：
同意服务补贴结算金额为________元。
盖章
年　月　日</td></tr>
</table>

结算明细见附表。

注：用于入住养老服务机构的补贴以有效票据为准，不需填写结算明细表。

北京市特殊老年人养老服务补贴结算明细表（ 月）

序号	姓名	补贴证编号	服务内容	服务时间	服务补贴金额（元）	备注
				日		
				日		
				日		
				日		
				日		
				日		
				日		
				日		
				日		
				日		
				日		
				日		
				日		
				日		
				日		
				日		
				日		
				日		
总计（盖章）						

附件6：　　区　　年　月特殊老年人养老服务补贴结算备案表

区民政局（盖章）：

填报人：　　　　　填报日期：　　年　月　日

序号	服务单位名称	指定部门	服务人次	申请结算金额（元）	批准结算金额（元）
合计					

注：指定部门是准予其提供服务的民政部门、街道办事处、乡镇人民政府或其授权部门。

附件7：北京市特殊老年人养老服务补贴变更备案表

区民政局（盖章）：　　　　　　填报人：　　　　填报日期：　　年　月　日

序号	姓名	补贴证编号	所属街道（乡镇）	变更事项	变更原因	变更时间

注：变更事项指 A. 提高补贴标准 B. 降低补贴标准 C. 取消补贴 D. 迁出补贴关系

七、北京市老年人优待办法情况介绍

一、北京市老年人优待卡的办理条件

为使老年人享受各项优待服务，市老龄办制发了具有防伪功能、记载老年人基本信息的老年人优待卡，作为老年人享受优待的凭证，并制定了《北京市老年人优待卡办理和使用管理办法》，凡具有本市户籍的60周岁及以上的老年人均可申请办理。

二、北京市老年人优待卡的办理程序

《北京市老年人优待卡》分为红色和蓝色两种。65周岁以上（含65周岁）的老年人办理红色优待卡，符合条件的老年人凭本人身份证到户籍所在地或经常居住地居委会提出个人办卡申请。65周岁以下的老年人办理蓝色优待卡，办理时间另行公布；现行65周岁以下老年人的《老年优待证》继续沿用。

三、落实老年人优待项目的措施

《北京市老年人优待办法》规定，凡具有本市户籍的60周岁及以上的老年人，均属优待对象，根据不同条件和要求享受相应优待项目。

（一）65周岁及以上老年人免费乘坐市域内地面公交车。城市公交车站要设置无障碍等候专区，方便老年人乘车。城市公共交通车辆要设立不低于坐席数10%的老幼病残孕专座。

具体优惠措施：

1. 2009年，65周岁及以上老年人持《北京市老年人优待卡》（红卡）免费乘坐市域内地面公交车，使用范围包括北京市公共交通控股（集团）有限公司、北京祥龙公交客运有限公司、郊区县道路客运企业运营的公交线路。

2. 落实“城市公共交通车辆要设立不低于坐席数10%的老幼病残孕专座”的规定，用座椅颜色和相关标识与其他座椅加以区分。

3. 城市公交车站陆续设置无障碍等候专区，方便老年人乘车。

4. 郊区县对65周岁及以上持卡老年人实行免费乘车的线路。

区县	线路
门头沟区	八方达河滩分公司所属的平原线路和山区线路大线、小线，共计37条；祥龙公司所属的运通101、运通112、运通116等3条线；市公交客运第四分公司的336路、370路、645路、383路、633路
房山区	环城1路、环城2路、房11~40路、房42~43路、房45路、917支1路、917支2路、901路、特2路、特6路、特7路、特8路
通州区	全区31条线路173部公交车
顺义区	顺1~2路、顺11~36路、顺38~41路、顺60路
昌平区	昌1路、昌11~13路、昌16~23路、昌25~33路、昌35~39路、昌50~53路、昌55~62路
大兴区	兴11~32路
平谷区	区内村村通小公共汽车、环城客运公共汽车
怀柔区	区内八方达51条线路
密云县	本县宝城客运公司和鑫新通达客运公司村村通小公共汽车及环城客运公共汽车
延庆县	920路、921路、925路

（二）市、区（县）级政府投资主办或控股的公园、风景名胜等旅游景区对65周岁及以上老年人免收门票费（大型活动期间除外）。60至64周岁老年人优惠购买市属公园通用年票，每张50元。提倡非政府投资主办或控股的公园、风景名胜等旅游景区，对老年人给予适当优惠。

具体优惠措施：

1. 以下公园、风景名胜等旅游景区对持《北京市老年人优待卡》（红卡）的65周岁及以上老年人免费（大型活动期间除外）。

区县	公园景点名单
东城区	地坛公园、青年湖公园、柳荫公园、中山公园
西城区	北京动物园、北海公园、景山公园、中国科学技术馆、北京天文馆、月坛公园、中国地质博物馆、历代帝王庙
崇文区	天坛公园、北京市规划展览馆、龙潭公园、明城墙遗址公园、袁崇焕祠
宣武区	陶然亭公园、大观园公园、万寿公园、宣武艺园、纪晓岚故居、湖广会馆
朝阳区	朝阳公园、元大都城垣遗址公园、日坛公园、红领巾公园、团结湖公园
海淀区	颐和园、北京市植物园、香山公园、圆明园遗址公园、紫竹院公园、玉渊潭公园、凤凰岭自然风景区、百望山国家森林公园、鹫峰森林公园、中国蜜蜂博物馆、阳台山风景区、海淀公园、元土城遗址公园、翠湖湿地公园、马甸公园、阳光星期八公园、长春健身园、玲珑园、鲁迅文化园、百旺公园、温泉公园、燕清体育文化公园、会城门公园
丰台区	北宫国家森林公园、抗日战争雕塑园、莲花池公园、万芳亭公园、鹰山森林公园、丰台花园、丰台园区公园、长辛店公园、南苑公园、新发地公园、石榴庄公园、万泉寺公园、益泽公园、桃园公园
石景山区	希望公园、妇女儿童活动中心、北京国际雕塑公园、八大处公园
门头沟区	潭柘寺、戒台寺、妙峰山风景名胜区、灵山风景区、百花山自然风景区、小龙门森林公园
房山区	石花洞景区、云居寺景区、周口店北京人遗址博物馆、上方山国家森林公园、青龙湖水上游乐园、北京中华石雕艺术园、北京富恒农业观光园、鑫湖苑观光园
通州区	中国民兵武器装备陈列馆、葡香苑艺场、大运河水梦园、北京观光南瓜园、三教庙
顺义区	北京顺鑫绿色度假村、北京春晖温泉度假村、北京乡村高尔夫俱乐部、顺义公园、卧龙公园、怡园公园、光明文化广场、减河公园、潮白柳园、莲花山滑雪场、汉石桥湿地

续表

区县	公园景点名单
昌平区	十三陵、居庸关长城、银山塔林、中国航空博物馆、小汤山现代农业示范园区、北京沟崖自然风景区、蟒山国家森林公园、天池风景区、电力科普长廊、双龙山国家森林公园、北京和平寺景区、大杨山国家森林公园、后花园风景区、大岭沟猕猴桃谷风景区、坦克博物馆、延寿寺、敕赐和平寺
大兴区	御林古桑园、团河行宫遗址公园、黄村公园、康庄公园、大兴街心公园
平谷区	金海湖风景区、丫髻山、平谷地质公园
怀柔区	慕田峪长城、红螺寺、雁栖湖旅游区、青龙峡旅游度假区、幽谷神潭、生存岛新概念旅游基地、神堂峪自然风景区、百泉山旅游区、响水湖旅游区、圣泉寺景区、云梦仙境景区
延庆县	八达岭长城风景名胜区、八达岭水关长城、硅化木国家地质公园、康西草原、松山森林旅游区、古崖居原始部落旅游度假区、石京龙滑雪场、八达岭残长城、九眼楼自然风景区、柳沟民俗旅游度假区、岔道古城民俗旅游度假区、里炮红苹果度假区、野鸭湖湿地自然保护区、八达岭国家森林公园、莲花山森林公园、金隅八达岭温泉旅游度假区

2. 本市60至64周岁老年人可优惠购买市属公园通用年票，每张50元。市属公园通用年票适用范围包括：颐和园、天坛公园、北海公园、香山公园、中山公园、景山公园、北京动物园、北京植物园、陶然亭公园、玉渊潭公园、双秀公园、青年湖公园、大观园、海淀公园、莲花池公园、北京国际雕塑园。

3. 以下为非政府投资主办或控股的公园、风景名胜等旅游景区，对持卡老年人优惠。

区县	景点名单
丰台区	世界公园、世界花卉大观园
大兴区	北京野生动物园、留民营生态园、中华文化园
房山区	圣莲山风景度假区、韩村河旅游景村、白草畔自然风景区、房山张坊古战道、十渡孤山寨景区、十渡东湖港景区、仙栖洞景区
平谷区	京东大溶洞、京东大峡谷、京东石林峡、青龙山、湖洞水、老象峰、挂甲峪、三羊古火山、盘龙瀑

续表

区县	景点名单
门头沟区	珍珠湖景区、京西十八潭景区、双龙峡、龙门涧景区、八奇洞景区、妙峰山灵宫殿
延庆县	北京龙庆峡旅游发展有限公司、北京八达岭野生动物世界有限公司、玉渡山景区

（三）市、区（县）级财政支持的各类博物馆（院）、美术科技和纪念场馆、烈士纪念建筑物、名人故居、公共图书馆等公益性文化设施向老年人免费开放。提倡非财政支持的公益性文化设施为老年人提供优惠服务。

具体优惠措施：

1. 以下场馆为全部对社会免费开放单位，在参观前请电话了解具体情况，并预约进行参观：

中国人民抗日战争纪念馆、北京自然博物馆、徐悲鸿纪念馆、北京西周燕都遗址博物馆、北京辽金城垣博物馆、北京大葆台西汉墓博物馆、李大钊烈士陵园、团城演武厅、曹雪芹纪念馆、香山双清别墅、老舍纪念馆、南海子麋鹿苑博物馆、北京服装学院服饰博物馆、北京人民艺术剧院戏剧博物馆、中国电影博物馆、首都博物馆、中国长城博物馆、平西抗日战争纪念馆、密云县博物馆、昌平区博物馆、上宅文化陈列馆、门头沟区博物馆、海淀区博物馆、郭守敬纪念馆、北京宣南文化博物馆、焦庄户地道战遗址纪念馆、平北抗日烈士纪念园、冀热察挺进军司令部旧址陈列馆、中国人民革命军事博物馆、“没有共产党就没有新中国”纪念馆、中国印刷博物馆。

2. 以下场馆对持《北京市老年人优待卡》的老年人免费，不需预约，持卡即可参观：

劳动人民文化宫、北京古代建筑博物馆、北京市大钟寺古钟博物馆、北京艺术博物馆、北京文博交流馆、北京市古代钱币展览馆、北京石刻艺术博物馆、正阳门、大觉寺、白塔寺、孔庙和国子监博物馆、二七烈士碑、赵登禹将军墓、宛平城、卢沟桥。

（四）市、区（县）级财政支持的公共体育场馆为老年人健身活动提供优惠服务。提倡非财政支持的公益性文体设施为老年文体团队活动优先提供场地。

具体优惠措施：

1. 本市65周岁及以上老年人在政府投资建设的14个国家级和45个市级社区体育健身俱乐部中参与个人项目的健身活动时，持老年人优待卡可享受免费优待政策。参与球类项目活动等需承租场地的不享受此优待政策。

2. 根据各区县体育、公共体育场馆单位提供的基本情况，在全市公共体育场馆统一为60周岁及以上老年人健身活动提供5折收费优惠。其他免费、提供健身辅导等优惠措施视场馆管理单位的具体情况确定。

为老年人健身活动提供优待服务的公共体育场馆包括：东单体育中心、地坛体育中心、地坛体育馆、海淀体育局体育馆、天坛网球馆、朝阳区体育健身休闲公园、朝阳体育馆、宣武区体育宫田径场、宣武区体育宫、北京市体育商店石体炫风网球场、石景山体育馆、石景山体育场、丰台区体育中心体育馆、丰台区体育中心体育场、丰台体育中心游泳馆、密云体育局社体中心、房山体育场、良乡体育场、延庆体育中心、怀柔育英青少年体育俱乐部、怀柔体育中心、门头沟体育场馆管理中心、昌平体育局场馆、昌平区体育馆、平谷区体育中心、顺义体育中心、西城区体育局体育活动中心、大兴区体育局、通州区体育局游泳馆运动中心

3. 各级公共文化馆（站）等为老年文体团队无偿提供1~2次活动场地。

（五）各级文化馆（站、宫、活动中心、室）对老年人免费开放。市、区（县）、街道（乡镇）所属文化中心（站）每月定期为驻区老年人免费放映一场电影。

具体优惠措施：

1. 各级文化馆（站）对老年人免费开放，各级文化中心（站）为老年人每月定期免费放映一场电影。

2. 市属及各区县公共文化馆、图书馆根据老年人文化需求，提供设施、设备、辅导培训等相应的服务。

3. 市区县级图书馆凭《北京市老年人优待卡》等有效证件优惠办理北京市公共图书馆网络联合读者卡，在公共图书馆信息管理系统中建立方便老年人的免费阅览部分数字资源、通借、续借、通还等服务项目。

4. 各市区县文化馆定期为老年人提供文化生活知识等各种讲座，开展各种辅导班。

5. 各市区县文化馆组织、辅导、创新优秀品牌老年人文艺团队，为老年人提供服务。

（六）市、区（县）、街道（乡镇）社区服务中心和老年活动中心（站、室）对老年人提供优惠服务。市老年心理咨询热线（96156）为老年人提供免费心理咨询服务。

具体优惠措施：

1. 区县、街道社区服务中心利用已有设施场地为老年人提供免费或低偿优惠的服务。北京市社区服务公共信息网将对设施场地情况信息进行公示及更新。

2. 各区县、街道社区服务中心作为本区域养老服务补贴的组织单位，整合区域资源或利用目前已被整合的96156热线签约服务商，承担为老年人提供小时工、代购代领等家务服务项目。

3. 每日8点至22点，利用96156（普通市话费）北京市社区服务热线开展老年心理咨询热线，老年人只需拨打96156即可免费咨询。每周二、四、六9点至16点，96156（普通市话费）开展社区法律咨询热线。96156还为老年人提供各类民政政策信息查询服务。

（七）建立高龄津贴制度，对90至99周岁的老年人每月发给100元的高龄津贴，对百岁及以上老年人每月发给200元的高龄津贴。

具体优惠措施：

具有本市户籍，年满90周岁及以上的老年人，享受高龄老年人津贴待遇。符合申请高龄津贴条件的人员，应向其户籍所在地的居委会提出申请，经区老龄办核准的，自年满90周岁或年满100周岁的当月起计发津贴，自核准的次月起开始发放津贴。高龄老年人津贴由各街道办事处按月发放。

（八）建立居家养老福利服务制度，为有特殊困难的老年人发放养老服务补贴。

具体优惠措施：

根据市政府要求，本市在东城、西城、崇文、宣武、朝阳、海淀、丰台、石景山、房山、顺义区开展特殊老年人养老服务补贴试点。试点区内，具有北京市正式户口、年满60周岁且符合条件的人员按照年龄、自理能力、收入和居住状况享受不同补贴标准。具体标准见下表。

北京市特殊老年人养老服务补贴标准（试行）

人员类型	年龄	身体状况	补贴标准
分散供养的农村“五保”老年人、享受农村最低生活保障待遇的老年人、民政部门公布的农村低收入家庭中的老年人	60～89 周岁	不能完全自理	150 元/月
	年满 90 周岁	全部	200 元/月
分散供养的城市“三无”老年人、享受城镇最低生活保障待遇的老年人、民政部门公布的城镇低收入家庭中的老年人	60～89 周岁	不能完全自理	200 元/月
	年满 90 周岁	全部	250 元/月
纯老年户及仅与残疾子女居住的老年人	60～79 周岁	不能完全自理	50 元/月
高龄老年人	80～89 周岁	不能完全自理	50 元/月
	90～99 周岁	全部	50 元/月
	年满 100 周岁	全部	100 元/月

（九）大、中型医疗机构对老年人就医提供“六优先”（挂号、就诊、化验、检查、交费、取药）服务。

具体优惠措施：

全市二级以上（含二级）医疗机构，对老年人就诊提供优先服务，具体要求按照《北京市卫生局关于二级、三级医院为“老残孕”患者提供优先服务的通知》（京卫医字〔2007〕190 号）执行。

（十）社区卫生服务机构对老年人实行“三优先”（就诊、出诊、建立家庭病床）服务，实行社区卫生服务首诊制。每年为无社会养老保障的老年人免费提供一次体检。实行收支两条线管理的社区卫生服务机构对老年人免收普通门诊挂号费，免费建立健康档案，对享受城乡居民最低生活保障待遇和生活困难补助的老年人免收家庭病床查床费。

具体优惠措施：

1. 全市规划设置内的社区卫生服务机构，对老年人实行“三优先”服务，即优先就诊、优先出诊、优先建立家庭病床。在社区卫生服务机构的醒目位置张贴老年人优先标识，因地制宜提供为老年人服务的便利措施。已参加城镇居民大病医疗保险的老年人门诊实行社区卫生服务首诊制度。实施办法按照劳动保障部门有关规定执行。

2. 无社会养老保障的老年人持有效身份证明和劳动保障部门提供的相关证明，可每年就近到社区卫生服务机构享受一次免费体检服务。

3. 实行收支两条线管理的社区卫生服务机构对老年人就诊免收普通门诊挂号费（0.5元），免费建立健康档案。

4. 享受城乡居民最低生活保障待遇和生活困难补助的老年人持民政部门颁发的相关证明到实行收支两条线管理的社区卫生服务机构建立家庭病床，免收家庭病床查床费。

（十一）律师事务所、公证处、基层法律服务所和其他社会法律服务机构，应优先为老年人提供减免费法律咨询和有关服务。对城市“三无”老人、农村“五保”老人和享受城乡居民最低生活保障待遇的老年人提出的法律援助申请，要优先受理。

具体优惠措施：

1. 各区县司法所无偿为本市老年人提供法律咨询服务，为本地区行动不便或有其他特殊需求的本市老年人提供上门法律咨询服务。

2. 全市律师事务所对本市老年人提供免费法律咨询，对本市生活困难的老年人提供减免费法律服务。

3. 各法律援助中心无偿为本市老年人提供法律咨询服务。

4. 全市公证机构对于符合法律援助条件的老年人，依法减免公证费，对重残、年老、病重等确实不便赴公证机构办理公证的老年人，公证机构适时安排公证员上门办理。

第四编　老年人自我实现需求法律保障

自我实现的需求是指实现个人理想、抱负、发挥个人聪明才智的需求。根据马斯洛的需求理论，这是人的需求层次中最高层次的需求。

这是一种创造的需求。有自我实现需求的人，似乎在竭尽所能使自己趋于完美。自我实现的途径有很多，但毫无疑问，完成与自己能力相称的工作，最充分地发挥自己的潜在能力，充分地、活跃地、忘我地、集中全力全神贯注地投入到生活中，成为自己所期望的人物，这些都是有助于人们达到自我实现境界的有效手段。

自我实现是属于所有人的需求，并不是年轻人的专利。相反，老龄是经验与智慧的象征，社会和政府应该创造条件，使人们即便到了老年，仍能根据自己的信仰和愿望，取得更大的成就。早在1972年，联合国文献就提出："各种政策和行动应出于一种决心：以确保世界范围内个人寿命的普遍延长，将能伴随着使人们都感到寿命延长后生活仍然充满意义和有所作为的努力，并保证人们在到了某一年龄之后不会被贬低到一种无足轻重的消极地位。"美国学者P. 塞尔比和M. 谢克特也指出："许多领域的老年人在退休后可以继续发挥他们在社会中的有益作用，而不应受到歧视或隔离。这类活动是一种动力的源泉，加上经常的锻炼、合理的饮食，养成一种积极的情绪和精神上的满足，也许比每年售出的大量镇静剂、抗抑郁剂和脑血管扩张剂有着更长期的效果。"

我国《老年人权益保障法》第4条第2款提出："国家和社会应当采取措施，健全保障老年人权益的各项制度，逐步改善保障老年人生活、健康、安全以及参与社会发展的条件，实现老有所养、老有所医、老有所为、老有所学、老有所乐。"这里的"老有所为、老有所学、老有所乐"，就是对老年人自我实现需求的肯定。然而笔者在收集资料的过程中发现，我国现有的法律制度对老年人的这一需求的回应还停留在权利宣示阶段，缺乏落实权利的具体法律法规和制度。因此，希望政府意识到这个问题后能尽快着手弥补这一缺陷，以法律来保障老年人充分发挥自己的潜能和余热，实现自身的价值或未完成的心愿，从中体验到成功的喜悦和满足感，同时也为社会创造更多的价值。

一、《中华人民共和国老年人权益保障法》

第六十五条　国家和社会应当重视、珍惜老年人的知识、技能、经验和优良品德，发挥老年人的专长和作用，保障老年人参与经济、政治、文化和社会生活。

第六十六条　老年人可以通过老年人组织，开展有益身心健康的活动。

第六十七条　制定法律、法规、规章和公共政策，涉及老年人权益重大问题的，应当听取老年人和老年人组织的意见。

老年人和老年人组织有权向国家机关提出老年人权益保障、老龄事业发展等方面的意见和建议。

第六十八条　国家为老年人参与社会发展创造条件。根据社会需要和可能，鼓励老年人在自愿和量力的情况下，从事下列活动：

（一）对青少年和儿童进行社会主义、爱国主义、集体主义和艰苦奋斗等优良传统教育；

（二）传授文化和科技知识；

（三）提供咨询服务；

（四）依法参与科技开发和应用；

（五）依法从事经营和生产活动；

（六）参加志愿服务、兴办社会公益事业；

（七）参与维护社会治安、协助调解民间纠纷；

（八）参加其他社会活动。

第七十条　老年人有继续受教育的权利。

国家发展老年教育，把老年教育纳入终身教育体系，鼓励社会办好各类老年学校。

各级人民政府对老年教育应当加强领导，统一规划，加大投入。

第七十一条　国家和社会采取措施，开展适合老年人的群众性文化、体育、娱乐活动，丰富老年人的精神文化生活。

二、《关于发挥离退休专业技术人员作用的意见》

（京人社专技发〔2010〕341 号）

各区（县）党委组织部、宣传部、统战部、教委、科委、民政局、财政局、人力社保局、卫生局、社会办、科协、老龄办：

在深入实施“人文北京、科技北京、绿色北京”战略、加快建设世界城市的新时期，继续发挥好离退休专业技术人员特别是老专家的作用，对于加快首都现代化建设、全面实施人才强国战略，具有重要意义。为贯彻落实《首都中长期人才发展规划纲要（2010—2020年）》（京〔2010〕11号）精神，进一步发挥离退休专业技术人员作用，现就有关工作提出如下意见：

一、充分认识发挥离退休专业技术人员作用的重要意义

离退休专业技术人员是我市人才队伍的重要组成部分。目前，我市离退休专业技术人员数量已经超过50万人，占全国总数的8.3%。他们实践经验丰富，专业技术水平较高，许多同志健康状况良好，有着继续为党和人民事业作贡献的热切愿望。长期以来，广大离退休专业技术人员坚持老有所为，积极发挥自身的专业特长，为首都经济社会发展和科技进步做出了重要贡献。各级党委、政府和有关部门要从落实科学发展观、建设世界一流人才之都的高度，充分认识发挥离退休专业技术人员作用的重要意义，增强做好工作的责任感，积极探索新形势下离退休专业技术人才资源开发的新思路、新机制、新途径。

二、高度重视发挥离退休专业技术人员社团组织的作用

要充分发挥北京老科技工作者总会、老医药卫生工作者协会、老教育工作者协会等社团组织团结和凝聚离退休专业技术人员的桥梁纽带作用。重视和加强离退休专业技术人员社团组织的建设，鼓励和支持这些社团围绕首都经济社会发展的需要，组织、推荐离退休专业技术人员特别是老专家继续发挥作用。支持区县和市属科研院所、大型企事业单位建立各类老科技工作者组织。政府开展的有关人才培养、项目开发、服务咨询等活动，可委托离退休专业技术人员社团承办或邀请他们参加。要加强与离退休专业技术人员社团组织的联系，倾听他们的意见和建议，帮助解决工作中的实际困难和问题。

三、积极支持离退休专业技术人员发挥作用

要按照政府引导支持、市场主导配置、单位按需聘请、个人自愿量力的原则，坚持社会需求和本人志愿、专业特长相结合，进一步完善政策措施，提供必要的政策保障。各级党委、政府和有关部门要通过多种形式，鼓励和支持离退休专业技术人员在北京经济社会建设和科技进步中发挥作用。可根据工作需要，组织具有较高专业水平的老专家参加重大工程立项、重要政策制定的咨询活动，发挥他们的参谋咨询、思想库作用。鼓励企事业单位、非公经济组织聘用离退休专业技术人员进行科学研究、技术开发，继续发挥他

们在科技创新中的“传帮带”作用。支持离退休专业技术人员社团组织开展“四技服务”、扶贫支教、社区医疗服务等活动。支持他们从事青少年教育、传播科学文化知识、咨询服务等符合离退休专业技术人员特点的工作。支持他们从事讲学、翻译、培训指导、专家门诊、著书立说等活动。可根据需要，由委托单位对承担项目的离退休人员提供一定的经费支持，或采取购买服务的方式购买离退休专业技术人员所提供的服务。

四、积极为离退休专业技术人员搭建服务平台

各类人才市场、人才中介机构应积极把离退休专业技术人员纳入服务范围。政府所属人才交流中心、专家服务机构要通过设立专门服务窗口、举办专门项目和人才交流活动、开设老专家电话咨询服务热线等多种形式，主动为离退休专业技术人员发挥作用做好服务。建立全市离退休专家数据库和离退休专业技术人员信息网络，及时发布离退休专业技术人员需求，反映离退休专业技术人员的意见建议，构建离退休专业技术人员及其组织与社会的对接平台，为发挥离退休专业技术人员作用提供信息平台。

五、切实维护离退休专业技术人员的合法权益

各单位聘请离退休专业技术人员要按照平等协商、报酬合理的原则，通过合同方式明确双方的权利和义务，保障双方的合法权益。离退休专业技术人员按照国家有关法律规定享有其科研成果转化的收益。离退休专业技术人员在应聘期间取得的报酬和科研成果转化收益应依法纳税。离退休专业技术人员受聘工作期间，因工作发生职业伤害的，应由聘用单位参照工伤保险的相关待遇标准妥善处理；因工作发生职业伤害与聘用单位发生争执的，可通过民事诉讼处理；与聘用单位之间因履行聘用合同发生争执的，可通过人事或劳动争议仲裁渠道解决。有条件的聘用单位在符合有关规定的情况下，可为聘请的离退休专业技术人员购买聘期内的人身意外伤害保险。

六、加强组织领导

将发挥离退休专业技术人员作用工作纳入市人才工作领导小组工作职责，由市人力社保局具体负责。在市人力社保局指导下，由市老龄委办公室牵头，北京老科技工作者总会、老医药卫生工作者协会、老教育工作者协会及部分高等院校、科研院所、大型企业单位老科技工作者协会等社团组织代表共同建立北京离退休专业技术人员组织联席会议制度，负责统筹全市离退休专业技术人员发挥作用工作，反映离退休专业技术人员及其组织的意见和要求，维护权益，沟通信息，交流经验，表彰奖励先进集体和个人。各级党委、政

府和有关部门及企事业单位要明确相关领导和部门负责发挥离退休专业技术人员作用工作。

中共北京市委组织部
中共北京市委宣传部
中共北京市委统战部
北京市教育委员会
北京市科学技术委员会
北京市民政局
北京市财政局
北京市人力资源和社会保障局
北京市卫生局
北京市社会建设工作办公室
北京市科学技术协会
北京市老龄工作委员会办公室
2010 年 12 月 28 日

第五编　老年人权利受损后的司法救助

众所周知，“无救济即无权利”是法学界的经典名言，它强调的是如果没有对权利的救济，那么对于权利的宣告是没有意义的。所谓救济，指的是在权利人的实体权利遭受侵害的时候，由有关机关或个人在法律所允许的范围内采取一定的补救措施消除侵害，使得权利人获得一定的补偿或者赔偿，以保护权利人的合法权益。公民的各项法律权利如果受到侵害，没有救济保障制度，最终也只是“镜中花”“水中月”，没有任何实际意义。对于老年人来说，权利的救济有一定的特殊性。有不少老年人在其合法权益受到侵害后并不愿诉诸法庭。有的是不懂得用法律维护自己的合法权益；有的是怕家丑外扬，不愿把事态扩大；有的是无生活来源，交不起诉讼费；等等。针对这些情况，司法部门要主动为老年人提供法律援助。老年人在其合法权利受损后，不仅可以通过一般的司法诉讼程序获得救济，还可以通过适用特定的司法救助体系获得帮助。因此，本编收录了我国有关司法援助和救助方面的法规。此外，我国独具特色的人民调解制度强调以说服教育、规劝疏导、友好协商的方式化解纠纷，是多元化解决矛盾的一项重要机制，比较适合解决老年人权利受损问题，本编也将之收录其中。

一、《中华人民共和国老年人权益保障法》

第七十二条　老年人合法权益受到侵害的，被侵害人或者其代理人有权要求有关部门处理，或者依法向人民法院提起诉讼。

人民法院和有关部门，对侵犯老年人合法权益的申诉、控告和检举，应当依法及时受理，不得推诿、拖延。

第七十三条　不履行保护老年人合法权益职责的部门或者组织，其上级主管部门应当给予批评教育，责令改正。

国家工作人员违法失职，致使老年人合法权益受到损害的，由其所在单位或者上级机关责令改正，或者依法给予处分；构成犯罪的，依法追究刑事责任。

第七十四条　老年人与家庭成员因赡养、扶养或者住房、财产等发生纠纷，可以申请人民调解委员会或者其他有关组织进行调解，也可以直接向人民法院提起诉讼。

人民调解委员会或者其他有关组织调解前款纠纷时，应当通过说服、疏导等方式化解矛盾和纠纷；对有过错的家庭成员，应当给予批评教育。

人民法院对老年人追索赡养费或者扶养费的申请，可以依法裁定先予执行。

第七十五条　干涉老年人婚姻自由，对老年人负有赡养义务、扶养义务而拒绝赡养、扶养，虐待老年人或者对老年人实施家庭暴力的，由有关单位给予批评教育；构成违反治安管理行为的，依法给予治安管理处罚；构成犯罪的，依法追究刑事责任。

第七十六条　家庭成员盗窃、诈骗、抢夺、侵占、勒索、故意损毁老年人财物，构成违反治安管理行为的，依法给予治安管理处罚；构成犯罪的，依法追究刑事责任。

第七十七条　侮辱、诽谤老年人，构成违反治安管理行为的，依法给予治安管理处罚；构成犯罪的，依法追究刑事责任。

第七十八条　未经许可设立养老机构的，由县级以上人民政府民政部门责令改正；符合法律、法规规定的养老机构条件的，依法补办相关手续；逾期达不到法定条件的，责令停办并妥善安置收住的老年人；造成损害的，依法承担民事责任。

第七十九条　养老机构及其工作人员侵害老年人人身和财产权益，或者未按照约定提供服务的，依法承担民事责任；有关主管部门依法给予行政处罚；构成犯罪的，依法追究刑事责任。

第八十条　对养老机构负有管理和监督职责的部门及其工作人员滥用职权、玩忽职守、徇私舞弊的，对直接负责的主管人员和其他直接责任人员依法给予处分；构成犯罪的，依法追究刑事责任。

第八十一条　不按规定履行优待老年人义务的，由有关主管部门责令改正。

第八十二条　涉及老年人的工程不符合国家规定的标准或者无障碍设施所有人、管理人未尽到维护和管理职责的，由有关主管部门责令改正；造成损害的，依法承担民事责任；对有关单位、个人依法给予行政处罚；构成犯罪的，依法追究刑事责任。

第八十四条　本法施行前设立的养老机构不符合本法规定条件的，应当限期整改。具体办法由国务院民政部门制定。

二、《北京市老年人权益保障条例》

第三十八条　老年人的合法权益受到侵害，被侵害人或者其代理人有权要求有关部门予以处理，或者依法向人民法院提起诉讼。

第三十九条　老年人的合法权益受到侵害，被侵害人或者其代理人可以向本市各级老龄工作机构投诉，各级老龄工作机构应当要求有关部门或者单位查处。

第四十条　赡养人不履行赡养义务的，由乡、镇人民政府、街道办事处或者赡养人所在单位给予批评教育，限期改正。逾期不改的，乡、镇人民政府、街道办事处或者赡养人所在单位可以支持被赡养人或者其代理人依法向人民法院提起诉讼。

第四十一条　对不履行保护老年人合法权益职责的部门和单位，由其上级主管部门给予批评教育，责令改正。国家工作人员因失职致使老年人合法权益受到损害的，由其所在单位或者上级机关责令改正，或者给予处分。

第四十二条　侵害老年人的房屋、储蓄、收入、生产资料等合法财产和知识产权的，依法承担民事责任。

第四十三条　侵犯老年人合法权益，违反治安管理的，由公安机关依照治安管理处罚条例处罚；构成犯罪的，依法追究刑事责任。

三、《中华人民共和国人民调解法》

（中华人民共和国主席令第三十四号，2010 年 8 月 28 日中华人民共和国第十一届全国人民代表大会常务委员会第十六次会议通过，自 2011 年 1 月 1 日起施行）

第一章　总则

第一条　为了完善人民调解制度，规范人民调解活动，及时解决民间纠纷，维护社会和谐稳定，根据宪法，制定本法。

第二条　本法所称人民调解，是指人民调解委员会通过说服、疏导等方法，促使当事人在平等协商基础上自愿达成调解协议，解决民间纠纷的活动。

第三条　人民调解委员会调解民间纠纷，应当遵循下列原则：

（一）在当事人自愿、平等的基础上进行调解；

（二）不违背法律、法规和国家政策；

（三）尊重当事人的权利，不得因调解而阻止当事人依法通过仲裁、行政、司法等途径维护自己的权利。

第四条　人民调解委员会调解民间纠纷，不收取任何费用。

第五条　国务院司法行政部门负责指导全国的人民调解工作，县级以上地方人民政府司法行政部门负责指导本行政区域的人民调解工作。基层人民法院对人民调解委员会调解民间纠纷进行业务指导。

第六条　国家鼓励和支持人民调解工作。县级以上地方人民政府对人民调解工作所需经费应当给予必要的支持和保障，对有突出贡献的人民调解委员会和人民调解员按照国家规定给予表彰奖励。

第二章　人民调解委员会

第七条　人民调解委员会是依法设立的调解民间纠纷的群众性组织。

第八条　村民委员会、居民委员会设立人民调解委员会。企业事业单位根据需要设立人民调解委员会。人民调解委员会由委员三至九人组成，设主任一人，必要时，可以设副主任若干人。人民调解委员会应当有妇女成员，多民族居住的地区应当有人数较少民族的成员。

第九条　村民委员会、居民委员会的人民调解委员会委员由村民会议或者村民代表会议、居民会议推选产生；企业事业单位设立的人民调解委员会委员由职工大会、职工代表大会或者工会组织推选产生。人民调解委员会委员每届任期三年，可以连选连任。

第十条　县级人民政府司法行政部门应当对本行政区域内人民调解委员

会的设立情况进行统计，并且将人民调解委员会以及人员组成和调整情况及时通报所在地基层人民法院。

第十一条　人民调解委员会应当建立健全各项调解工作制度，听取群众意见，接受群众监督。

第十二条　村民委员会、居民委员会和企业事业单位应当为人民调解委员会开展工作提供办公条件和必要的工作经费。

第三章　人民调解员

第十三条　人民调解员由人民调解委员会委员和人民调解委员会聘任的人员担任。

第十四条　人民调解员应当由公道正派、热心人民调解工作，并具有一定文化水平、政策水平和法律知识的成年公民担任。县级人民政府司法行政部门应当定期对人民调解员进行业务培训。

第十五条　人民调解员在调解工作中有下列行为之一的，由其所在的人民调解委员会给予批评教育、责令改正，情节严重的，由推选或者聘任单位予以罢免或者解聘：

（一）偏袒一方当事人的；

（二）侮辱当事人的；

（三）索取、收受财物或者牟取其他不正当利益的；

（四）泄露当事人的个人隐私、商业秘密的。

第十六条　人民调解员从事调解工作，应当给予适当的误工补贴；因从事调解工作致伤致残，生活发生困难的，当地人民政府应当提供必要的医疗、生活救助；在人民调解工作岗位上牺牲的人民调解员，其配偶、子女按照国家规定享受抚恤和优待。

第四章　调解程序

第十七条　当事人可以向人民调解委员会申请调解；人民调解委员会也可以主动调解。当事人一方明确拒绝调解的，不得调解。

第十八条　基层人民法院、公安机关对适宜通过人民调解方式解决的纠纷，可以在受理前告知当事人向人民调解委员会申请调解。

第十九条　人民调解委员会根据调解纠纷的需要，可以指定一名或者数名人民调解员进行调解，也可以由当事人选择一名或者数名人民调解员进行调解。

第二十条　人民调解员根据调解纠纷的需要，在征得当事人的同意后，可以邀请当事人的亲属、邻里、同事等参与调解，也可以邀请具有专门知识、特定经验的人员或者有关社会组织的人员参与调解。人民调解委员会支持当地公道正派、热心调解、群众认可的社会人士参与调解。

第二十一条　人民调解员调解民间纠纷，应当坚持原则，明法析理，主持公道。调解民间纠纷，应当及时、就地进行，防止矛盾激化。

第二十二条　人民调解员根据纠纷的不同情况，可以采取多种方式调解民间纠纷，充分听取当事人的陈述，讲解有关法律、法规和国家政策，耐心疏导，在当事人平等协商、互谅互让的基础上提出纠纷解决方案，帮助当事人自愿达成调解协议。

第二十三条　当事人在人民调解活动中享有下列权利：

（一）选择或者接受人民调解员；

（二）接受调解、拒绝调解或者要求终止调解；

（三）要求调解公开进行或者不公开进行；

（四）自主表达意愿、自愿达成调解协议。

第二十四条　当事人在人民调解活动中履行下列义务：

（一）如实陈述纠纷事实；

（二）遵守调解现场秩序，尊重人民调解员；

（三）尊重对方当事人行使权利。

第二十五条　人民调解员在调解纠纷过程中，发现纠纷有可能激化的，应当采取有针对性的预防措施；对有可能引起治安案件、刑事案件的纠纷，应当及时向当地公安机关或者其他有关部门报告。

第二十六条　人民调解员调解纠纷，调解不成的，应当终止调解，并依据有关法律、法规的规定，告知当事人可以依法通过仲裁、行政、司法等途径维护自己的权利。

第二十七条　人民调解员应当记录调解情况。人民调解委员会应当建立调解工作档案，将调解登记、调解工作记录、调解协议书等材料立卷归档。

第五章　调解协议

第二十八条　经人民调解委员会调解达成调解协议的，可以制作调解协议书。当事人认为无需制作调解协议书的，可以采取口头协议方式，人民调解员应当记录协议内容。

第二十九条　调解协议书可以载明下列事项：

（一）当事人的基本情况；

（二）纠纷的主要事实、争议事项以及各方当事人的责任；

（三）当事人达成调解协议的内容，履行的方式、期限。调解协议书自各方当事人签名、盖章或者按指印，人民调解员签名并加盖人民调解委员会印章之日起生效。调解协议书由当事人各执一份，人民调解委员会留存一份。

第三十条　口头调解协议自各方当事人达成协议之日起生效。

第三十一条　经人民调解委员会调解达成的调解协议，具有法律约束力，当事人应当按照约定履行。人民调解委员会应当对调解协议的履行情况进行监督，督促当事人履行约定的义务。

第三十二条　经人民调解委员会调解达成调解协议后，当事人之间就调解协议的履行或者调解协议的内容发生争议的，一方当事人可以向人民法院提起诉讼。

第三十三条　经人民调解委员会调解达成调解协议后，双方当事人认为有必要的，可以自调解协议生效之日起三十日内共同向人民法院申请司法确认，人民法院应当及时对调解协议进行审查，依法确认调解协议的效力。人民法院依法确认调解协议有效，一方当事人拒绝履行或者未全部履行的，对方当事人可以向人民法院申请强制执行。人民法院依法确认调解协议无效的，当事人可以通过人民调解方式变更原调解协议或者达成新的调解协议，也可以向人民法院提起诉讼。

第六章　附则

第三十四条　乡镇、街道以及社会团体或者其他组织根据需要可以参照本法有关规定设立人民调解委员会，调解民间纠纷。

第三十五条　本法自2011年1月1日起施行。

四、《法律援助条例》

（2003年7月16日国务院第15次常务会议通过，自2003年9月1日起施行，中华人民共和国国务院令第385号）

第一章　总则

第一条　为了保障经济困难的公民获得必要的法律服务，促进和规范法律援助工作，制定本条例。

第二条　符合本条例规定的公民，可以依照本条例获得法律咨询、代理、刑事辩护等无偿法律服务。

第三条　法律援助是政府的责任，县级以上人民政府应当采取积极措施推动法律援助工作，为法律援助提供财政支持，保障法律援助事业与经济、社会协调发展。

法律援助经费应当专款专用，接受财政、审计部门的监督。

第四条　国务院司法行政部门监督管理全国的法律援助工作。县级以上地方各级人民政府司法行政部门监督管理本行政区域的法律援助工作。

中华全国律师协会和地方律师协会应当按照律师协会章程对依据本条例实施的法律援助工作予以协助。

第五条　直辖市、设区的市或者县级人民政府司法行政部门根据需要确定本行政区域的法律援助机构。

法律援助机构负责受理、审查法律援助申请，指派或者安排人员为符合本条例规定的公民提供法律援助。

第六条　律师应当依照律师法和本条例的规定履行法律援助义务，为受援人提供符合标准的法律服务，依法维护受援人的合法权益，接受律师协会和司法行政部门的监督。

第七条　国家鼓励社会对法律援助活动提供捐助。

第八条　国家支持和鼓励社会团体、事业单位等社会组织利用自身资源为经济困难的公民提供法律援助。

第九条　对在法律援助工作中做出突出贡献的组织和个人，有关的人民政府、司法行政部门应当给予表彰、奖励。

第二章　法律援助范围

第十条　公民对下列需要代理的事项，因经济困难没有委托代理人的，可以向法律援助机构申请法律援助：

（一）依法请求国家赔偿的；

（二）请求给予社会保险待遇或者最低生活保障待遇的；

（三）请求发给抚恤金、救济金的；

（四）请求给付赡养费、抚养费、扶养费的；

（五）请求支付劳动报酬的；

（六）主张因见义勇为行为产生的民事权益的。

省、自治区、直辖市人民政府可以对前款规定以外的法律援助事项做出补充规定。

公民可以就本条第一款、第二款规定的事项向法律援助机构申请法律咨询。

第十一条　刑事诉讼中有下列情形之一的，公民可以向法律援助机构申请法律援助：

（一）犯罪嫌疑人在被侦查机关第一次讯问后或者采取强制措施之日起，因经济困难没有聘请律师的；

（二）公诉案件中的被害人及其法定代理人或者近亲属，自案件移送审查起诉之日起，因经济困难没有委托诉讼代理人的；

（三）自诉案件的自诉人及其法定代理人，自案件被人民法院受理之日起，因经济困难没有委托诉讼代理人的。

第十二条　公诉人出庭公诉的案件，被告人因经济困难或者其他原因没有委托辩护人，人民法院为被告人指定辩护时，法律援助机构应当提供法律援助。

被告人是盲、聋、哑人或者未成年人而没有委托辩护人的，或者被告人可能被判处死刑而没有委托辩护人的，人民法院为被告人指定辩护时，法律援助机构应当提供法律援助，无须对被告人进行经济状况的审查。

第十三条　本条例所称公民经济困难的标准，由省、自治区、直辖市人民政府根据本行政区域经济发展状况和法律援助事业的需要规定。

申请人住所地的经济困难标准与受理申请的法律援助机构所在地的经济困难标准不一致的，按照受理申请的法律援助机构所在地的经济困难标准执行

第三章　申请和审查

第十四条　公民就本条例第十条所列事项申请法律援助，应当按照下列规定提出：

（一）请求国家赔偿的，向赔偿义务机关所在地的法律援助机构提出申请；

（二）请求给予社会保险待遇、最低生活保障待遇或者请求发给抚恤金、救济金的，向提供社会保险待遇、最低生活保障待遇或者发给抚恤金、救济金的义务机关所在地的法律援助机构提出申请；

（三）请求给付赡养费、抚养费、扶养费的，向给付赡养费、抚养费、扶养费的义务人住所地的法律援助机构提出申请；

（四）请求支付劳动报酬的，向支付劳动报酬的义务人住所地的法律援助机构提出申请；

（五）主张因见义勇为行为产生的民事权益的，向被请求人住所地的法律

援助机构提出申请。

第十五条　本条例第十一条所列人员申请法律援助的，应当向审理案件的人民法院所在地的法律援助机构提出申请。被羁押的犯罪嫌疑人的申请由看守所在24小时内转交法律援助机构，申请法律援助所需提交的有关证件、证明材料由看守所通知申请人的法定代理人或者近亲属协助提供。

第十六条　申请人为无民事行为能力人或者限制民事行为能力人的，由其法定代理人代为提出申请。

无民事行为能力人或者限制民事行为能力人与其法定代理人之间发生诉讼或者因其他利益纠纷需要法律援助的，由与该争议事项无利害关系的其他法定代理人代为提出申请。

第十七条　公民申请代理、刑事辩护的法律援助应当提交下列证件、证明材料：

（一）身份证或者其他有效的身份证明，代理申请人还应当提交有代理权的证明；

（二）经济困难的证明；

（三）与所申请法律援助事项有关的案件材料。

申请应当采用书面形式，填写申请表；以书面形式提出申请确有困难的，可以口头申请，由法律援助机构工作人员或者代为转交申请的有关机构工作人员作书面记录。

第十八条　法律援助机构收到法律援助申请后，应当进行审查；认为申请人提交的证件、证明材料不齐全的，可以要求申请人做出必要的补充或者说明，申请人未按要求做出补充或者说明的，视为撤销申请；认为申请人提交的证件、证明材料需要查证的，由法律援助机构向有关机关、单位查证。

对符合法律援助条件的，法律援助机构应当及时决定提供法律援助；对不符合法律援助条件的，应当书面告知申请人理由。

第十九条　申请人对法律援助机构做出的不符合法律援助条件的通知有异议的，可以向确定该法律援助机构的司法行政部门提出，司法行政部门应当在收到异议之日起5个工作日内进行审查，经审查认为申请人符合法律援助条件的，应当以书面形式责令法律援助机构及时对该申请人提供法律援助。

第四章　法律援助实施

第二十条　由人民法院指定辩护的案件，人民法院在开庭10日前将指定辩护通知书和起诉书副本或者判决书副本送交其所在地的法律援助机构；人民法院不在其所在地审判的，可以将指定辩护通知书和起诉书副本或者判决书副本送交审判地的法律援助机构。

第二十一条　法律援助机构可以指派律师事务所安排律师或者安排本机构的工作人员办理法律援助案件；也可以根据其他社会组织的要求，安排其所属人员办理法律援助案件。对人民法院指定辩护的案件，法律援助机构应当在开庭3日前将确定的承办人员名单回复做出指定的人民法院。

第二十二条　办理法律援助案件的人员，应当遵守职业道德和执业纪律，提供法律援助不得收取任何财物。

第二十三条　办理法律援助案件的人员遇有下列情形之一的，应当向法律援助机构报告，法律援助机构经审查核实的，应当终止该项法律援助：

（一）受援人的经济收入状况发生变化，不再符合法律援助条件的；

（二）案件终止审理或者已被撤销的；

（三）受援人又自行委托律师或者其他代理人的；

（四）受援人要求终止法律援助的。

第二十四条　受指派办理法律援助案件的律师或者接受安排办理法律援助案件的社会组织人员在案件结案时，应当向法律援助机构提交有关的法律文书副本或者复印件以及结案报告等材料。

法律援助机构收到前款规定的结案材料后，应当向受指派办理法律援助案件的律师或者接受安排办理法律援助案件的社会组织人员支付法律援助办案补贴。

法律援助办案补贴的标准由省、自治区、直辖市人民政府司法行政部门会同同级财政部门，根据当地经济发展水平，参考法律援助机构办理各类法律援助案件的平均成本等因素核定，并可以根据需要调整。

第二十五条　法律援助机构对公民申请的法律咨询服务，应当即时办理；复杂疑难的，可以预约择时办理。

第五章　法律责任

第二十六条　法律援助机构及其工作人员有下列情形之一的，对直接负责的主管人员以及其他直接责任人员依法给予纪律处分：

（一）为不符合法律援助条件的人员提供法律援助，或者拒绝为符合法律援助条件的人员提供法律援助的；

（二）办理法律援助案件收取财物的；

（三）从事有偿法律服务的；

（四）侵占、私分、挪用法律援助经费的。

办理法律援助案件收取的财物，由司法行政部门责令退还；从事有偿法律服务的违法所得，由司法行政部门予以没收；侵占、私分、挪用法律援助经费的，由司法行政部门责令追回，情节严重，构成犯罪的，依法追究刑事责任。

第二十七条　律师事务所拒绝法律援助机构的指派，不安排本所律师办理法律援助案件的，由司法行政部门给予警告、责令改正；情节严重的，给予1个月以上3个月以下停业整顿的处罚。

第二十八条　律师有下列情形之一的，由司法行政部门给予警告、责令改正；情节严重的，给予1个月以上3个月以下停止执业的处罚：

（一）无正当理由拒绝接受、擅自终止法律援助案件的；

（二）办理法律援助案件收取财物的。

有前款第（二）项违法行为的，由司法行政部门责令退还违法所得的财物，可以并处所收财物价值1倍以上3倍以下的罚款。

第二十九条　律师办理法律援助案件违反职业道德和执业纪律的，按照律师法的规定予以处罚。

第三十条　司法行政部门工作人员在法律援助的监督管理工作中，有滥用职权、玩忽职守行为的，依法给予行政处分；情节严重，构成犯罪的，依法追究刑事责任。

第六章　附则

第三十一条　本条例自2003年9月1日起施行。

五、《最高人民法院关于对经济确有困难的当事人提供司法救助的规定》

（2000年7月12日最高人民法院审判委员会第1124次会议通过；2005年4月5日最高人民法院审判委员会第1347次会议通过修订）

第一条　为了使经济确有困难的当事人能够依法行使诉讼权利，维护其合法权益，根据《中华人民共和国民事诉讼法》、《中华人民共和国行政诉讼法》和《人民法院诉讼收费办法》，制定本规定。

第二条　本规定所称司法救助，是指人民法院对于当事人为维护自己的合法权益，向人民法院提起民事、行政诉讼，但经济确有困难的，实行诉讼费用的缓交、减交、免交。

第三条　当事人符合本规定第二条并具有下列情形之一的，可以向人民法院申请司法救助：

（一）追索赡养费、扶养费、抚育费、抚恤金的；

（二）孤寡老人、孤儿和农村“五保户”；

（三）没有固定生活来源的残疾人、患有严重疾病的人；

（四）国家规定的优抚、安置对象；

（五）追索社会保险金、劳动报酬和经济补偿金的；

（六）交通事故、医疗事故、工伤事故、产品质量事故或者其他人身伤害事故的受害人，请求赔偿的；

（七）因见义勇为或为保护社会公共利益致使自己合法权益受到损害，本人或者近亲属请求赔偿或经济补偿的；

（八）进城务工人员追索劳动报酬或其他合法权益受到侵害而请求赔偿的；

（九）正在享受城市居民最低生活保障、农村特困户救济或者领取失业保险金，无其他收入的；

（十）因自然灾害等不可抗力造成生活困难，正在接受社会救济，或者家庭生产经营难以为继的；

（十一）起诉行政机关违法要求农民履行义务的；

（十二）正在接受有关部门法律援助的；

（十三）当事人为社会福利机构、敬老院、优抚医院、精神病院、SOS 儿童村、社会救助站、特殊教育机构等社会公共福利单位的；

（十四）其他情形确实需要司法救助的。

第四条　当事人请求人民法院提供司法救助，应在起诉或上诉时提交书面申请和足以证明其确有经济困难的证明材料。其中因生活困难或者追索基本生活费用申请司法救助的，应当提供本人及其家庭经济状况符合当地民政、劳动和社会保障等部门规定的公民经济困难标准的证明。

第五条　人民法院对当事人司法救助的请求，经审查符合本规定第三条所列情形的，立案时应准许当事人缓交诉讼费用。

第六条　人民法院决定对一方当事人司法救助，对方当事人败诉的，诉讼费用由对方当事人交纳；拒不交纳的强制执行。

对方当事人胜诉的，可视申请司法救助当事人的经济状况决定其减交、免交诉讼费用。决定减交诉讼费用的，减交比例不得低于30%。符合本规定

第三条第二项、第九项规定情形的，应免交诉讼费用。

第七条　对当事人请求缓交诉讼费用的，由承办案件的审判人员或合议庭提出意见，报庭长审批；对当事人请求减交、免交诉讼费用的，由承办案件的审判人员或合议庭提出意见，经庭长审核同意后，报院长审批。

第八条　人民法院决定对当事人减交、免交诉讼费用的，应在法律文书中列明。

第九条　当事人骗取司法救助的，人民法院应当责令其补交诉讼费用；拒不补交的，以妨害诉讼行为论处。

第十条　本规定自公布之日起施行。

后记

解决养老问题是一个系统、庞大、复杂的社会工程。本书中笔者试图仅从法律法规的制度建设方面做一些收集和梳理的工作，以期为保障老年人的合法权益提供切实有效的指引，同时为研究解决养老问题提供基础文献资料。在收集整理法律法规的过程中，笔者发现了我国在养老制度建设方面的一些不足，总结如下。

一、对老年的权益保障多采用宣言式的规定，可操作性较弱

《老年人权益保障法》是目前我国唯一的专门以老年人的权益为保障对象的单行法，但其强调的是国家对老年人公民基本权利的维护，本质上与《宪法》相像，多采用宣言式规定，如“国家鼓励”“国家支持”“国家和社会采取措施”“提倡”“发展”“有权”“应当”等，缺乏明确的责任主体和具体的权利内容，当老年人在现实生活中遇到具体问题而需要寻找法律依据时，面对一部抽象的法律却难以得到明确的指引。要将该法赋予老年人的权利落实到每一位老人身上，则需要到具体的部门法和规章制度中寻找支撑。而要在繁多的部门法和规章制度中找到适合自己需要的条款，对没有法律专业知识的老年人来说几乎是不可能完成的工作。

二、与养老有关的法律法规的效力等级亟待提高

社会政策与法律是治理国家、管理社会的两个不同的重要工具，从长远来看，要使老年人的合法权益免受侵害，使老年人充分享有社会发展的成果，就必须有法律的建立和不断完善。因为与政策相比，法律在制定主体、表现形式、调整范围、实施方式、稳定程度等方面具备更多优势，不仅使法律所规定的老年人的权利和义务得以明确实践和履行，而且其特有的确定性、约束性和权威性是保护老年人合法权益的可靠保证。从目前出台的涉老法律法规政策来看，政府对老龄事业的支持主要体现为作为社会管理者的政府制定相应的社会政策，以指导、意见、建议等方式表现，上升到国家法律和行政法规层面的很少。因此，养老法律法规的效力等级亟待提高。

三、养老法律法规的体系性有待加强

法律体系是一项系统工程。从法律的系统性角度而言，首先，《老年人权益保障法》要同现有的《中华人民共和国计划生育法》（以下简称《计划生育法》）、《婚姻法》《继承法》《民法通则》《刑法》等法律相协调，形成完善的体系。然而这部法律同其他相关的法律之间存在不协调之处。例如，《老年人权益保障法》同《计划生育法》就不协调。计划生育是国策，而实现这个国策的基本办法是提倡一对夫妇生育一个孩子，于是，在绝大多数情况下会发生一对夫妇赡养四个老人这样难度极大的问题。而《老年人权益保障法》又规定了“以家庭养老为主”的原则，这样的规定与《计划生育法》就很难协调。《老年人权益保障法》还同许多法律的规定相重叠。它所规定的权利规范，如婚姻自由、对财产的处分权和继承权，以及禁止家庭成员虐待老人、遗弃老人、暴力干涉老人婚姻自由等的处理，同《婚姻法》《继承法》《民法通则》《刑法》等所规定的内容相重叠，这导致司法和执法部门直接援引部门法解决争议，养老方面的专门法在实践中得不到有效执行。

其次，我国尚未形成专门的、完整的养老制度体系。比如，缺乏养老保险法、医疗保险法、社会救济法、家庭赡养法、老年保健法等方面的配套法律法规。如何从立法和法律实施方面理顺法律的关系，完善我国养老法律体系，是我们目前必须面对的问题。

四、没有涵盖老年人的全部利益需求

现有的养老法律法规只是把老年人权益保障问题中存在的一些突出现象制定成法律规范予以保护，因此对解决养老问题的作用十分有限。任何法律权利和义务的配置都不仅应该以解决当下的矛盾为出发点，也应该考虑到权利体系构建的完整与和谐。从现有的法律法规来看，满足老年人基本需求、安全需求和尊重的法律规范占了绝大部分，而对于老年人同样渴盼的自我实现方面的规范则少之又少。老龄是经验与智慧的象征，社会和政府应该创造条件，使人们即便到了老年，仍能根据自己的能力和愿望，为社会做出积极的贡献。解决养老问题，不但要满足老年人的基本生存需求，更要努力实现老年人的发展性需求和价值性需求，这才是真正保障老年人权益的起点和归宿。

以上是笔者在编著本书过程中的一点思考，由于笔者才疏学浅，同时限于本书的主旨，无法针对上诉问题展开讨论和寻求解决之道，对此，还期待有识之士能立足本土，放眼世界，为完善中国的养老体系做出贡献。

从本书的立项之始，北京农学院郑一淳副院长就给予了鼎力支持。在本书编著过程中，从谋篇布局到具体的行文表述，其都提出了非常有价值的建议。可以说，没有郑一淳副院长的支持和参与，本书不可能完成。

本书若有不足之处，请读者批评指正！